Johannes Bours

Der Mensch wird des Weges geführt, den er wählt

Geistliches Lesebuch

Herder

Freiburg · Basel · Wien

Für Raphael

Gedruckt auf umweltfreundlichem,
chlorfrei gebleichtem Papier

Siebte Auflage

Alle Rechte vorbehalten – Printed in Germany
© Verlag Herder Freiburg im Breisgau 1986
Herstellung: Freiburger Graphische Betriebe 1996
ISBN 3-451-20755-9

Vorwort

Noch erinnere ich mich – es sind schon an die sechzig Jahre her – des Lesebuches, das wir damals in der Schule hatten. Man las es nicht wie ein anderes Buch von der ersten Seite an, vielmehr wurde einmal diese Geschichte, dann ein Gedicht, dann ein Bild herausgewählt, das uns vom Lehrer aufgetragen wurde. Da war also sehr Verschiedenes zusammengestellt, solches, das den jungen Leser ansprach, und solches, das ihm kaum gefallen mochte.

So mag es auch diesem „Lesebuch" ergehen. Zu verschiedener Zeit und zu verschiedener Gelegenheit entstanden – als Vortrag, als Rundfunkansprache, als Zeitschriftenaufsatz – hat es seine Lesebuch-Buntheit. Und doch möchte der Verfasser hoffen, daß der Leser im Laufe der Zeit nicht nur eine gewisse Einheitlichkeit des „Sprachspiels" erkennen könnte, sondern auch einen spirituellen Grundansatz.

Alle schon einmal früher veröffentlichten Beiträge (etwa in der Zeitschrift „Meditation" oder in „Christ in der Gegenwart" oder im „Pastoralblatt") sind überarbeitet und ergänzt worden. Der erste Beitrag, der dem Buch den Titel gibt, ist z. B. in dem von Ursula von Mangoldt herausgegebenen Buch „Wo unsere Zukunft heller wird" (Freiburg i. Br. 1983) erschienen und nun hier in einem Nachtrag ergänzt worden. Die eine oder andere Wiederholung erklärt sich aus dem Werdegang des Buches.

Wo könnte der Leser beginnen? Vielleicht auf Seite 43 mit der Rundfunkansprache „Die Kunst, sich in Gott zu verlieben" (ein „entliehener" Titel!). Denn das wäre ein Wunsch des Verfassers, daß das ganze Buch ein wenig von dieser Kunst vermittelte.

Inhalt

IV. Vom Betrachten der Bibel

V. Von Leitworten

Erster Teil
Vom Weg des Menschen

1

Der Mensch wird des Weges geführt,
den er wählt

I

Im Jahre 1938 besuchte ich in Rom den Archäologen
Ludwig Curtius. Ich war gerade ein paar Monate vorher
als Vierundzwanzigjähriger zum Priester geweiht worden, und da man damals bei der Überzahl der Priester
nicht wußte, wo man uns noch in den Gemeinden unter-
bringen konnte, erbat ich Urlaub, bis man mich brauchen könnte. Ich wollte in Rom eine Arbeit beginnen,
sie sollte etwas mit der Antike zu tun haben. Keck, wie
man es noch gerade in diesem Alter sein darf, besuchte
ich den großen Gelehrten, um ihn um Rat zu fragen.
Seltsamerweise wies er mich im Laufe des Gesprächs von
der Antike weg auf ein ganz anderes Thema, das gar
nicht zu seinem Arbeitsbereich gehörte und dem ich damals wenig zustimmen mochte: auf Franz von Assisi!

Ich habe seinen Rat nicht aufgegriffen. Und da ich
bald schon, nach einem halben Jahr, zurückgerufen
wurde, traten in der neuen mir zugewiesenen Gemeindearbeit alle anderen Pläne ganz zurück. Als ich dann viele
Jahre später die Selbstbiographie von Ludwig Curtius in

die Hand bekam, da entsann ich mich des mir damals gewährten Gesprächs und las das Buch mit beteiligter Aufmerksamkeit. Und da fand ich den Satz: „Ich behaupte, die meisten Wünsche des Menschen gehen in Erfüllung!" Dieses Wort war, wie man lesen konnte, aus seiner eigenen guten Lebenserfahrung geschrieben.

Ich sann darüber nach, wie denn und ob ich diesem Wort vom eigenen Leben her zustimmen könnte. Und immer deutlicher wurde, im Zurückdenken, die Zustimmung. (Bis dahin, daß dieser Mann unter meinem vordergründig geäußerten Wunsch einen viel tiefer liegenden erspürt hatte.) Und so möchte ich von der eigenen Erfahrung her ebenso sagen: Die tiefsten Wünsche des Menschen neigen dazu, die Erfüllung an sich zu ziehen. Freilich, das weiß ich wohl, daß diese Erfüllung oft durch große schmerzliche Umwandlungen hindurch geschieht, aber doch so, daß diese Verwandlungen schließlich, wenn man zurückschaut, als Erfüllung erkannt werden. Und gewiß gilt auch dies, daß die Übermacht fremder Gegenkräfte jegliche erfahrbare Erfüllung verhindern kann.

Nun bin ich gewiß, daß sich gegen diesen Satz, der kein „dogmatischer" Satz ist, sondern Ausdruck einer persönlichen Erfahrung, von vielen Seiten Widerspruch regen kann.

Aber haben wir nicht alle schon die Erfahrung gemacht, daß uns das entgegenkommt, wofür wir offen sind? „Sobald der Geist auf ein Ziel gerichtet ist, kommt ihm vieles entgegen; ferne Gedanken und Sachen entlaufen ihren Gefügen und eilen ihm zu" (Hans Carossa, Eine Kindheit). Wir alle sind Sender und Empfänger; so wie unsere Antenne gerichtet ist, so strahlen wir aus, so empfangen wir – im Guten wie im Schlimmen.

Aber das Wünschen, von dem hier zunächst die Rede ist, ist von besonderer Art. Es ist nicht ein Zaubertrick, ein oberflächlich anwendbarer Mechanismus. Nur das Wünschen, das aus meinem Wesen kommt, aus dem, was ich zutiefst bin und sein kann, hat diese Kraft. *„Der Mensch wird des Weges geführt, den er mit ganzer Seele wählt!"* Oft ist *dieses* Wünschen noch erst ahnungshaft, das Bewußtsein noch erst konturlos berührend; aber wenn ich wachsam und konsequent den Impulsen folge, die aus dieser Sehnsucht, diesen tiefen Wünschen kommen: dann wachsen ihm von außen und von innen Kräfte der Verwirklichung zu. Die Erfüllung ist oft verwandelt gegenüber dem vordergründigen Wunschentwurf. Aber je mehr dieses Wünschen aus dem eigenen Wesen kommt, um so mehr wird gerade die verwandelte Gestalt der Erfüllung dem eigenen Wunsch-Entwurf, ihn übertreffend, entsprechen.

In dem Buch von Michael Ende, „Die unendliche Geschichte", wird erzählt, daß auf der Rückseite des zauberhaften Medaillons, das der Junge Bastian trägt, die vier Worte stehen: „Tu, was du willst." Zuerst faßt Bastian die Worte auf als eine Aufforderung, alles zu tun, wozu er Lust habe. Aber dann wird ihm gesagt: „Es heißt, daß du deinen Wahren Willen tun sollst. Und nichts ist schwerer." Als er fragt: „Meinen Wahren Willen? Was ist denn das?", bekommt er zur Antwort: „Es ist dein eigenes tiefes Geheimnis!" Und als er weiter fragt, wie er dies Geheimnis entdecken könne, heißt es: „Indem du den Weg der Wünsche gehst, von einem zum anderen und bis zum letzten. Der wird dich zu deinem Wahren Willen führen." „Das kommt mir eigentlich nicht so schwer vor", meinte Bastian. „Es ist von allen Wegen der gefährlichste", sagte der Löwe. „Warum?" fragte Bastian, „ich

habe keine Angst". „Darum geht es nicht", grollte Graóg-
ramán, „er erfordert höchste Wahrhaftigkeit und Aufmerksamkeit, denn auf keinem anderen Weg ist es so
leicht, sich endgültig zu verirren."

Aber gegen unser Wort: das Wünschen des Menschen
erfüllt sich, stellt sich ein antikes griechisches Sprichwort: „Die Götter *bestrafen* die Menschen mit der Erfüllung ihrer Wünsche!" Oder auch – bei Platon –: „Der
Wählende trägt die Schuld, Gott ist schuldlos."

Streicht dieses Sprichwort unseren Ansatz durch? Die
Wünsche, die dieses Sprichwort meint, sind wohl solche,
die aus der Oberfläche, nicht aus dem Wesen des Menschen kommen. Als König Midas von den Göttern einen
Wunsch freibekommt, erbittet er: Alles, was ich be-
rühre, soll zu Gold werden!" Mit Entsetzen muß er bald
feststellen, daß die Erfüllung dieses Wunsches sein qual-
volles Verderben sein wird: alles wird zu Gold, was seine
Hände berühren, das Wasser, das ihm zum Waschen gereicht wurde, das Brot, das seine Hände berührten, der
Wein, den er trinken wollte – er wurde flüssiges Gold.

Es gibt auch Wünsche, die in ihrem Eigenentwurf fest-
gehalten werden, ohne die Verwandlungsweisungen und
Verwandlungskräfte der göttlichen Wahrheitsstimme
wahrzunehmen und aufzunehmen. Die vom Menschen
durchgesetzte Erfüllung solcher Wünsche kann sich freilich gegen seinen wahren Frieden stellen, den er nur finden kann in der Übereinstimmung mit der Wahrheitsstimme seines Wesens.

Thomas von Aquin schreibt: „Die göttliche Vorse-
hung hat es so geordnet, daß einem jeden geschenkt
wird, nach seiner Art und Weise zu dem Ziele zu gelangen, das in seinem Wesen angelegt ist. So ist dem Menschen die ihm entsprechende Weise gegeben, zu erlan-

gen, was er aufgrund seiner (Wesens-)Anlagen von Gott erhofft." Und Francisco de Osuna (16. Jh.): „Darum konnte im Buche Daniel der Engel sagen: Ich bin gekommen, um dich zu belehren, denn du bist der Mann der rechten Wünsche."

II

„Der Mensch wird des Weges geführt, den er wählt." [1] Ist mit diesem Wort das gemeint, was wir vom Wünschen bedacht haben? Es führt darüber hinaus!

In diesem Wort steckt eine Spannung: Ich werde geführt – ich wähle! Auch hier ist gemeint: Wenn ich mich ganz tief, in Übereinstimmung mit meinem Wesen, für etwas entschieden habe, dann werden aus mir Kräfte frei, dann kommen mir verwandte Kräfte entgegen, die mir den Weg öffnen und zu gehen ermöglichen. Ich ziehe mit der mir eigenen Entscheidung, mit meiner Wahl, Kräfte aus meinem Lebensfeld.

„Der Mensch wird des Weges geführt, den er wählt": Es gibt Wege, die nur bis zu Ende gegangen werden können, wenn die Wahl für diesen Weg *radikal* ist, das heißt, bis auf die Wurzel geht. Nur dann wachsen mir die Kräfte zu, die mich auch durch lebensgefährliche Krisen bis zum Ziel führen können. Nur wenn ich *zuletzt* ohne Bedingung die Wahl treffe etwa für eine lebenslange christliche Ehe oder für ein zölibatäres Leben, kann mir die Kraft zuwachsen, mit der ich geführt werde.

---

[1] Diese „talmudische Paradoxie" ist mitgeteilt von Schalom ben Chorin in: Mein Judentum. Hrsg. von Hans-Jürgen Schultz. Stuttgart (Kreuz-Verlag) 1978, 206.

Das Wählen kann in einem lebenslangen mühsamen Prozeß vor sich gehen, bis es einmal reif geworden ist, bis es „radikal" geworden ist, das heißt, seine tragende und nährende Wurzel hat. Bis es immer mehr mit mir selbst, mit meinem Selbst, verwachsen ist. Nicht selten geschieht diese letzte Reifung des Wählens im Bestehen der großen Widrigkeit. So wie einer an dieser Schwelle der reifen Wahl in einem Traum erfuhr, etwas sehr Widriges, Dunkles mit äußerster Anstrengung umarmen zu sollen: Da verwandelte es sich – im Traum – in ein strahlendes Licht! Die Märchen wissen uns von dieser tiefen Lebenserfahrung zu berichten.

Aber: Gibt es denn nicht den nichtgewählten Schicksalsweg, den zu gehen ich – gegen alle eigene Wahl – gezwungen werde? Das Geschlagensein mit lebenslänglicher Krankheit etwa?

Kann es sein, daß einer das ihm schicksalhaft Auferlegte „wählt", zu ihm ja sagt? Und indem er es annimmt, beginnt es seine Verwandlungskraft zu zeigen.

In einen Schacht vor einem Kellerfenster war das Samenkorn der Pflanze hineingeweht worden. Der aufgehende Samen fand nur wenig Erdreich, erhielt nur wenig Licht. Aber er war doch auch geschützt vor Sturm und Frost und vor Tieren. Die Pflanze strebte nach oben, wo das Licht war. Aber dann kam das Eisengitter über dem Kellerloch. Jetzt sollte es sich entscheiden, ob die Pflanze eingehen würde oder ob sie das schwere Hindernis bestehen würde. Und es gelang! Überall suchte die Pflanze mit ihren Zweigen einen Durchlaß durch das Eisengitter, ja es war, als ob sie hier und da im Laufe der Zeit mit den wachsenden Zweigen die Eisenstäbe ein wenig auseinander zu biegen vermochte. Und manche Vorbeigehenden, die ihre Augen offen hatten, sagten, was sie sonst kaum

bei einer anderen Pflanze sagen würden: „Sieh doch da, diese Pflanze ...!"

Aber das talmudische Wort will uns weiter führen. Oft wird im Hebräischen der Gottesname aus Ehrfurcht nicht ausgesprochen, statt dessen wird eine passive Form benutzt. Sollten wir nicht vermuten können, daß dies auch für dieses Wort gilt und wir es also so auslegen dürfen: *Gott* führt den Menschen den Weg, den er gewählt hat?

Wenn ich wahrhaftig *meinen* Weg wähle, den Weg, den ich als den meinen zu erkennen glaube, dann geht die verborgene Kraft Gottes, mich leitend und bewahrend, mit mir.

Aber – muß ich nun das Wort nicht abwandeln? Gibt es nicht die Wahl Gottes für meinen Weg? Muß ich also nicht sagen: Der Mensch soll den Weg gehen, den *Gott* für ihn gewählt hat, dann wird er auch von Gott geführt? Sagt Gott nicht zu dem ersten Glaubenden, zu Abraham: Geh du aus deinem Land, geh den Weg, den ich dir zeigen werde? Geh einher vor meinem Antlitz?

Und doch: Gott hat mir für meine Erkenntnis und meinen Willen einen Freiheitsraum gelassen. Ich bin nicht wie eine Marionette in seiner Hand. Ich muß nicht ein Lebensmuster Stich für Stich ausführen, das er mir vorgeschrieben hat, so wie ein Teppichweber genau und ohne eigene Kreativität ein Muster nachweben muß. Die Lichtbahn, die aus Gottes Antlitz auf das vor mir liegende Lebensfeld fällt, ist weit, nicht schmal und enggeführt. Gott schmiegt sich meiner Freiheit an, wenn sie nur ihm nicht den Rücken zukehrt. Der Knecht und Sklave muß alles genau nach Vorschrift tun, er muß immer fragen, was der Herr als Auftrag meint. Der Sohn im Haus, dem der Vater die Mündigkeit gegeben hat (Lk

15, 11 f.), darf frei entscheiden: *in dem Raum der Liebe, den er vom Vater erfahren hat!*

Werde ich geführt? Oft ist es so: Wir haben einen Weg gewählt, von dem wir glauben, daß er unserem Wesen entspricht und vereinbar ist mit dem Willen Gottes. Aber dann scheint es uns: Der Weg führt ins Ausweglose, wir sind in eine Sackgasse geraten – da wird es sich entscheiden: „... und ein anderer wird dich gürten und *dich führen,* wohin du nicht willst..." (Joh 21, 18).

Wir hören das Talmudwort und denken an Jesus! „Der Mensch wird des Weges geführt, den er wählt." Er hat die Wahrheit dieses Wortes gelebt und erfahren. Er, der auf dem gewählten Weg blieb, auch als dieser Weg in die „Vergeblichkeit" des Kreuzestodes führte. Und er erfuhr, daß er vom Vater über den Tod hinaus geführt wurde zu dem Ziel, das unser aller Ziel sein soll: das *Leben* beim Vater!

Und nun geht uns auf, daß dieses Wort für uns nicht mehr nur eine gläubige *Weisung* ist. Jesus Christus sagt: „Ich bin der Weg!" Sofort verwandelt sich für uns das Talmudwort und führt uns einen letzten Schritt weiter: *Ihn* muß ich wählen, der mir sagt: „Ich bin der Weg" – für dich! Und so werde ich, in der Verflechtung meines Lebens mit seinem Leben seinen Weg geführt. So wie Paulus *seine* Wahl getroffen hat: „Das Leben ist für mich: Christus!" (Phil 1, 21).

Wie kann ich das tun, diese Wahl treffen, Ihn wählen? Charles de Foucauld sagt: „Frage dich in allen Dingen: Was hätte unser Herr getan?, und handle ebenso. Dies ist deine einzige Regel, aber es ist deine unbedingte Regel." Der Christenweg heißt Nachfolge; aber Nachfolge in je meiner Individualität!

Von Rabbi Gamaliel, dem Sohn des Rabbi Jehuda, der

16

im 2. Jahrhundert n. Chr. lebte, heißt es: „Er pflegte zu sagen: Mache Seinen Willen zu deinem Willen, so daß Er deinen Willen zu Seinem Willen machen kann!"

Im Psalm 5 spricht der Beter: „Ebne vor mir Deinen Weg!" Die Bitte dürfte ja auch lauten: Ebne vor mir meinen Weg. Aber so zu bitten, wie der Psalmbeter es tut, das ist reifer Glaube! In einer gemeinsamen Meditation wurde uns das Wort vorgelegt: „Nicht wissend den Weg, gehe ich den Weg – mit offenen Händen, mit offenen Händen." Wer in solchem Vertrauen den Weg gehen kann, dem wird der Horizont seiner Zukunft hell.

„Der Mensch wird des Weges geführt, den er wählt" – gibt es ein Scheitern? Bei C. G. Jung las ich: „Es ist oft tragisch, zu sehen, auf wie durchsichtige Weise ein Mensch sich selbst und anderen das Leben verpfuscht, aber um alles in der Welt nicht einsehen kann, inwiefern die ganze Tragödie von ihm selbst ausgeht und von ihm selbst immer wieder aufs neue genährt und unterhalten wird. Sein Bewußtsein tut es allerdings nicht, denn es jammert und flucht über die treulose Welt, die sich in immer weitere Ferne zurückzieht. Es ist vielmehr ein unbewußter Faktor, der die welt- und selbstverhüllenden Illusionen spinnt. Das Gespinst zielt in der Tat auf einen Cocon, in welchem das Subjekt am Ende eingeschlossen wird."

„Der Mensch wird des Weges geführt, den er wählt." Manchmal richte ich an junge Menschen die Frage: Was ist Ihr Lebensentwurf? Was wünschen Sie ganz tief, wohin Ihr Leben reifen sollte? Welche Vorstellung haben Sie, was einmal aus Ihrem Leben werden sollte ...? Diese Frage kann erweckend sein, und die Antwort kann erhellend und hilfreich sein.

Jesus fragt den Blinden: „Was soll ich dir tun?" (Mk

10,51). Was werde ich zur Antwort geben? Was ist meine tiefste Sehnsucht, mein Verlangen? Meine Bedürftigkeit?

Manchmal darf man Weggefährte von Menschen sein, die *ihren* Weg gewählt haben. Dann ist es ein wunderbares Geschenk, wenn man etwas von dem erleben darf, was Jean Paul mit seinen Worten meint: „Der Anblick ist groß, wenn der Engel im Menschen geboren wird, wenn alsdann am Horizont der Erde die zweite Welt aufsteigt und wenn die ganze Sonnenwärme der Tugend auf das Herz nicht mehr durch die Wolken fällt."

Ein Nachtrag: Als ich diese Überlegungen niedergeschrieben hatte, machte mich ein Freund darauf aufmerksam, daß der Gedanke „Der Mensch wird des Weges geführt, den er wählt" auch bei Goethe zu finden sei, und zwar im 9. Buch, II. Teil von „Dichtung und Wahrheit". Dort ist zu lesen:

„Ich weiß zwar recht gut, daß gegen das brave und hoffnungsreiche altdeutsche Wort ‚Was einer in der Jugend wünscht, hat er im Alter genug!' manche umgekehrte Erfahrung anzuführen, manches daran zu deuteln sein möchte; aber auch viel Günstiges spricht dafür, und ich erkläre, was ich dabei denke.

Unsere Wünsche sind Vorgefühle der Fähigkeiten, die in uns liegen, Vorboten desjenigen, was wir zu leisten imstande sein werden. Was wir können und möchten, stellt sich unserer Einbildungskraft außer uns und in der Zukunft dar; wir fühlen eine Sehnsucht nach dem, was wir schon im Stillen besitzen. So verwandelt ein leidenschaftliches Vorausergreifen das wahrhaft Mögliche in ein erträumtes Wirkliche. Liegt nun eine solche Richtung entschieden in unserer Natur, so wird mit jedem Schritt unserer Entwickelung ein Teil des ersten Wunsches erfüllt, bei günstigen Umständen auf dem geraden Wege, bei ungünstigen auf einem Umwege, von dem wir immer wieder nach jenem einlenken. So sieht man Menschen

18

durch Beharrlichkeit zu irdischen Gütern gelangen, sie umgeben sich mit Reichtum, Glanz und äußerer Ehre. Andere streben noch sicherer nach geistigen Vorteilen, erwerben sich eine klare Übersicht der Dinge, eine Beruhigung des Gemüts und eine Sicherheit für die Gegenwart und Zukunft.

Nun gibt es aber eine dritte Richtung, die aus beiden gemischt ist und deren Erfolg am sichersten gelingen muß. Wenn nämlich die Jugend des Menschen in eine prägnante Zeit trifft, wo das Hervorbringen das Zerstören überwiegt und in ihm das Vorgefühl beizeiten erwacht, was eine solche Epoche fordre und verspreche, so wird er, durch äußere Anlässe zu tätiger Teilnahme gedrängt, bald da–, bald dorthin greifen, und der Wunsch, nach vielen Seiten wirksam zu sein, wird in ihm lebendig werden. Nun gesellen sich aber zur menschlichen Beschränktheit noch so viele zufällige Hindernisse, daß hier ein Begonnenes liegen bleibt, dort ein Ergriffenes aus der Hand fällt und ein Wunsch nach dem andern sich verzettelt. Waren aber diese Wünsche aus einem reinen Herzen entsprungen, dem Bedürfnis der Zeit gemäß, so darf man ruhig rechts und links liegen und fallen lassen und kann versichert sein, daß nicht allein dieses wieder aufgefunden und aufgehoben werden muß, sondern daß auch noch gar manches Verwandte, das man nie berührt, ja woran man nie gedacht hat, zum Vorschein kommen werde. Sehen wir nun während unseres Lebensganges dasjenige von andern geleistet, wozu wir selbst früher einen Beruf fühlten, ihn aber, mit manchem andern, aufgeben mußten, dann tritt das schöne Gefühl ein, das die Menschheit zusammen erst der wahre Mensch ist und daß der einzelne nur froh und glücklich sein kann, wenn er den Mut hat, sich im Ganzen zu fühlen.«

2

Wer bin ich?

Ein kleines Gedicht des 1978 verstorbenen Neutestamentlers Heinrich Schlier, das er wohl in der letzten Zeit seines Lebens geschrieben hat, hat die Überschrift: „Was bin ich?" Als ich das las, entsann ich mich, daß es ein ähnliches Gedicht von Dietrich Bonhoeffer gibt, auch dieses kurz vor seinem Tod in der Haft geschrieben. Die Überschrift: „Wer bin ich?" Durch alle Zeilen hindurch geht bei beiden das Suchen nach einer christlichen Antwort auf diese Lebens- und Sterbensfrage. „Mihi quaestio factus sum", sagte Augustinus: „Ich bin mir zur Frage geworden."

In einem Gebet des großen Philosophen und Theologen Nikolaus von Cues aus dem 15. Jahrhundert sagt Gott dem Beter: „Sis tu tuus, et ego ero tuus – Sei du dein, und ich werde dein sein!" Und der Beter antwortet: „Herr, du hast es in meine Freiheit gelegt, daß ich mein sein kann, wenn ich es nur will. Gehöre ich darum nicht mir selbst, so gehörst auch du nicht mir." Und hundertfünfzig Jahre vorher rät Meister Eckhart dem Christen: „Nim din selbes war"; und er fügt hinzu – und das Wort ist zu behalten für den weiteren Gang unserer Überlegungen –: „und swa du dich vindest, da laz dich!"

Wer bin ich? Wie werde ich mein? Die Ursehnsucht des Menschen, er selbst zu sein, ganz zu sein, reif zu sein. Dag Hammarskjöld schreibt in sein Tagebuch: „Du mußt es wagen, du selbst zu sein. Was gewinnst du dabei? Die Größe des Daseins spiegelt sich in dir nach dem Maße deiner Reinheit."

„Sei du dein, und ich werde dein sein." Wie geht, christlich, der Weg dahin? In der Sprache unserer Zeit: Wie finde ich als Christ meine Identität?

Mir begegnete – ist das vielleicht eine Wegweisung für unsere Frage? – ein Wort des Biographen von Simone Weil, der 1943 verstorbenen Französin: „Der Held trägt eine Rüstung, der Heilige geht nackt."

Wir denken an Jesus, der nackt am Kreuz hängt, in völliger Entblößung und Ohnmacht, in völliger Wehrlosigkeit. „Darum hat ihn Gott über alle erhöht und ihm den Namen verliehen, der größer ist als alle Namen" (Phil 2,9). Dem nackten Jesus wird von Gott in der Auferweckung – wenn wir so sagen dürfen – die ganze „Identität" gegeben. Und die Wunden, die Zeichen seiner Wehrlosigkeit, seiner Nacktheit, werden, wie für Thomas, als verklärte Wunden für immer seine „Identitätsmerkmale" sein.

Wir denken an Franz von Assisi, wie er auf dem Markt von Assisi seine ganze „Rüstung" abwirft und nackt dasteht. Nackt läßt er sich sterbend auf den Boden der Kirche legen. „Nudus nudum Jesum sequi", nackt dem nackten Jesus folgen, das rät die Imitatio Christi des Thomas von Kempen.

Ist das für uns der Weg zu dem „Sis tu tuus", der Weg zur christlichen Identität? Das Loslassen bis auf den Grund? Da, wo wir dann, auf dem Grund unserer Leere von Gott gefunden werden und bekleidet werden mit dem wahren Selbst? Entspricht diese Weisung nicht ganz dem Wort Jesu: „Wer sein Leben verliert, der findet es"? Findet *sein* Leben?

Aber. Nun steht hier ein gewichtiges Aber. Meister Eckhart sagt: „Nim din selbes war, und *swa du dich vindest,* da laz dich!" „Der Held trägt eine Rüstung, der Hei-

21

lige geht nackt" – muß ich nicht auch und zuerst eine
Rüstung getragen haben, viel Zurüstung erfahren haben,
um den Weg des Heiligen gehen zu können? Kann ich
nicht erst loslassen, was schon in irgendeiner Weise
mein geworden ist? Muß ich nicht Heimat kennenge-
lernt haben, um aufbrechen zu können? Der Pfarrer von
Ars sagt: „Ein Herz in der Gegenwart Gottes ist wie eine
Weintraube unter der Kelter." Eine Traube, aus der
Wein werden soll, muß erst viel Sonne in sich aufgenommen haben. Ein Herz, das von Gott in die Verwandlung
genommen wird, muß viel Liebe, Vertrauenswärme,
„Ichstärke" in sich aufgenommen haben. (Hier ist von
Bedeutung alles das, was die Humanwissenschaften uns
heute vom Reifen des Menschen vermitteln können.)

Es gibt Stufen des geistlichen Lebens! Der Dreizehn-
jährige muß die Bergpredigt anders verstehen als der
Fünfzigjährige, etwa den Satz: „Wenn dich einer auf die
Wange schlägt, so halte ihm auch die andere hin." Der
Zwanzigjährige darf Lob und Anerkennung anders auf-
nehmen als der Sechzigjährige.

Es gibt offenbar eine sich wandelnde Spannung zwischen Ichstärke (Selbstfindung) und Loslassen, zwischen
Selbstverwirklichung und Sich-frei-geben. Eine wechsel-
seitig vorantreibende und sich durchdringende Spannung von „Rüstung" und „Nacktsein". In seinem
geistlichen Tagebuch „Einsam für alle" sagt der Mönch
(Raphael Hombach OSB):

Dein Leben gewinnen
kannst du nur dann,
wenn du zuvor es verloren hast,
wie Christus es will.
Dein Leben verlieren,
wie Christus es will,

22

kannst du nur dann,
wenn du zuvor mit Christus gesammelt
und nicht zerstreut hast,
wenn du zuvor auch dich gesammelt
und nicht zerstreut hast.

Wie aber kann ich *reifen* in dieser Spannung von „Rüstung" und „Nacktsein"? Welchen konkreten Schritt kann ich tun auf meine christliche Identität, auf das „Sis tu tuus" hin?

Meine Antwort lautet: Jesus Christus anschauen – mit Konsequenzen! (Consequi heißt: folgen; nachfolgen!) In den großen Exerzitien des hl. Ignatius von Loyola ist dafür ein beispielhafter Weg gewiesen. Nach der ersten Woche der Exerzitien bestehen die drei folgenden Wochen fast ausschließlich in Betrachtungen der Worte und Taten Jesu. Der Übende soll durch ein intensives und beteiligtes Anschauen Jesu so zu sich selbst geführt werden, daß er *seine* Wahl treffen kann, daß er entscheidet, wie sein Leben sich erfüllen kann in der Nachfolge Jesu. In diesem großen Exerzitium sollen alle Schichten *dieser Individualität* so mit dem Geist Christi durchtränkt werden, daß der Übende darin zu sich selbst kommt und nun *seinen* Weg des christlichen Reifens gehen kann.

Dietrich Bonhoeffer schreibt im August 1944 in der Haft: „Alles, was wir mit Recht von Gott erwarten, ist in Jesus Christus zu finden ... Wir müssen uns immer sehr lange und sehr ruhig in das Leben, Sprechen, Handeln, Leiden und Sterben Jesu versenken, um zu erkennen, was Gott verheißt und was er erfüllt" – was er mir verheißt und was er mir erfüllt!

Wie sollten wir nicht unsere Identität finden können bei dem, der wie kein Mensch sonst sagen kann: „Egō

eimi – Ich bin" (Joh 4, 26). Bei ihm, der der freieste Mensch der Welt gewesen ist, dessen Wirken darin besteht, Freiheit zu verschenken! Bei ihm, der in letzter Gültigkeit sagen kann „Ich bin", weil sein Leben reine Anbetung Gottes ist, reines Sich-Gottlassen. Wer Jesus Christus, den Lebendigen, in den Blick bekommt, findet darin *seine* Identität!

Wenn wir ihn aber wahrhaftig in den Blick bekommen, dann geschieht etwas Paradoxes: Er holt uns auf seinen Weg – und was ist das für ein Weg! –, er führt uns aus uns selbst heraus – und so füllt sich von ihm her unser Selbst! Mechthild von Magdeburg sagt: „Ich danke Dir für alle Treue, mit der Du mich aus mir selbst in Deine Wunder geführt hast." In das Wunder der geschenkten Einheit mit ihm, der sagen kann: „Ich bin"!

Wenn wir den Heiligen unsere Frage vorlegen könnten: Wie finde ich meine christliche Identität? – was würden sie uns wohl zur Antwort geben? Wahrscheinlich würde jeder von ihnen zunächst sagen: Darüber denke ich nicht nach! Sie würden uns wohl eine andere, ganz entscheidende Wegweisung geben. Sie würden uns vielleicht auf die Fußwaschung Jesu verweisen, auf das „einander die Füße waschen". Und sie würden uns sagen: Tut das, so findet ihr euch selbst!

Wir können Ihn nur in den Blick nehmen, weil wir *zuvor* von Ihm angeschaut sind. „Jesus schaute ihn an und gewann ihn lieb" (Mk 10, 21). Amor, ergo sum! Ich bin geliebt, nun bin ich! Das ist meine *vorgegebene* Möglichkeit, meine Identität und meine Freiheit zu finden! Und so ist es begreiflich, daß die beiden am Anfang genannten Gedichte von Schlier und Bonhoeffer: „Was bin ich", „Wer bin ich" mit dem Satz enden: „Gott sieht mich. Ich bin sein Augenblick." Und: „Wer ich auch bin,

Du kennst mich, Dein bin ich, o Gott." – Auch als ein Zerbrochener, Gebrochener, Unvollendeter ... Auch als Sünder!

In seinen chassidischen Erzählungen berichtet Martin Buber von einem Rabbinen-Schüler, der gegen Mitternacht seinen ehemaligen Mitschüler und Freund in einer fremden Stadt besucht. Er klopft an die Fensterscheibe des erleuchteten Zimmers. „Wer ruft?" hört er die vertraute Stimme fragen und antwortet, da er gewiß ist, daß auch die seine erkannt wird, nichts als: „Ich bin es!" Aber das Fenster bleibt verschlossen, und von innen kommt kein Laut mehr, sooft er auch klopft. Endlich schreit er bestürzt: „Ahron, warum öffnest du mir nicht?" Da entgegnete ihm die Stimme des Freundes, so ernst und groß, daß sie ihm fast fremd erscheint: „Wer ist es, der sich vermißt zu sagen: ‚Ich bin es', wie es Gott allein zusteht!" Als der Schüler dies vernahm, sprach er in seinem Herzen: „Meine Lehrzeit ist noch nicht um", und er kehrte unverweilt nach Mesritsch zurück.

Ja, unsere Lehrzeit auf das Ich-bin-Sagen hin ist noch nicht zu Ende.

3

Wer sich wundert, wird das Königreich erlangen

Vor einiger Zeit sagte mir ein Theologiestudent auf einem Spaziergang, er habe einen kleinen Bastteppich geschenkt bekommen; den habe er an der Wand seines Zimmers befestigt und daran hefte er von Zeit zu Zeit einen Zettel mit einem guten oder wichtigen Wort. Auf

meine Frage, was denn jetzt auf seinem Zettel zu lesen wäre, antwortete er: Ein Jesuswort: „Wer sich wundert, wird das Königreich erlangen."

Dieses Wort steht nicht im Neuen Testament, sondern im sogenannten Hebräerevangelium. Es ist aus frühester Zeit außerhalb des Evangeliums überliefert wie manche anderen Worte Jesu, die, versprengt in anderen Schriften aus ältester christlicher Zeit, auf uns gekommen sind.

Was ist das für ein dunkles Wort: „Wer sich wundert, wird das Königreich erlangen"? Oder ist es ein lichtes Wort?

Das „Königreich", das ist das Gottesreich, das Reich, das ganz erfüllt ist von Gott. Und so möchte ich es wagen, dieses Wort „Wer sich wundert, wird das Königreich erlangen" umzuwandeln in: „Nur wer sich wundern kann, wird Gott erfahren können." Wenn das aber gilt, dann kann es für uns ein lebenswichtiges Wort sein.

Bei dem Dichter Hugo von Hofmannsthal las ich den Satz: „Wo ist dein Selbst zu finden? Immer in der tiefsten Bezauberung, die du erlitten hast." Führt uns dieses Wort auf die Spur des Jesus-Wortes? Ist es verwandt mit dem „Wer sich wundert, wird das Königreich erlangen"? Aber hier ist von „Sich-wundern" die Rede, dort von Bezauberung (freilich von Bezauberung, die man *erlitten* hat!), hier ist vom Königreich die Rede, dort vom Selbst.

Das Jesuswort führt uns weiter. In den islamischen Ländern erschallt von den Türmen der Moscheen immer wieder der Ruf: Gott ist größer! Größer als alles, was wir ausdenken und ausrechnen können, größer als alle unsere Erwartungen, unsere Vorstellungen. In *diese* Richtung scheint uns das Jesuswort zu weisen: „Wer sich wundert, wird das Königreich erlangen."

26

„Wer sich wundert ...": Kennen wir das noch? Das Staunen vor dem Geheimnis, das Betroffensein vom Geheimnis?

Jeder von uns kann erfahren, daß Menschen in einem von Neonlicht völlig ausgeleuchteten Raum ganz und gar anders gestimmt sind, als wenn sie in einem nur von Kerzen erhellten Raum sitzen. Was ist das?

Da, wo man schon alles weiß und kennt, wo man alles ausrechnen und ausspekulieren kann, da gibt es das Staunen nicht mehr. Es ist seltsam: Menschen, die schon alles kennen, für die es nichts Neues mehr gibt, wollen doch immer wieder etwas Neues, sie jagen geradezu hinter dem Neuen her; aber sie kaufen es sich – und so finden sie nie, was sie – unbewußt – suchen: *das* Neue, das man sich nie kaufen kann, das nur geschenkt werden kann, das uns wunderbar entgegenkommt, das uns staunen läßt: der Sonnenglanz über den herbstlichen Blättern der Bäume, das unsäglich Liebenswerte im Antlitz des Kindes ...

Ja, das Kind! Es kann noch staunen, es kennt noch das Wunder. Das Kind sieht in dem Spielzeug, noch im zerbrochenen Spielzeug, eine ganze Welt, es sieht in der glänzenden Kugel alle Wunder der Welt – und darum gehört dem Kind das „Königreich": „Er stellte ein Kind in ihre Mitte"!

Auf den ersten Seiten der Bibel steht ein dunkles Wort, das Gott wie im Selbstgespräch zu sich selber spricht. Der Mensch ist aus dem Paradies vertrieben, nachdem er vom Baum der Erkenntnis gegessen hatte. Und da sagt Gott: „Daß der Mensch doch nun nicht seine Hand ausstreckt und vom Baum des Lebens nimmt!" Will Gott uns denn die Frucht vom Lebensbaum vorenthalten? Nein – alles geht darauf hin, daß

27

Gott dem Menschen die Frucht des Lebensbaumes geben will, aber *geben* will! Nur wenn der Mensch sie sich geben läßt, wenn er sie empfängt, kann er davon leben. Gott sagt: „Daß der Mensch doch nun nicht seine Hand ausstreckt und vom Baum des Lebens selber *nimmt!"* Wenn der Mensch sich die Frucht vom Lebensbaum selber *nimmt,* fault sie in seinen Händen.

Spricht sich in diesem „Selbstgespräch" Gottes die Sorge aus vor einer tödlichen Gefährdung des Menschen: daß er sich alles *nimmt,* daß er den Sinn für die *Gabe* verliert, für das Empfangen, für das Nicht-Machbare, für das Geschenk, für die *Gnade,* für das Wunderbare, für das Geheimnis?

Wer sich nicht wundern kann, kann keinen Sinn für das Königreich, für das Gottesreich haben. Denn da geht es zum Sich-Verwundern zu! Da geht es völlig anders zu, als wir es uns ausdenken – völlig andere Gesetze, paradoxe Gesetze! Da heißt z. B. ein Grundgesetz: „Der Kleinste ist der Größte"! Jesus stellte ein Kind in ihre Mitte und sagte: Das Kind ist der Größte! Oder: „Wer sein Leben verliert, gewinnt es"! Oder: „Wenn ich schwach bin, dann bin ich stark"! Oder: „Tod wird Leben"!

Das alles ist wahrhaftig zum Verwundern. Und dann geht es ja weiter, diese seltsamen Verfahrensweisen im Gottesreich: Der verlorene Sohn, der heimkehrt, bekommt das Fest. Die Sünderin wird zur Heiligen. Der Zöllner zum Tischgenossen des Messias. Der Schächer hört das „Heute noch!" – „Wer sich wundert, wird das Königreich erlangen."

Einmal sagt Jesus – und er sagt es mit unmißverständlicher Entschiedenheit: „Wer das Reich Gottes nicht empfängt wie ein Kind, kommt gewiß nicht hinein!" Wie ein Kind, das angewiesen ist auf das totale Empfan-

gen, sich alles geben lassen muß, wenn es leben soll. Jesus sagt damit: Wer keinen Sinn hat für das Geschenk, für die Gnade, für das Wunder von Barmherzigkeit und Liebe, hat mit dem Gottesreich nichts zu tun.

Wie lerne ich es denn, dieses Sich-wundern? Wenn es so wichtig ist, muß ich es doch erlernen!

Mir scheint, wir müssen zuerst einmal in der Welt, in der wir leben, immer wieder stille stehen, aufhören mit dem: immer mehr, immer Neues, immer weiter ... Stille stehen, um wahrzunehmen, was da an Wunder verborgen ist.

Ein alter weiser Rabbi ruft aus: „Wehe, die Welt ist voller gewaltiger Lichter und Geheimnisse, und der Mensch verstellt sie sich mit seiner kleinen Hand!"

Aber das ist nur ein erster Schritt. Ein anderer führt weiter. Vor einiger Zeit fragte ich einmal einen priesterlichen Freund, was er als die wichtigste geistliche Lebensregel bezeichnen würde, oder aus welcher Grundhaltung, aus welcher Einstellung er als Christ zu leben versuche. Er gab zur Antwort: „Sich alles von Gott geben lassen!"

Ich glaube, daß in diesem Wort und in dieser Weisung *der* Zugang eröffnet wird, das zu erlernen und zu erfahren, was das Jesuswort verheißt: „Wer sich wundert, wird das Königreich erlangen."

Sich alles von Gott geben lassen, oder wie es ein anderer mir einmal sagte: Das Geheimnis der offenen Hände – zum Empfangen und zum Weitergeben! Es ist kein Wort zum Verstehen, es ist ein Wort zum Leben – nur so kann man erfahren, *daß* es ein Lebenswort ist, ein Wort zum Aufleben. Es kann sehr schwer sein, mit diesem Wort ernst zu machen: sich alles von Gott geben lassen! Der würde es sehr mißverstehen, der meint, das wäre ein

Wort bequemer Passivität. Vielleicht ist es in guten Tagen leicht einzuüben. Aber es enthüllt wohl in schweren Tagen am meisten seine Wahrheit und seine Tragkraft.

Warum ist diese Weisung ein Zugang zu dem Jesuswort: „Wer sich wundert, wird das Königreich erlangen"? Wer bereit ist, sich alles von Gott geben zu lassen, wird die Erfahrung machen können, daß sich in seinem Leben Wunder vollziehen. Nicht eines Zaubers, der die Außenflächen des Lebens verwandelt, sondern Wunder des Geistes in ihm, eine Verwandlung des Lebens von innen her, in der *alles* anders wird.

Das aber führt zur Danksagung. Zu danken weiß der, der die Gabe empfangen hat. Und am meisten zu danken weiß der, der die Gabe empfängt, mit der nie zu rechnen war, die unverhofft ihm entgegenkommt.

4

Die vierte Dimension

Einer unserer Diakone, der neben der Theologie auch Latein studiert, schenkte mir eine schöne Ausgabe von Vergils Aeneis. Erinnerungen stiegen in mir auf an die Schulzeit, da wir als Primaner – vor fünfzig Jahren – in dieser großen Dichtung lasen, die an der Schwelle des christlichen Abendlandes steht. *Vergil* ist im Jahr 19 vor Christus gestorben. Ich blätterte in dem schönen Band, erkannte dieses und jenes wieder; dann war die neugierige Frage da: mit welchem Vers endet das Epos? Und ich las: „Das Leben fährt, aufstöhnend, mit Unmut hinab zu den Schatten" (Vitaque cúm gemitú fugit indignáta sub

úmbras). Das also ist das letzte Wort der großen lateinischen Dichtung kurz vor dem Kommen Christi.

Da verlockte es mich, nachzusehen, wie denn die vielleicht größte Dichtung des christlichen Mittelalters, *Dantes* „Göttliche Komödie", endet. Und ich sehe, daß der letzte Gesang, der dem Mysterium der Dreifaltigkeit gilt, mit der Zeile endet: „Die Liebe, die beweget Sonn und Sterne" (L'amor che muove il sol e l'altre stelle).

Und der Gedanke erwacht: Wie würde wohl ein Epos unserer Zeit enden? Kann es solche Dichtung, die literarische Großform des Epos, heute überhaupt noch geben? Da fiel mir ein, daß es doch in unseren Tagen so etwas wie ein Epos gibt, das sogar in seinem Untertitel „Eine Komödie" genannt wird und das, wie bei Dante, dreiunddreißig „Gesänge" hat: „Der Untergang der Titanic" von Hans Magnus *Enzensberger*. Und wieder schlage ich die letzte Seite auf und lese den letzten Vers: „... Schwer zu sagen, warum, heule und schwimme ich weiter."

Drei große Zeit-Aussagen, Zeit-Bekenntnisse. Sind sie alle wahr? Ein neues Lied im „Gotteslob" singt: „Wofür sollen wir leben, sag uns, wofür? So viele Gedanken, welcher ist wichtig? So viele Programme, welches ist richtig? So viele Fragen: Die Liebe zählt!"

Dante bekennt in der Vision des Dreifaltigen Gottes: „Die Liebe, die beweget Sonn und Sterne", die Liebe, die das Universum bewegt. Das gehört zu den zentralen Inhalten unseres Glaubens: Es gibt in der Welt, im Universum, eine verborgene Dimension, die nichts als Leben und Liebe ist.

Ein Vergleich kann es uns nahebringen. Als im Jahre 1905 Albert *Einstein* seine spezielle Relativitätstheorie veröffentlichte, wurde es offenbar: Niemals wird der Mensch sich mit seinen Sinnen vorstellen können, wie

31

das Universum im ganzen ist. Er kann sich mit den Kräften seiner Anschaulichkeit das Weltall nur dreidimensional vorstellen; sein Denken aber sagt ihm: Im Universum gibt es eine andere, eine vierte Dimension, die der Vorstellungskraft für immer entzogen bleibt. Der Mensch weiß, daß das All räumlich und zeitlich begrenzt ist – das lehrt ihn die Entdeckung Einsteins. Aber wie will er sich das, was jenseits dieser Grenzen von Raum und Zeit ist, anders vorstellen als räumlich-zeitlich, obwohl die Wirklichkeit, diese vierte Dimension, völlig anders ist?

Das ist ein Vergleich für jene ganz andere „vierte Dimension" des Glaubens: die österlich-pfingstliche Dimension, die verborgen das All erfüllt. Diese vierte Dimension des Glaubens meint Bischof Hélder *Câmara* in dem Vers:

Wenn sie wüßten,
was die vierte Dimension in Wahrheit ist.
Die Schau des Unsichtbaren.
Die Sehweise der Ewigkeit!

Verborgen in unserer Welt, die vergeht, liegt eine Kraft, die einmal die ganze Welt verwandeln wird: die Kraft der Auferstehung, das österlich-pfingstliche Leben. Wie ein Sauerteig, der verborgen wirkt. Wie eine geheimnisvolle innere Strahlungskraft, die nichts als Leben und Liebe ist.

Als Jesus ins Grab gelegt wurde, in unsere Erde, da wurde dieser Keim des österlichen Lebens in die Erde hineingelegt. Jesus, der Mensch, gehörte zu dieser unserer Erde. Als er auferweckt wurde, ging sein Auferstehungsleben verborgen auf die ganze Erde über. Eine völlig neue Lebensdimension durchstrahlte den Kosmos.

Die Kirchenväter haben dafür einen schönen Vergleich. Als vor der Passion Maria, die Schwester Martas, dem Herrn die Füße mit kostbarem Öl salben will, zerbricht sie das Alabastergefäß. Und das Evangelium sagt, daß der Duft der Salbe das ganze Haus erfüllte. Jesus sagte: „Sie hat es getan auf mein Begräbnis hin." Im Pfingstbericht heißt es, daß die Kraft des Heiligen Geistes das ganze Haus erfüllte, in dem sie waren. Die Väter legen dies so aus: Als das Gefäß seines Lebens in der Passion zerbrochen wurde, da wurde sein Geist frei und erfüllte das ganze Haus: den ganzen Kosmos! So wie es im dritten Hochgebet heißt: „Denn durch deinen Sohn, unseren Herrn Jesu Christus, und in der Kraft des Heiligen Geistes erfüllst du die ganze Schöpfung mit Leben und Gnade": mit österlich-pfingstlichem Leben! Pfingsten, die Vollendung des Osterfestes, ist kosmisches Ereignis.

Das aber verdichtet sich in unerhörter und einzigartiger Weise im Getauften. Der Getaufte ist ja ganz eingetaucht in den Tod und in die Auferstehung Jesu Christi, in die große Umwandlung hinein. Paulus sagt es ausdrücklich: „Wenn also jemand in Christus ist, dann ist er eine neue Schöpfung" (2 Kor 5, 17). Und er sagt, daß es nicht auf dieses oder jenes ankommt, mag es auch sonst noch so wichtig sein, sondern nur darauf, daß einer österliche Schöpfung sei: „Denn es kommt nicht darauf an, ob einer beschnitten oder unbeschnitten ist, sondern darauf, daß er neue Schöpfung ist" (Gal 6, 15).

Durch die Christen aber, die Getauften, soll die österliche Dimension weiter durchstrahlen durch die Schöpfung hin. Die österliche Lebenskraft, die Ostern und Pfingsten aufbrach, soll gleichsam durch die Christen, dieses „königliche, priesterliche Geschlecht" (1 Petr 2, 9),

wie durch lebendige Medien hindurch weitergetragen werden: bis Er kommt in Herrlichkeit: „Ihr sollt die großen Taten dessen verkünden, der euch aus der Finsternis in sein wunderbares Licht berufen hat" (vgl. auch Röm 8, 18–24).

Auf diesem Hintergrund verstehen wir in seiner ganzen christlichen Tiefe das Wort des Dichters *Novalis*: „Alles Sichtbare ist ein in einen Geheimniszustand erhobenes Unsichtbares." In allem Sichtbaren wartet ein Geheimnisvoll-Unsichtbares auf das Offenbarwerden. „Wir starren nicht auf das Sichtbare, sondern blicken aus nach dem Unsichtbaren" (2 Kor 4, 18).

Im Hebräerbrief wird einmal von Mose gesagt: daß er seinen Glaubensweg gegangen sei „als sähe er den Unsichtbaren" (11, 27). So sollte der Christ seinen Glaubensweg durch die Verhangenheit der Welt und der Zeit gehen, als sähe er die unsichtbare pfingstliche Lebenskraft des Geistes Christi, die verborgen alles durchatmet, bis Er kommt in Herrlichkeit. Diese Glaubenssicht kann ihn befähigen, die Angst zu überwinden. Der Pfingstgeist will die Türen des Eingeschlossenseins und der Angst aufstoßen, er läßt die Christen, wie damals die Apostel, ins Offene treten und das Zeugnis der Hoffnung verkünden und leben. Er kann uns die ganz neue Sprache eingeben, mutig das Zwiegespräch mit der Welt aufzunehmen und mitten in einer angstbedrückten Welt das neue Lied zu singen.

Das Urlicht

Ich besuchte einen Mann, der auf die Lebensmitte zuging. Seit Monaten lag er im Krankenhaus. Die Ärzte waren ratlos. Eine organische Krankheit war nicht festzustellen, und doch siechte der Kranke dahin, man mußte um sein Leben fürchten. Es war, als wäre die Lebensflamme erloschen, als bekäme sie keine Nahrung mehr.

Als ich ihn besuchte, war kurz vorher eine Wende geschehen. Und diese Wende zum Leben hin war auf eine ungewöhnliche Weise geschehen. Jemand hatte dem Kranken eine Schallplatte geschenkt mit den Liedern aus „Des Knaben Wunderhorn" in der Vertonung von Gustav Mahler. Er hatte in seiner Schwäche nur ein einziges Lied hören können, aber im Hören dieses Liedes habe sich, so erzählte er mir, ein Strom von Tränen gelöst – und von Stund an begann langsam die Genesung.

Das Lied, das er gehört hatte, hat die Überschrift „Urlicht". Es ist ein aus alter Zeit mündlich überliefertes Gedicht, das in volksliedhafter und liebenswürdig naiver Sprache eine tiefe menschliche Erfahrung ausspricht.

Urlicht

O Röschen rot,
Der Mensch liegt in größter Not,
Der Mensch liegt in größter Pein,
Je lieber möcht ich im Himmel sein.
Da kam ich auf einen breiten Weg,
Da kam ein Engelein und wollt mich abweisen,
Ach nein, ich ließ mich nicht abweisen.
Ich bin von Gott, ich will wieder zu Gott,

Der liebe Gott wird mir ein Lichtchen geben,
Wird leuchten mir bis in das ewig selig Leben.

Wie eine Initiale, wie ein schön gemalter Anfangsbuchstabe in einem alten Buch, beginnt es mit „O Röschen rot" – als solle das Gemüt erweckt und eingestimmt werden auf das nun Kommende.

„Urlicht" ist das kleine Lied überschrieben. In jedem Menschen ist das Urlicht. Was ist das? Jeder Mensch ist begabt und berufen, jene andere Wirklichkeit zu ahnen und wahrzunehmen, die jenseits unserer Welt liegt, welche wir sehen und begreifen. „Ich bin von Gott und will wieder zu Gott", so sagt es das Lied. Der große Augustinus hat es mit dem Wort gesagt: „Du, o Gott, hast uns zu dir hin geschaffen, und ruhelos ist unser Herz, bis es ruht in dir."

Bei dem Kranken, den ich besuchte, war dieses Urlicht in den Jahren vorher in einer rastlosen, nach außen gerichteten Aktivität verschüttet worden: Daran war er erkrankt, ohne die Ursache zu ahnen. Die Krankheit war ein gütiges Geschick für ihn; sie zeigte ihm an, daß er so nicht leben könne. Schon war er bis auf den Grund seiner Armut gekommen – „Der Mensch liegt in größter Not, der Mensch liegt in größter Pein", so singt es das Lied –, da bedurfte es nur noch dieses erweckenden Zeichens, das Hören des „Urlichts" – und die Gesundung konnte beginnen. Es wurde für den Kranken eine Lebenswende: Der Weg nach innen war eröffnet worden, er begann zu leben aus der Mitte!

Die Mystiker, jene großen Erfahrenen, sprechen viel von diesem Urlicht im Menschen. Sie sagen: In jedem Menschen ruht sein „Wesen". Dieses Wesen des Menschen ist jene Nahtstelle, wo im Menschen in einzigarti-

ger, unvertauschbarer Weise Gott durchkommen will. Teresa von Ávila schreibt: „Ich habe den Eindruck, daß es etwas ist, das nicht im Herzen entspringt, sondern anderswo, noch weiter innen, wie aus einer Tiefe. Ich nehme an, daß es im Zentrum der Seele sein muß. Denn wahrlich, ich sehe Geheimnisse in uns selbst, die mich oft erschreckt haben ... Wir laufen herum wie dumme Hirtenjungen. Wir meinen, wir erfaßten etwas, und dabei ist es gewiß so viel wie nichts; in uns selbst sind große Geheimnisse, die wir nicht verstehen."

In der Tiefe des Menschen ist eine Ursehnsucht, ein Urverlangen nach Gott. Diese Ursehnsucht spricht wie eine Wahrheitsstimme im Menschen, aber sie spricht leise, eine „Stimme der feinen Stille" (1 Kön 19). Und der Mensch muß immer wieder still werden, muß hineinlauschen in seine eigene Wesenstiefe, um diese Wahrheitsstimme zu hören, die ihn zum wahren Leben erwecken möchte.

Es gibt eine Lebenszeit des Menschen, in der sich diese Stimme besonders deutlich meldet, es ist die Zeit der Lebensmitte. Der Lebensbogen hat seine Höhe erreicht. Der Mensch hat den Weg der Ichfindung und Ichstärkung ein gutes Stück zurückgelegt, er ist den Weg nach außen gegangen und hat ein Stück Lebenswerk aufgebaut. Nun meldet sich, manchmal durch eine Krise hindurch, der Anruf zu einer Wandlung. Statt des Wegs nach außen jetzt mehr der Weg nach innen. „Was die Jugend außen fand und finden sollte, soll der Mensch des Nachmittags innen finden", sagt C. G. Jung.

Aber hier melden sich auch Gefährdungen und Fluchten. Der Anruf aus der eigenen Tiefe, in der das Urlicht leuchtet – man läßt die Stille nicht zu, in der dieser Ruf vernommen werden könnte; man vertreibt die gute, aus

der Tiefe kommende Unruhe mit allerlei Aktivitäten nach außen hin; man sucht immer neue Ablenkungen bis hin zu mancherlei Betäubung. Eine große Chance, sich einzulassen in die eigene Wesenstiefe, kann vertan werden: die verweigerte Verwandlung!

Das Urlicht im Menschen kann zugedeckt, kann verschüttet werden. Der Mensch kann sehr „funktionstüchtig" sein, aber es kann sein, daß er bei aller „Funktionsfähigkeit" nicht heil ist. Er kann nur von innen her heil werden, wenn das „Urlicht" freigelegt wird und ihm den Weg zu seiner wahren Lebensgestaltung weisen kann. Dieser vom inneren Licht erleuchtete Weg läßt den Menschen ahnen, daß eine andere Wirklichkeit hinter der greifbaren und begreifbaren liegt, daß „alles Sichtbare ein in einen Geheimniszustand erhobenes Unsichtbares ist" (Novalis).

Manchmal geschieht es, daß eine Grenzerfahrung, eine Erschütterung, eine Leiderfahrung, aber auch das Erlebnis der Liebe, der großen Freude die Verhärtung aufbricht, die den Anruf aus der Wesenstiefe bisher abgeriegelt hatte. Dann wird es darauf ankommen, ob der Mensch bereit ist, solche Lebensstunde für immer fruchtbar werden zu lassen, indem er die Übermacht seines Eigenentwurfs losläßt und sich der gütigen Führung der inneren Wahrheitsstimme überläßt, die aus seinem Wesenskern kommt.

Der Manager einer großen Firma erzählte mir, er habe einmal in seinem Leben einen Tag gehabt, an dem ein innerer Friede mit sich selbst in ihm gewesen sei wie nie zuvor. Drei hohe Angestellte seiner Firma hatten durch Nachlässigkeit einen großen Verlust verursacht. Es sei an ihm gewesen, diese Mitarbeiter zu entlassen. Aber er habe sich gesagt, daß diese schon älteren Mitarbeiter nie

wieder eine vergleichbare Anstellung bekommen würden, wenn sie überhaupt noch eine Beschäftigung fän-
den. Da habe er in einer plötzlichen Anwandlung
beschlossen, sie nicht zu entlassen und den Schaden auf
sich zu nehmen. An diesem Abend sei er in einem Frieden gewesen, wie er es sonst nie erlebt habe. War in ihm
das „Urlicht" aufgeleuchtet? Hatte die Liebe sein Wesen
erweckt?

Hat das „Urlicht" etwas zu tun mit der Nähe Gottes?
Des Gottes, der im Menschen geboren werden will?

Ich fand ein gebetsartiges Gedicht von Teresa von
Ávila, jener großen Heiligen des 16. Jahrhunderts. Es hat
die Überschrift:

Gott spricht

O Seele, suche dich in Mir,
und, Seele, suche Mich in dir.

Die Liebe hat in Meinem Wesen
dich abgebildet treu und klar;
kein Maler läßt so wunderbar,
o Seele, deine Züge lesen.
Hat doch die Liebe dich erkoren
als Meines Herzens schönste Zier;
bist du verirrt, bist du verloren,
o Seele, suche dich in Mir.

In Meines Herzen Tiefe trage
ich dein Porträt, so echt gemalt;
sähst du, wie es vor Leben strahlt,
verstummte jede bange Frage.
Und wenn dein Sehnen Mich nicht findet,
dann such nicht dort und such nicht hier;
gedenk, was dich im Tiefsten bindet,
und, Seele, suche Mich in dir.

Du bist Mein Haus und Meine Bleibe,
bist Meine Heimat für und für;

Ich klopfe stets an deine Tür,
daß dich kein Trachten von Mir treibe.

Und meinst du, Ich sei fern von hier,
dann ruf Mich, und du wirst erfassen,
daß Ich dich keinen Schritt verlassen:
und, Seele, suche Mich in dir.

Übersetzung: Erika Lorenz

Eine Studentin bat mich in einem Brief um ein Gespräch. Sie schrieb, sie möchte mit mir über den Tod sprechen. Eine junge Frau möchte sprechen über das Sterben, über den Tod. Verschattet vom Tod, vom Dunkeln? Kann sie das Leben nicht bejahen?

Als sie zu mir kam, habe ich ihr vorgeschlagen, daß wir das Gespräch damit beginnen möchten, indem wir zuerst dieses Gedicht von Teresa von Ávila gemeinsam läsen. Als wir an die Worte kamen:

In Meines Herzens Tiefe trage
Ich dein Porträt, so echt gemalt:
sähst du, wie es vor Leben strahlt,
verstummte jede bange Frage

da brach sie in Tränen aus.

Gott sagt zum Menschen: „Du bist mein Haus und meine Bleibe, bist meine Heimat für und für." Die Tiefe ist in dir! Ganz tief in deinem Wesensgrund ist das lebendige Licht, das alles durchstrahlen möchte. Der Weg zu Gott läuft nicht von dir weg: Gott ist ganz nahe! Und doch kann es ein lebenslanges Suchen und Wandern sein, dort bei dir anzukommen, wo Gott wohnt.

Alle Mystiker haben diese Grundaussage: „Gott wohnt in uns." Meister Eckhart († 1327) sagt: „Ich habe

40

eine Kraft in meiner Seele, die für Gott ganz und gar empfänglich ist. Ich bin des so gewiß, wie ich lebe, daß nichts mir so nahe ist wie Gott. Gott ist mir näher, als wie ich mir selber bin ... in dieser Kraft ist Gott blühend und grünend mit all der Freude und all der Herrlichkeit, die er in sich selber ist. Wenn Gott dem Menschen gäbe, mit einem Male einen Augenblick zu schauen, wie er in dieser Kraft seiner Seele ist, seine Freude würde so groß, daß er all der Leiden und der Armut nicht mehr gedächte."

Und Johannes Tauler († 1361): „In dem Seelengrund liegt das wahre Bild Gottes verborgen. Und dieser Grund ist so edel, daß man ihm keinen eigenen Namen zu geben vermag. So wenig, als man Gott einen Namen zu geben vermag. Wer sehen könnte, wie Gott in diesem Seelengrunde wohnt, den würde dieses Gesicht selig machen. Die Nähe und die Verwandtschaft zwischen der Seele und Gott sind in diesem Grunde so unaussprechlich groß, daß man es nicht wagt, viel darüber zu sagen und dessen auch nicht fähig ist."

Und Angelus Silesius faßt es zusammen in den Vers: „Die Seel ist ein Kristall, die Gottheit ist ihr Schein. Der Leib, in dem du lebst, ist ihrer beider Schrein."

In dem Buch von Henri Nouwen, „Ich hörte auf die Stille", erzählt er, wie er sieben Monate lang zu Gast war in einem amerikanischen Trappistenkloster. Zu Beginn dieser Zeit, in der er ganz mit den Mönchen leben wollte, bat er den Abt um ein Meditationswort. Der Abt sagte ihm: „Meditieren Sie diese Zeit hindurch das Wort: ‚Ich bin die Herrlichkeit Gottes‘." Und der Abt fügte hinzu: „Sie sind der Ort, den Gott sich zur Wohnung erwählt hat. Und das geistliche Leben besteht in nicht mehr und in nicht weniger als in dem Versuch, ihm den

41

Raum zu schaffen, in welchem sich seine Herrlichkeit offenbaren kann."

Ja, wenn wir das glauben könnten: „Ich bin die Herrlichkeit Gottes." In mir wohnt die Herrlichkeit des dreifaltigen Gottes. Das würde alle Angst vertreiben. Das würde uns aus aller Enge heraus in die Weite führen.

Was können wir tun, daß wir dieser Kostbarkeit in uns immer mehr innewerden, daß wir darin aufleben können? Ein erstes: Daß wir uns betend dessen immer wieder er-innern! Es gibt ein Beten, das nicht mehr in Worten besteht, das vielmehr ein Innewerden ist. Der Philosoph Kierkegaard schreibt einmal: „Als mein Gebet immer innerlicher wurde, da hatte ich immer weniger und weniger zu sagen. Zuletzt wurde ich ganz still." Daß wir dessen innewerden, welches Licht in uns ist – unter allen Überlagerungen, unter aller Sünde!

Und ein zweites: Daß wir zu lieben versuchen! Wie kann einer, der von diesem Glauben erfaßt ist: Gott wohnt in mir, die Liebe Gottes wohnt in mir, er hat mich erwählt zum Wohnort seiner Liebe und seines Erbarmens – wie kann der nicht gedrängt sein, weiterzulieben, Gottes Liebe weiterzuschenken! „Wer liebt, erkennt Gott", sagt der erste Johannesbrief.

Augustinus schreibt: „Unsere Aufgabe in diesem Leben ist nichts anderes, als das Auge zu heilen, mit dem Gott gesehen wird." Ich möchte das Wort eines Weisen unserer Zeit hinzufügen: „Der Sinn des menschlichen Lebens besteht in nichts anderem als darin, Zeuge des Göttlichen in der Welt zu werden."

Dem „Urlicht" in uns kommt der entgegen, der als der Einzige sagen kann: „Ich bin das Licht der Welt" (Joh 8, 12). Und weil er uns entgegenkommt und wir ihn aufnehmen, kann er uns sagen: „Ihr seid das Licht der Welt"

(Mt 5, 14). Denn er ist „das Licht, das jeden Menschen er-
leuchtet, der in diese Welt kommt" (Joh 1, 9). Noch ist alles verborgen, verhüllt; manchmal schrecklich verborgen; verhüllt von unseren Zweifeln, unserer Angst,
unserer Traurigkeit – und unserer Schuld.

Dennoch, der erste Johannesbrief spricht uns zu:
„Jetzt sind wir Kinder Gottes, wir sind es, aber was wir
sein werden, ist noch nicht offenbar geworden. Wir wissen, daß wir ihm ähnlich sein werden, wenn er offenbar
wird. Denn wir werden ihn sehen, wie er ist."

Ist es vielleicht mit uns wie auf dem Berg der Verklärung? Da brach durch ihn, den einen, der ganz reine
Wohnung Gottes war, auf einmal die Herrlichkeit Gottes durch, und die Menschen, die bei ihm waren, fielen
überwältigt zu Boden. Wird das auch einmal mit uns so
sein, mit uns, den österlichen Menschen? Daß es dann
sichtbar wird: „Ich bin die Herrlichkeit Gottes"? Reines
Geschenk!

6

Die Kunst, sich in Gott zu verlieben

Ich stand vor meinem Bücherschrank und suchte ein be-
stimmtes Buch. Da fiel mein Blick auf den Band mit den
Grimmschen Märchen. Ich nahm ihn in die Hand, blätterte darin und dachte: Was mag das letzte Märchen in
diesem Buch sein – gewiß ein besonders eindrucksvolles.
Zu meinem Erstaunen sah ich, daß dies Märchen ganz
kurz war, es war gar nicht zu Ende erzählt.

Es ist überschrieben: *„Der goldene Schlüssel".*

Zur Winterszeit, als einmal ein tiefer Schnee lag, mußte ein armer Junge hinausgehen und Holz auf einem Schlitten holen. Wie er es nun zusammengesucht und aufgeladen hatte, wollte er, weil er so erfroren war, noch nicht nach Hause gehen, sondern erst Feuer anmachen und sich ein bißchen wärmen. Da scharrte er den Schnee weg, und wie er so den Erdboden aufräumte, fand er einen kleinen goldenen Schlüssel. Nun glaubte er, wo der Schlüssel wäre, müßte auch das Schloß dazu sein, grub in der Erde und fand ein eisernes Kästchen. Wenn der Schlüssel nur paßt! dachte er, es sind gewiß kostbare Sachen in dem Kästchen. Er suchte, aber es war kein Schlüsselloch da; endlich entdeckte er eins, aber so klein, daß man es kaum sehen konnte. Er probierte, und der Schlüssel paßte glücklich. Da drehte er herum, und nun müssen wir warten, bis er vollends aufgeschlossen und den Deckel aufgemacht hat, dann werden wir erfahren, was für wunderbare Sachen in dem Kästchen lagen.

Das Märchen ist nicht zu Ende erzählt: Denn wir selber sind angesprochen, es zu Ende zu bringen, nicht erzählend, sondern mit dem Abenteuer unseres Lebens. Wir sind auf eine Schatzsuche geschickt, jeder von uns. Und jedem von uns ist zugedacht, einen überaus kostbaren Schatz finden zu können. Und was ist das goldene Schlüsselchen?

Vor kurzem wurde mir ein kleines Buch geschenkt, dessen Titel mich sofort gefangennahm wie kaum sonst ein Buchtitel. Er heißt: „Die Kunst, sich in Gott zu verlieben" (vgl. Ramon Llull, Die Kunst, sich in Gott zu verlieben. Ausgewählt, übertragen und erläutert von Erika Lorenz. Herderbücherei 1198, 1985). Mein Gott, dachte ich, wenn es das gibt, die Kunst, sich in Gott zu verlieben, wäre das nicht die schönste und höchste Kunst, die man sich denken kann? Ich kannte wohl ein vielgelesenes Buch eines Psychologen mit dem Titel: „Die Kunst des Liebens", aber nun: „Die Kunst, sich in Gott zu verlieben"!

Das kleine Buch berichtet über einen spanischen Gottes-
gelehrten des 13. Jahrhunderts. Ihn wollen wir jetzt
nicht befragen, sondern uns selber auf den Weg machen,
bis wir das goldene Schlüsselchen gefunden haben, das
uns den Schatz eröffnet.

Sich in Gott verlieben – gibt es das wirklich? Es gibt
eine Sammlung von Liebesliedern, die zu dem Schönsten
gehört, was je über die Liebe junger Menschen gedichtet
worden ist. Es ist das Hohelied der Liebe, das in der Bibel
im Alten Testament steht. In der bildreichen Farben-
pracht morgenländischer Sprache wird dort die Liebe besungen, die Liebe zweier Liebender. Aber jeder, der diese
Liebeslieder liest, weiß, daß sie zuletzt die Liebe zwischen Gott und dem Menschen, dem Menschen und
Gott besingen: „Aufstehen will ich, die Stadt durchstreifen, die Gassen und Plätze, ihn suchen, den meine Seele
liebt."

So sagt da der liebende Mensch, und wen er sucht: das
ist Gott. Und einer, der in diesem Suchen Gott gefunden
hat und sich in ihn verliebte – es ist Angelus Silesius –,
dichtet dann die Strophe:

Ich will dich lieben, o mein Leben,
als meinen allerbesten Freund.
Ich will dich lieben und erheben,
solange mich dein Glanz bescheint.

Und dann fügt er hinzu:

Ich will dich lieben, meine Krone,
Ich will dich lieben, meinen Gott,
Ich will dich lieben sonder Lohne
auch in der allergrößten Not.
Ich will dich lieben, schönstes Licht,
bis mir das Herze bricht.

45

Ja, es gibt eine Verliebtheit in Gott, die den Menschen in der Freude an Gott tanzen läßt. So wie es von David wörtlich heißt: „Er tanzte mit ganzer Hingabe vor Gott."

Aus Freude an Gott tanzen? – Zu mir kommt ein junger Mann, 25 Jahre alt. Seit einem Jahr ist er Priester. Er hat eine große Erbschaft gemacht, mehrere hunderttausend Mark. Er will mit mir überlegen, was er damit tun soll. Wir überlegen: soviel für diesen, soviel für jenen guten Zweck. Ich rate ihm, eine bestimmte namhafte Summe als Rückhalt für sich auf die Bank zu geben. Einige Monate später begegne ich ihm wieder. Wir machen zusammen einen Spaziergang durch den Park. Beiläufig frage ich ihn: „Wie haben Sie es mit dem Geld gemacht?" Da tritt er ein paar Schritte vor mich hin, hebt die Hände hoch und tanzt und sagt: „Alles weg, alles weg!" Er sagte: „Das Geld stand zwischen Gott und mir. Jetzt bin ich wieder frei." Das ist so einer, den die Freude an Gott tanzen läßt. –

Die Kunst, sich in Gott zu verlieben: Kann man sie erlernen, wie die Kunst des Geigenspiels oder, sagen wir, wie die Kunst der Bildhauerei? Dann müßte es also Regeln der Einübung geben, so wie es bei all den anderen Künsten der Fall ist. Aber wie geht es denn sonst zu, wenn zwei Menschen sich ineinander verlieben? Ist das nicht einfach da, daß von dem einen zum anderen ein Glanz der Liebenswürdigkeit ausgeht und jenes Unnennbare und Nicht-mehr-in-Begriffe-zu-Fassende weckt, was man Liebe nennt? Könnte es sein, daß es so auch zwischen Gott und dem Menschen zugeht?

Ich denke mir, daß es ungezählte Menschen gibt, die das Verlangen haben, sich in Gott zu verlieben. Woher

46

mag dieses Verlangen kommen? Sollte es sein, daß schon immer eine Ahnung von der Liebenswürdigkeit Gottes in unserer Seele liegt? Könnte es sein, daß ein Schimmer dieses Schatzes schon immer von ihm her in unsere Seele gefallen ist?

Als ich diese Ansprache vorbereitete, besuchte mich eine etwa fünfzigjährige Frau. Mutter einer großen Familie. Ich wußte von ihr, daß sie ganz mit Gott lebt. Ich fragte sie: „Die Kunst, sich in Gott zu verlieben – wie tut man das?" Sie gab sofort zur Antwort: „Da kann ich nicht aus eigener Erfahrung sprechen, denn bei mir hat Gott alles allein getan. Ich habe jahrelang gelebt ohne einen Gedanken an Gott. Plötzlich hat er mich eingeholt mit seiner Liebe ohne mein geringstes Zutun. Seitdem bin ich in ihn verliebt, und Sie wissen ja, wenn man verliebt ist, verschenkt man sein ganzes Herz."

Hier leuchtet eine wichtige Erkenntnis auf, von der uns all jene berichten, die etwas von der Gottesverliebtheit erfahren haben: „Er hat uns zuerst geliebt" (1 Joh 4, 19).

Was das Liebeslied im Alten Testament sagt: „Aufstehen will ich, die Stadt durchstreifen, die Gassen und Plätze, ihn suchen, den meine Seele liebt", das ist auch von Gott gesagt, der in seiner Liebe dem Menschen nachgeht, wie nur ein Liebender seiner Geliebten nachgeht. „Du brennender Gott in deiner Sehnsucht", sagt Mechthild von Magdeburg, eine Mystikerin des Mittelalters. Wenn es so ist, daß Gott es ist, der in uns verliebt ist, dann muß ja unser Thema abgeändert werden. Dann heißt es eigentlich nicht mehr: „Die Kunst, sich in Gott zu verlieben", sondern: „Die Kunst, sich von Gott lieben zu lassen!"

Wer freilich diese Kunst erlernt, der wird, so hören

wir es von Erfahrenen, mit dem Herzen jene Strophe von
Angelus Silesius verstehen:

Ich danke dir, du wahre Sonne,
daß mir dein Glanz hat Licht gebracht.
Ich danke dir, du Himmelswonne,
daß du mich froh und frei gemacht.
Ich danke dir, du güldner Mund,
daß du mich machst gesund.

Aber da ist noch einmal die Frage: Gibt es denn keine Regeln, keine Anweisungen, diese Kunst zu erlernen?
Kommt diese Verliebtheit in Gott einfach so über einen,
oder kann man etwas dafür tun, daß sie über einen
kommt? Ja, ich glaube, daß es solche Regeln gibt. Ich
fragte einen vierundzwanzigjährigen Mann: Wie tut
man das, sich in Gott verlieben? Er antwortete: Es wird
wohl so gehen, wie es sonst geht, wenn man sich verliebt: Man muß sich treffen, man muß oft zusammen
sein!

Vielleicht gibt es diese „Regeln": aufmerksam werden
auf Zeichen, die Gott, der Liebende, immerfort gibt, sen-
sibel werden für die Liebeserklärung Gottes. Hören auf
seine Wahrheitsstimme im heiligen Wort, hören auf
seine Wahrheitsstimme in mir! Dann aber: mich einlassen auf die Weisung, die ich vernehme. Wenn ich dann
anfange, zu tun, was seine Weisung mir sagt, wachsen
mir Kräfte zu, die nicht aus mir kommen, sondern von
ihm her. Mein Leben wandelt sich Schritt für Schritt in
dem Maße, in welchem ich im Lebensgespräch mit ihm
bleibe.

Wie oft erreicht uns seine Stimme, sein Liebeswerben,
und wir weichen aus. Ein Mann jenseits der Lebensmitte
sagte mir: „Vor Jahren übernachtete ich auf einer Ge-
schäftsreise in einem Hotel. Als ich nicht schlafen

konnte, nahm ich die Bibel, die dort lag. Seit meiner Kindheit hatte ich keine Bibel mehr in der Hand gehabt. Ich schlug beliebig das Evangelium auf und las. Es berührte mich aufs stärkste. Da stieg in mir der Gedanke auf: ,Mit diesem Evangelium zu leben, das hat Konsequenzen; dann mußt du anders leben!' Vor diesen Konsequenzen fürchtete ich mich. Ich legte das Buch weg. Mein Leben änderte sich nicht. Heute weiß ich, daß ich ein Angebot Gottes – ich denke, seiner Liebe – zurückgewiesen habe."

„Die Kunst, sich in Gott zu verlieben" – ich höre den Einwand von vielen: Gibt es denn kein Leiden an Gott? Gibt es denn das andere nicht, daß ich mich von ihm im Stich gelassen glaube? O ja, das weiß ich wohl, daß es dies gibt, noch und noch. Aber ich weiß auch, daß Lieben und Leiden zusammengehören. Sagen wir nicht zu jemandem, den wir lieben: „Ich mag dich leiden"? Sprechen wir nicht von der Leidenschaft für Gott?

Das aber glaube ich: Auch in dem Leiden an Gott, auch in der Stunde, in der wir glauben, von ihm im Stich gelassen zu sein, wird er, wenn wir nicht aufhören, mit ihm zu reden – und sei es in Klage und Anklage –, uns so viel an Nähe geben, daß wir an der Liebesbeziehung zu ihm nicht verzweifeln.

Da gibt es die Geschichte von dem alten leidenden Rabbi, der durch ein Leben voller Leid und Not immer wieder betend seine Not zu Gott brachte. Seine Schüler zweifelten darüber und sagten zu ihm: „Wie kannst du nur so mit Gott reden, der offensichtlich mit dir nicht mehr redet?" Der Rabbi sagte darauf: „O doch, er redet schon mit mir, er antwortet nur nicht."

Der Rabbi hat wohl gewußt, daß das Beten kein Frage- und Antwortspiel ist! Er redet mit mir, er antwortet nur

nicht. Er gibt mir nicht die passenden Antworten, die ich von ihm erwarte. Aber er redet mit mir. Ist das nicht genug, daß er mit mir redet? Daß ich seine Nähe erfahre, trotz aller Verborgenheit? Wenn er mit mir redet, kann ich weiter mit ihm reden. Und so kann ich meine Not immer weiter sagen bis, ja, bis ich einmal endlich seine Antwort bekomme, die ganze Antwort, alles. Gibt es nicht ein Schweigen unter Liebenden – Leidenden, das kein Verstummen ist? Es kann sein, daß gerade in Winterkälte und Einsamkeit, wie es das Märchen sagt, das goldene Schlüsselchen gefunden wird, das den Zugang zu ihm eröffnet.

Viel anderes drängt sich heute den Sinnen und den Herzen des Menschen auf und wirbt um ihn. Oft laut und aufdringlich. Wird das leise Liebeswerben Gottes vernommen werden?

Aus den Sinnsprüchen von Angelus Silesius:

> Ich mag mich auf der Welt
> in keiner Kunst so üben,
> als wie ich meinen Gott
> aufs innigste soll lieben.

> Wer ist der Heiligste?
> Der mehr verliebet ist!
> Die Liebe macht's, daß man
> für heilig wird erkiest.

> Es kann in Ewigkeit
> kein Ton so lieblich sein,
> als wenn des Menschen Herz
> mit Gott stimmt überein.

Gott liebt so herzlich dich,
er würde sich betrüben,
im Fall es möglich wär',
daß du ihn nicht willst lieben.

Kein Ding ist hier noch dort,
das schöner ist als ich,
weil Gott, die Schönheit selbst,
sich hat verliebt in mich.

Ein reines Herz schaut Gott,
ein heil'ges schmecket ihn,
in ein verliebetes
will er zu wohnen zieh'n.

7

Vom Aufgang der Sonne bis zum Untergang sei der Name des Herrn gelobt

Da ist ein wunderbarer Ferientag, die Sonne legt ihren Glanz über die Welt und läßt sie leuchten. Ja, dann mag es sein, daß wir dies gut mitsingen könnten, wie der Psalm 113 singt: „Vom Aufgang der Sonne bis zum Untergang sei der Name des Herrn gelobt!" Aber – da sind doch die dunklen Hintergründe, Abgründe? Da wird einer überflutet von dunklen Wogen seines Schicksals, und jedes Wort der Preisung erstickt ihm im Munde. Und da ist ein anderer, er wird von den Wogen überflutet, und er weiß für immer: Ich bin gehalten!

Die Schauspielerin Elisabeth Flickenschildt erzählt in ihren Lebenserinnerungen von ihrem Vater: „Mein Va-

51

ter, erst siebzehn Jahre alt, hatte sich an dem vorderen
Mast der Viermastbark festgebunden, um auf der Höhe
von Gibraltar bei einem ungeheuren Sturm nicht herun-
tergerissen zu werden. Die Spitze des Mastes schaukelte
von einer Seite zur anderen und war ständig von Wasser
überflutet. Dies kannte mein Vater noch nicht. Er
weinte, er schrie, aber niemand hörte ihn, denn der
Sturm war viel lauter, und die Leute an Deck konnte er
kaum erkennen. Er sah nur Wasser, Wasser, nichts
sonst; bei jeder neu heranrollenden Woge glaubte er fort-
gerissen zu werden. Er preßte seinen Kopf gegen das zit-
ternde und vibrierende Holz des Mastes, er ließ die
Hände fallen und schloß die Augen. Und da merkte er etwas – dies Wasser war warm, wunderbar weich und
warm, umarmend, Wohltat; seine Angst verschwand für
jetzt und immer, für immer. Nie würde ihm etwas geschehen, niemals, er wußte es!"

Da hängt einer über dem Abgrund und das Grauen
preßt ihm das Herz zusammen. Und ein anderer hängt
über dem Abgrund, und er weiß es auch jetzt noch, daß
da – wie es der Psalm sagt – einer ist, „der hinabschaut in
die Tiefe".

Die Dichterin Ingeborg Bachmann beschreibt in einem Roman, wie ein Bekannter die Schriftstellerin besucht. Er sieht Zettel da liegen mit Stichworten wie:
Todesarten. Ägyptische Finsternis. Da poltert er los: Das
gefällt mir nicht, alle diese Bücher, die das Elend auf den
Markt tragen, es noch vermehren in der Welt, alles noch
trauriger machen, das ist doch widerlich, alles das mit
der Finsternis ... Es muß *auch* andere geben, damit man
vor Freude aus der Haut fahren kann. Du fährst doch oft
vor Freude aus der Haut, warum also schreibst du nicht
so?

Und die Dichterin dann: „Ein Brausen von Worten fängt an in meinem Kopf und dann ein Leuchten, einige Silben flimmern schon auf ... in dem Buch, das herrlich ist und das ich also zu finden anfange, wird alles sein wie EXSULTATE JUBILATE. Wenn es dieses Buch geben sollte, und eines Tages wird es das geben müssen, wird man sich vor Freude auf den Boden werfen ... Man wird einen Luftsprung tun, es wird einem geholfen sein, man liest weiter und beißt sich in die Hand, um vor Freude nicht aufschreien zu müssen, es ist kaum auszuhalten ... JUBILATE. Über einem Abgrund hängend, fällt es mir dennoch ein, wie es anfangen sollte: EXSULTATE!"

Noch einmal: Da ist ein wunderbarer Ferientag, ein Zusammensein mit geliebten Menschen, jetzt einmal keine Sorgen, und die Sonne breitet ihren Glanz über alles hin – da kann ich mitsingen: „Vom Aufgang der Sonne bis zum Untergang sei der Name des Herrn gelobt." Aber ich weiß es doch: Später, da kommt sie wieder, die Melancholie des Vergehens. Und noch viel mehr als nur die Melancholie des Vergehens. Weiß nicht ein anderer Psalm, der düsterste, den es gibt, wie alle Preisung in einem dunklen Schacht versinken kann, nur noch am Ende: „Mein einziger Gefährte die Finsternis!"

Nein, die Sonne und das Glück des Ferientages reichen nicht aus, um *die* Freude zu geben, die die Preisung durchhalten kann wie einen cantus firmus, wie eine Leitstimme, die durch das ganze Leben geht! Da muß anderes sein, das uns weitersingen läßt, vielleicht sogar weitersingen läßt über einem Abgrund hängend ... Gibt es dies andere? Dies ganz andere?

Ein Mann entdeckt einen Schatz, der in einem Acker verborgen liegt. *Voll Freude,* so sagt das Evangelium, voll

Freude verkauft er alles, was er besitzt, und kauft den Akker. Da ist ein Mann, der entdeckt eine kostbare Perle. Voll Freude verkauft er alles, was er besitzt, und kauft sie. Da springt einer vor Freude, weil er das gefunden hat, was sein Leben für immer verwandelt. Alles andere zählt nicht mehr, alles andere kann er loslassen.

Was ist dieser Schatz? Was ist diese Perle? Es ist dieses: daß uns in Jesus Christus, dem Auferstandenen *das* Leben, *die* Freude zugekommen ist! Daß wir durch ihn österliche Menschen geworden sind!

Wenn mir der Glaube daran geschenkt ist, wenn ich diesen Schatz im Glauben gefunden habe, dann kann ich „vor Freude" – wie das Evangelium sagt – singen: „Vom Aufgang der Sonne bis zum Untergang sei der Name des Herrn gelobt."

Wie könnte ich vor Freude singen, wenn doch all das Glück, all das Schöne, das in mir mein Lied erweckt, einmal für immer ins Nichts sinkt, wenn all diese kurzen Spannen von Teil-Sinn keinen *ganzen* Sinn ergäben, wenn hinter dem Glanz der Schöpfung nur die ewige Totenmaske lauerte? Der Apostel Paulus sagt: Wenn Christus nicht auferstanden ist, wenn es keine österliche Welt gibt, dann ist unsere Existenz sinnlos, dann sind wir die ärmsten aller Wesen. „Nun aber ist Christus auferstanden!" (1 Kor 15, 20).

„Nun aber ist Christus auferstanden!" Wem es gegeben ist, das zu glauben, diesen Schatz entdeckt zu haben, dem kann es geschehen, daß er auch noch in der tiefsten Lebensbedrohung, auch angesichts des Todes noch in der innersten Kammer seines Herzens das Lied weitersingen kann. So wie Alfred Delp, der Widerstandskämpfer, wenige Tage vor seiner Hinrichtung, mit gefesselten Händen seinem Patenkind schrieb: „Wir leben hier auf

einem sehr hohen Berg. Man muß helle Augen haben, sonst hält man das Licht hier nicht aus!"

In den Bekenntnissen des hl. Augustinus las ich das Wort: „Ich preise dich, Herr, für meinen Lebensanfang." Das kann ich doch nur sagen, wenn ich daran glaube, daß mein Lebensanfang sich nicht totläuft, sondern ins Leben läuft! Wenn in meinem Lebensanfang durch die Kraft der Taufe der wunderbare Keim des österlichen Lebens steckt, der mir die Verheißung schenkt, einmal teilzuhaben „an Wesen und Gestalt Jesu Christi!" (Röm 8, 29).

Noch einmal: Was ist dieser Schatz? Zuletzt ist er: ein Antlitz! Jesus Christus, der Lebendige. Eine Gestalt. Ein Name. Der *Name* des Herrn sei gepriesen. *Er* ist unsere Freude. Die bleibende!

8

Das Leben überlebt den Tod

Wenn ich vom Pfarrhaus zur Kirche gehe, muß ich über den Friedhof gehen. Die Toten werden hier noch – wie seit tausend Jahren – im Schatten der Kirche begraben; ich denke mir, daß da auf diesem Gottesacker jede Erdkrume mit dem Staub der Toten vermischt ist.

Mein Weg führt mich zuerst am Eingang des Friedhofs durch einen großen hölzernen Torbogen, der vor einigen Jahren Pfarrer Augustin Wibbelt zu Ehren errichtet wurde. Wibbelt, der Schriftsteller und Dichter westfälischer Mundart, war fast dreißig Jahre lang Pfarrer von Mehr. Oben in diesem Torbogen ist ein Wort von Wib-

belt eingeschnitzt: „Dat Liäben üöwerliäft den Daut."
Ich übertrage es mir immer in meine niederrheinische
Mundart: „Et Läwen öwerlävt dän Dood."

Was für ein seltsames Wort! Was ist das für ein Leben,
das den Tod überlebt? Wir wollen in dieser Besinnung einen Weg gehen, von weit her, zu diesem Leben.

Es gibt in der Bibel, besonders im Alten Testament,
viele Bilder, in denen die Menschen ihre Erfahrungen
mit Gott zum Ausdruck gebracht haben. Da gibt es tröst-
liche Bilder von Gott, etwa: „Der Herr ist mein Hirte,
nichts kann mir fehlen." Oder: „Gott, du bist meine
Burg, mein Fels, der mich rettet."

Aber da gibt es auch ganz andere Bilder von Gott. Bilder, in denen der Mensch die Dunkelheit seines Glaubens, die Verlorenheit seines Lebens klagend und
anklagend vor Gott bringt. In den „Klageliedern" des Alten Testamentes klagt ein Beter von Gott und vor Gott:

Er hat mich in Finsternis getrieben ...
Er hat mich ummauert, ich kann nicht entrinnen.
Wenn ich auch schrie und flehte,
Er blieb stumm bei meinem Gebet
Mit Quadern hat er mir den Weg verriegelt.
Ein lauernder Bär war er mir, ein Löwe im Versteck.
Er spannte den Bogen
und stellte mich hin als Ziel für den Pfeil ...
Du hast mich aus dem Frieden hinausgestoßen;
ich habe vergessen, was Glück ist.

Hier hat ein Mensch seine schwersten Erfahrungen mit
Gott in einer Weise betend zum Ausdruck gebracht, daß
wir erschrecken könnten. Das Antlitz Gottes hat sich
ihm ganz verdunkelt, kein Licht mehr zwischen ihm
und Gott. Kennen wir solche Erfahrungen, daß das Leben wie zugemauert ist?

Aber dann geschieht in dieser Klage des Beters etwas Seltsames, etwas, das der Verstand nicht erfinden kann. Gerade hat der Klagende gerufen: „Wenn ich auch schrie und flehte – er blieb stumm!" – da steht auf einmal: „Gut ist es, schweigend zu harren auf die Hilfe des Herrn."

Ich denke mir, daß der Beter, vielleicht ermüdet in seiner Todtraurigkeit, ins Schweigen gefallen ist. Und in diesem Schweigen geschieht so etwas wie ein Wunder. Aus diesem Schweigen steigt von innen her immer stärker die Gewißheit auf: „Die Huld des Herrn ist nicht erschöpft, sein Erbarmen ist nicht zu Ende. Neu ist es jeden Morgen; groß ist deine Treue."

Wir werden gedrängt, solche Worte von Ostern her auszulegen. Der Beter sagt: „Gut ist es, schweigend zu harren auf die Hilfe des Herrn" – ist das die Grabesruhe von Karsamstag? „Neu ist sein Erbarmen am Morgen" – ist das der Ostermorgen?

Und dann gewinnt das Gebet eine Weite, die wie die Stimme Jesu Christi am Ostermorgen ist:

Ich rief deinen Namen, Herr,
tief unten aus der Grube.
Du hörst meine Stimme!
Du warst nahe am Tag, da ich dich rief:
Du sagtest: Fürchte dich nicht!
Du, Herr, hast meine Sache geführt,
hast mein Leben erlöst.

Der Schlüssel zu allem Leiden an der Welt, zu allem Leiden an Gott ist: Ostern! Wir werden hier auf der Erde mit dem Enträtseln, mit dem Buchstabieren unserer rätselhaften Lebensschrift nie an das Ende kommen. Aber einmal wird sich alles enthüllen im österlichen Licht. Léon Bloy, ein französischer Schriftsteller, sagt: „Die ein-

zige Entschuldigung für diese Welt ist die Auferstehung!"

Im Vorfeld von Ostern begegnen uns Tränen, Traurigkeit, Unglaube. „Maria stand weinend am Grabe", so berichtet das Johannesevangelium von Maria Magdalena. „Da blieben sie traurig stehen", so sagt das Lukasevangelium von den Emmausjüngern. „Sei nicht ungläubig", so sagt der Auferstandene zu Thomas. Tränen, Traurigkeit, Zweifel – sie kommen aus der Nacht, die beim Tode Jesu über die Erde fiel. Aber dann geht in dieser Nacht das Licht auf:

> O Licht der wunderbaren Nacht
> uns herrlich aufgegangen.
> Licht, das Erlösung uns gebracht,
> da wir vom Tod umfangen.
> Du Funke aus des Grabes Stein,
> Du Morgenstern, du Gnadenschein,
> Der Wahrheit Licht und Leben.

„Das Leben überlebt den Tod" – keiner ist von dieser österlichen Glaubenserfahrung so gepackt worden wie Paulus. Im 15. Kapitel des ersten Korintherbriefes steht ein geradezu atemberaubendes Fragen und Antworten. Da gibt es einige, so sagt Paulus, die behaupten, es gibt keine Auferstehung von den Toten. Dann ist es, wenn die recht haben, auch nichts mit Ostern. „Wenn aber Christus nicht auferweckt worden ist, dann ist unsere Verkündigung leer und euer Glaube sinnlos. Dann sind wir, die wir unsere Hoffnung auf Christus gesetzt haben, erbärmlicher dran als alle anderen Menschen."

Es ist, als steige Paulus mit den Zweifelnden und Ungläubigen immer tiefer in diesen beklemmenden dunklen Schacht hinein. Dann aber bleibt er stehen. Und dann kommt es wie ein Fanfarenstoß: „Nun aber ist

Christus von den Toten auferstanden!" (Es gibt in der
ganzen Bibel kein „Nun aber" von solchem Gewicht!)
Und dann strömen die Worte seines Osterjubels – über
viele Verse hinweg –, als könne er nun nicht mehr innehalten im hinreißenden Bekenntnis zur Auferstehung.
Das Kapitel endet mit dem Ausruf – fast könnte man
sich vorstellen, daß Paulus diese Worte gesungen hat:

> Verschlungen ist der Tod vom Sieg!
> Tod, wo ist dein Sieg?
> Tod, wo ist dein Stachel?
> Gott sei Dank,
> der uns den Sieg geschenkt hat
> durch Jesus Christus.

Von allen Fragen, die den Menschen bewegen, ist zuletzt
diese die bedrängendste: Wohin gehen wir? Was ist es
mit dem Tod? Das Evangelium von Ostern gibt uns die
Antwort.

An der Grenze des Todes wird uns der entgegenkommen, der als erster und einziger den Tod überwunden
hat und der jeden bei seinem Namen nennt, so wie er
Maria Magdalena am Ostermorgen bei ihrem Namen genannt hat. Und indem er uns bei unserem Namen
nennt, strömt sein Leben auf uns über: „Dat Liäben
üöwerliäft den Daut."

> „Mein bist du"
> spricht der Tod
> und will groß Meister sein.
> Umsonst –
> Mir hat mein Herr
> versprochen: „Du bist mein."
>
> *Albrecht Goes*

Gott sei gepriesen Tag um Tag

Als ich jüngst ein Märchen las, dachte ich: Das möchte ich mir wünschen! Das Märchen ist von Juden aus Afghanistan nach Israel mitgebracht worden. (Frei nacherzählt nach: Dov Noy, Folktales of Israel, Chicago 1969, University Press.)

In der Hauptstadt seines Landes lebte ein guter und gerechter König. Oft verkleidete er sich und ging unerkannt durch die Straßen, um zu erfahren, wie es mit seinem Volk stand.

Eines Abends geht er vor die Tore der Stadt. Er sieht aus einer Hütte einen Lichtschein fallen und erkennt durch das Fenster: Ein Mann, offenbar ein Jude, sitzt allein an seinem zur Mahlzeit bereiteten Tisch und ist gerade dabei, den Lobpreis zu Gott über das Mahl zu singen. Als er geendet hat, klopft der König an die Tür: „Darf ein Gast eintreten?" „Gerne", sagt der Mann, „komm, halte mit, mein Mahl reicht für uns beide!" Während des Mahles sprechen die beiden über dieses und jenes. Der König – unerkannt – fragt: „Wovon lebst du? Was ist dein Gewerbe?" „Ich bin Flickschuster", antwortete der Mann. „Jeden Morgen gehe ich mit meinem Handwerkskasten durch die Stadt, und die Leute bringen mir ihre Schuhe zum Flicken auf die Straße."

Der König: „Und was wird morgen sein, wenn du keine Arbeit bekommst?" „Morgen?", sagte der Flickschuster, „Morgen? Gott sei gepriesen Tag um Tag!"

Als der Flickschuster am anderen Tag in die Stadt geht, sieht er überall angeschlagen: Befehl des Königs! In

dieser Woche ist auf den Straßen meiner Stadt jede Flick-
schusterei verboten! Sonderbar, denkt der Schuster. Was
doch die Könige für seltsame Einfälle haben! Nun, dann
werde ich heute Wasser tragen; Wasser brauchen die
Leute jeden Tag.

Am Abend hatte er so viel verdient, daß es für beide
zur Mahlzeit reichte. Der König, wieder zu Gast, sagt:
„Ich hatte schon Sorge um dich, als ich die Anschläge des
Königs las. Wie hast du dennoch dein Geld verdienen
können?" Der Schuster gab Bescheid. Der König: „Und
was wird morgen sein, wenn du keine Arbeit findest?"
„Morgen? Gott sei gepriesen Tag um Tag!"

Als der Schuster am anderen Tag in die Stadt geht, um
wieder Wasser zu tragen, kommen ihm Herolde entgegen, die rufen: Befehl des Königs! Wassertragen dürfen
nur solche, die eine Erlaubnis des Königs haben! Sonderbar, denkt der Schuster, was doch die Könige für seltsame Einfälle haben. Nun, dann werde ich Holz
zerkleinern und in die Häuser bringen. Er holte seine
Axt, und am Abend hatte er so viel verdient, daß das
Mahl für beide wieder bereitet war. Und wieder fragt der
König: „Und was wird morgen sein, wenn du keine Arbeit findest?" „Morgen? Gott sei gepriesen Tag um Tag!"

Am anderen Morgen kam dem Flickschuster in der
Stadt ein Trupp Soldaten entgegen. Der Hauptmann
sagte: Du hast eine Axt, du mußt heute im Palasthof des
Königs Wache stehen. Hier hast du ein Schwert, laß
deine Axt zu Hause!

Nun mußte der Flickschuster den ganzen Tag Wache
stehen und verdiente keinen Pfennig. Abends ging er zu
seinem Krämer und sagte: Heute habe ich nichts verdienen können. Aber ich habe heute abend einen Gast. Ich
gebe dir das Schwert – er zog es aus der Scheide – als

61

Pfand –, gib mir, was ich für das Mahl brauche. Als er nach Hause kam, ging er zuerst in seine Werkstatt und fertigte ein Holzschwert, das genau in die Scheide paßte.

Der König wunderte sich, daß auch an diesem Abend wieder das Mahl bereitet war. Der Schuster erzählte alles und zeigte dem König verschmitzt das Holzschwert. „Und was wird morgen sein, wenn der Hauptmann die Schwerter inspiziert?" „Morgen? Gott sei gepriesen Tag um Tag!"

Als der Schuster am anderen Morgen den Palasthof betritt, kommt ihm der Hauptmann entgegen, an der Hand einen gefesselten Gefangenen: „Das ist ein Mörder. Du sollst ihn hinrichten!" „Das kann ich nicht", rief der Jude voll Schrecken aus. „Ich kann keinen Menschen töten!" „Doch, du mußt es, es ist Befehl des Königs!" Inzwischen hatte sich der Palasthof mit vielen Neugierigen gefüllt, die die Hinrichtung eines Mörders sehen wollten. Der Schuster schaute in die Augen des Gefangenen. Ist das ein Mörder? Dann warf er sich auf die Knie und mit lauter Stimme, so daß alle ihn beten hörten, rief er: „Gott, du König des Himmels und der Erde: wenn dieser Mensch ein Mörder ist und ich ihn hinrichten soll, dann mache, daß mein Schwert aus Stahl in der Sonne blitzt! Wenn aber dieser Mensch kein Mörder ist, dann mache, daß mein Schwert aus Holz ist!" Alle Menschen schauten atemlos zu ihm hin. Er zog das Schwert, hielt es hoch – und siehe: es war aus Holz. Gewaltiger Jubel brach aus. In diesem Augenblick kam der König von der Freitreppe seines Palastes, ging geradewegs auf den Flickschuster zu, gab sich zu erkennen, umarmte ihn und sagte: „Von heute an sollst du mein Ratgeber sein!"

Mit dem, der so vertrauen kann – „Gott sei gepriesen Tag um Tag" –, macht sich Gott zum Verbündeten. Jesus

sagt: „Sorgt euch also nicht um morgen; denn der mor-
gige Tag wird für sich selbst sorgen" (Mt 6, 34). „Gott sei
gepriesen Tag um Tag": Wenn man so vertrauen könnte,
wenn man dies Schlüsselwort glauben könnte: Nicht aus
der puren eigenen Anstrengung leben, so als wäre niemand da, dem man vertrauen könnte, sondern aus der
Gnade leben – wie frei würde das Leben werden! „Nichts
ist schwer, sind wir nur leicht."

Zweiter Teil
Vom Leben Gottes

1

*Gott träumt einen Traum**

Gott träumt einen Traum! Aber mit Gottes Träumen ist es so: sie wollen Wirklichkeit werden! Was ist Gottes Traum? Daß da *ein* Volk auf dieser Welt wäre, das ganz mit ihm lebte! Ein Volk, das ihm ganz vertraute, ein Volk, das in seiner Liebe und Gerechtigkeit lebte! Und dieses eine Volk sollte ein Vor-zeichen und eine Vorbereitung sein für die kommende Welt, für die neue Schöpfung, die Gott für alle einmal heraufführen will.

Hat es das gegeben? Gibt es dieses Gottesvolk? Ganz klein fing es an, vor dreieinhalbtausend Jahren. Ein Stamm, der von den Mächtigen der Erde zu Sklaven gemacht worden war, wurde von Gottes Freiheit gepackt und entkam in die Wüste. Gott sagte: „Ich will sie in die Wüste führen: da will ich zu ihrem Herzen sprechen!" Da, in der Wüste, sollte dieses kleine Volk lernen, ganz mit Gott zu leben, ganz auf Gott zu vertrauen. Später, als es auf diese Zeit in der Wüste zurückschaute, weiß es:

---

* Diese in einem Ordenshaus gehaltene Ansprache verdankt sich ganz dem Buch von Norbert Lohfink, Kirchenträume. Reden gegen den Trend. Freiburg i. Br. (Herder) 4. Auflage 1984

Damals war wunderbare Anfangszeit, Brautzeit mit Gott!

Als dieses kleine Volk dann seinen Weg durch die Geschichte geht und es in der Gefahr ist, seine Berufung zu vergessen, da stehen immer wieder Männer auf, die ganz ergriffen von der Leidenschaft für Gott, für Gottes Traum, nicht aufhören zu rufen: *Wir* müssen Gottes Volk sein; die Völker müssen an uns sehen können, wie Gott es meint! Wir müssen Gottes Gerechtigkeit und Barmherzigkeit leben, wir müssen uns ganz und gar auf Gott verlassen, müssen ihm ganz und gar vertrauen – so können wir anfangen, die neue Menschengesellschaft unter den Völkern und für die Völker sichtbar zu machen, das Friedensreich Gottes unter den Menschen, von dem Er träumt!

Da entdecken sie: Mit Gott leben, heißt anders leben, als wie man in den Reichen der Macht und der Gewalt lebt. Und so ahnen sie die Gesetze Gottes für sein Volk, Gesetze der Freiheit und der Brüderlichkeit. So etwa: Jedes 49. Jahr sollten alle Schulden gestrichen werden, sollten die Sklaven in die Freiheit entlassen werden. Alle sieben Jahre sollten Acker, Weinberg und Ölbaumhain vom Eigentümer nicht abgeerntet werden, damit die Armen davon leben könnten. Jedes Jahr sollten die Felder, Weinberge und Ölbäume nicht restlos abgeerntet werden: die Armen und auch die wilden Tiere sollten dort ihren Anteil noch finden können. Und von dem Fremden, der im Volk Gottes lebt, wird gesagt: „Er soll bei euch sein wie ein Einheimischer, und du sollst ihn lieben wie dich selbst. Denn – vergeßt es nicht – ihr seid ja selbst einmal Fremde in Ägypten gewesen!" (Lev 19,34). Es ist wie eine wunderbare Utopie, sie holen sie nie ein mit ihrem Alltag.

Ist es nur ein Traum geblieben? Dieses Gottesvolk in Frieden und Gerechtigkeit, in der auch der Kleine leben kann? Lassen die Mächtigen ringsum ein solches Volk überhaupt aufkommen? Halten die Menschen *in* diesem Gottesvolk diesen wunderbaren Freiheitsentwurf Gottes überhaupt durch? Halten sie es aus, ohne Gewalt zu leben? Fallen sie nicht immer wieder mit unheimlicher Schwerkraft in den eigenen Macht- und Gewaltentwurf zurück? Die Menschen träumten Gottes Traum nicht mit. War Gottes Traum ausgeträumt?

Gott wagte noch mehr! Er wagte das Äußerste. Er ging selbst, Mensch unter Menschen, in sein Volk hinein und lebte seinen Traum in *einem* Menschen, in Jesus von Nazaret. Aller Entwurf Gottes sammelte sich in ihm: Hier war das neue Herz! Die Kraft Gottes ging von ihm aus, wer ihn berührte, wurde heil. Hier war *der* Keim des Gottesreiches auf Erden. Hier war *der* Mensch, der ganz Gott vertraute, der ganz mit Gott lebte. An dieser Stelle brach in der düsteren Menschengeschichte der Gewalt das Licht durch, die Dämonen flohen vor ihm.

Die Menschen, besonders die Kleinen, die Armen, spürten es. Sie sammelten sich um ihn am Ufer des galiläischen Meeres. Sie lauschten seinen Worten, in denen er die Grund-Sätze des Gottesreiches verkündete, den Traum Gottes, wie *sein* Volk mitten unter den Völkern und für die Völker leben sollte: „Selig, die keine Gewalt anwenden; selig, die Frieden stiften, selig die Barmherzigen …" Wenn ihr von Gott geliebt seid, so verkündete er, unendlich geliebt, habt ihr dann nicht alles? Wenn ihr Söhne und Töchter Gottes seid, seine Geliebten, was kann euch da noch fehlen? Was müßt ihr dann noch krampfhaft festhalten? Wenn ihr *den* Schatz im Acker gefunden habt, wenn ihr, so würden wir heute sagen, das

67

große Los gezogen habt, dann könnt ihr doch alles andere loslassen. Wenn euch dann einer den Mantel nimmt, dann laßt ihm auch noch den Rock; wenn euch dann einer auf die rechte Wange schlägt, dann haltet ihm auch die andere hin. Dann könnt ihr sogar den Feind lieben, denn ihr seid doch in der großen Freude, ihr seid doch von Gott unendlich geliebt, von ihm, der seine Sonne aufgehen läßt über Gute *und* Böse!

Wenn ihr so lebt, dann seid ihr die Stadt auf dem Berge, dann seid ihr das Licht der Welt! Wenn die Völker ringsum euch sehen, wie ihr lebt in Gerechtigkeit und Barmherzigkeit, ohne Gewalt, ohne Streit, muß es dann nicht dahin kommen, wie es beim Propheten Jesaja (2, 1–4) heißt:

Dann schmieden sie Pflugscharen aus ihren Schwertern
und Winzermesser aus ihren Lanzen.
Man zieht nicht mehr das Schwert, Volk gegen Volk,
und übt sich nicht mehr für den Krieg.

Ist es nicht alles Traum geblieben? Der Traum Gottes in Jesus von Nazaret? Für ihn ging Jesus in den Tod! Er scheiterte an der Macht, an der Gewalt der Menschen, die den Gewaltlosen nicht ertragen konnten. Scheiterte er auch an Gott?

Wenn dieser Jesus von Nazaret, der am Kreuz hängt, *lebt*, wenn das wahr ist, daß er *lebt!*, ist der Traum Gottes in ihm gescheitert? Fing er nicht gerade jetzt, nach Ostern, erst an, Wirklichkeit zu werden?

Bald sammelte sich die kleine Gemeinde des neuen Gottesvolkes um den Auferstandenen, in der Kraft seines Geistes. Wie ein ganz kleines Senfkorn fing es an, wie eine Handvoll verborgenen Sauerteigs. Für eine kurze Zeit schien es zu gelingen, für einen Augenblick

68

am Anfang, aber auch hier schon wurde bald deutlich: Es war nicht nur die Gemeinde der Reinen, es war auch die Gemeinde der Sünder, der Schwachen.

Schmerzliche Fragen steigen in uns auf: Lebt die Kirche den Traum Gottes? Ist es wahr, was ich las: „Wir Christen sind die älteste Alternativgesellschaft der Welt!"? Sind wir es wirklich? Leben wir die Lebensweise des Evangeliums? Ist die Kirche Modell für die neue Gesellschaft, die Gott meint?

Je größer die Kirche wird – wird sie nicht dann auch um so schwerfälliger? Diese Kirche nicht nur der Reinen, sondern auch der Sünder, der Schwachen? Kann sie noch den Traum Gottes mitträumen? Manchmal bricht das Licht durch. Da springt ein Franz von Assisi aus allem Reichtum in die Armut hinein, springt mitten in Gottes wunderbaren Traum hinein. Da läßt ein Charles de Foucauld die tödliche Langeweile einer satten Welt hinter sich und wird in der Wüste Afrikas von der Glut der Gottesliebe umgewandelt. Da läßt eine Mutter Teresa eine ganze Welt aufhorchen, weil sie auf unmittelbarste Weise das lebt, was sie vom Evangelium begriffen hat.

Wir sind in einem Ordenshaus. Und sofort ist jetzt die Frage da: Sind denn nicht die Orden der Kirche der Ort, wo ganz besonders etwas sichtbar werden kann von Gottes Traum? Hat nicht jeder Ordensgründer, hat nicht jede Ordensgemeinschaft ein Stück von Gottes Traum mitträumen wollen *und* Wirklichkeit werden lassen wollen? War es nicht so gedacht, daß jeder Orden in seiner Weise ein Stück Alternativgesellschaft des Evangeliums sein wollte? Radikal und kompromißlos? Stadt auf dem Berge? Licht der Welt? Sind nicht die evangelischen Räte: Jungfräulichkeit, Armut, Gehorsam Zeichen der Leidenschaft für Gott, Hinweise auf Gottes Traum auf

Erden? Der Versuch, alles Eigene loszulassen und ganz frei zu werden für den Entwurf Gottes? Wollen die Orden nicht das Wagnis versuchen, die Lebensweise Jesu zu leben? Das Wagnis, Alternativgesellschaft der Hoffnung zu sein, der Hoffnung auf die kommende Welt Gottes, gerade in einer Zeit der gelangweilten Erwartungslosigkeit, des bittersten Hoffnungsschwundes? In einer Zeit der Weltangst?

Indem ich das sage, werden, so vermute ich, manche von Ihnen, den Ordensleuten, denken: Ach, schön wär's! Aber das sind wir ja alles nicht. Wir möchten es schon sein, aber wir sind es nicht. Wir sind keine besseren Christen, es geht so alltäglich bei uns zu ... Die Sehnsucht ist schon da, den Traum von der Gottesherrschaft auf Erden mitzuträumen, ihn ein Stück zu leben, ein bißchen Versuchs-Modell zu sein der neuen, von Christus gemeinten Gesellschaft; aber es bleibt halt ein Traum ... Ach, wir tragen diesen Schatz in zerbrechlichen Gefäßen! (2 Kor 4, 7).

Ist es wirklich nur ein Traum? Ob der Vater im Himmel, der ins Verborgene sieht, nicht mehr entdeckt? Ist der Sauerteig im Brot nicht auch ganz verborgen am Werk, bis alles durchsäuert ist?

Noch einmal: Gott träumt einen Traum: daß da ein Volk auf der Welt wäre, das ganz mit ihm lebte! Ein Volk, das ihm ganz vertraute, das in seiner Liebe und Gerechtigkeit lebte. Aber, das zeigt die Erfahrung: Nur Gott allein kann zuletzt diesen Traum Wirklichkeit werden lassen! Wir schaffen es nicht: das Reich des Friedens, der Brüderlichkeit, der Gerechtigkeit. Und selbst da, wo davon einmal etwas keimhaft gelingt, ist es immer ein Stück des Wunders Gottes, sein Geschenk. Das Reich Gottes *kommt!* Die himmlische Stadt steigt hernieder!

Und so hört die Kirche nicht auf, Tag für Tag zu beten: „Dein Reich komme." Es komme deine Königsherrschaft.

Aber wir sind es, die Kirche, die den Traum Gottes weitergeben müssen. Wir werden immer wieder betroffen und beschämt sein, wie wenig wir den Traum Gottes mitleben. Aber er ist uns anvertraut als seine Kostbarkeit – und das ist unsere Erwählung! Darin zeichnet sich die Kirche aus – nicht daß wir besser sind, sondern daß uns Gottes Traum anvertraut ist: sein Geheimnis, das wir bezeugen wollen, bis er kommt in Herrlichkeit!

Die Christen sind dazu berufen – welch eine Berufung! –, in der Welt die größte, die eigentliche Hoffnung zu leben, tat- und wirkkräftig in der Welt zu leben: das Kommen des Gottesreiches, die Erfüllung des Gottestraumes für alle Menschen. Die Erfüllung jener großen Vision des Sehers von Patmos, die auf den letzten Seiten der Bibel aufgezeichnet ist: „Dann sah ich einen neuen Himmel und eine neue Erde ... Ich sah die heilige Stadt, das neue Jerusalem von Gott her aus dem Himmel herabkommen. Sie war bereit wie eine Braut, die sich geschmückt hat für ihren Mann. Da hörte ich eine laute Stimme vom Thron her rufen: Seht, die Wohnung Gottes unter den Menschen! Er wird in ihrer Mitte wohnen, und sie werden sein Volk sein. Und er, Gott, wird bei ihnen sein. Er wird alle Tränen von ihren Augen abwischen. Der Tod wird nicht mehr sein, keine Trauer, keine Klage, keine Mühsal. Denn was früher war, ist vergangen. Er, der auf dem Throne saß, sprach: Seht, ich mache alles neu!" (Offb 21, 1–5).

Er, dein Gott, ist drinnen bei dir

Achthundert Jahre vor Christus entstand die große Dichtung Homers, die Ilias, die von der griechischen Sagenwelt erzählt. Am Ende, im 24. Gesang, steht die Klage Achills: „So haben es die Götter den elenden Sterblichen zugesponnen, daß sie leben in Kummer, selbst aber sind sie unbekümmert." Den Menschen, so klagt Achill, ist das Elend zugewiesen, die Götter aber leben leidlos.

In einem Gedicht Hölderlins, im „Schicksalslied", wird es ähnlich gesagt:

> Ihr wandelt droben im Licht
> auf weichem Boden, selige Genien!
>
> Doch uns ist gegeben,
> auf keiner Stätte zu ruhen.
> Es schwinden, es fallen
> die leidenden Menschen
> blindlings von einer
> Stunde zur andern
> wie Wasser von Klippe zu Klippe geworfen,
> jahrelang ins Ungewisse hinab.

Die Götter droben, die Menschen unten, und es ist, als kümmerten sie sich nicht um uns.

Am bittersten hat es in unserer Zeit der Dichter Bert Brecht gesagt in seinem „Großen Dankchoral" – so überschreibt er dieses Gedicht:

> Lobet von Herzen das schlechte Gedächtnis des Himmels!
> Und daß er nicht
> Weiß euren Nam' noch Gesicht.
> Niemand weiß, daß ihr noch da seid.

Gibt es keine anderen Stimmen? Sechshundert Jahre vor
Christus lebte in Israel der Prophet Zefanja. Das Buch,
das von ihm überliefert ist, hat nur drei Kapitel. Am
Ende des dritten Kapitels steht das Wort, das der Prophet
als Gotteswort zu den Menschen seines Volkes spricht
(3, 16–17, Übersetzung nach Martin Buber):

> Fürchte dich nicht, Zion!
> Laß die Hände nicht sinken!
> Er, dein Gott, ist drinnen bei dir,
> ein Held, der befreit.
> Er entzückt sich an dir in der Freude.
> Er schafft dich neu in seiner Liebe.
> Er springt auf deinetwegen in Jauchzen
> wie an den Tagen der Feste.

Dieser Zuspruch richtet sich an Zion, die heilige Stadt.
Aber Zion: Das sind nicht Steine, sondern sein Volk, das
er sich erwählt hat; das ist seine Gemeinde.

„Er, dein Gott ist drinnen bei dir, eine Kraft, die befreit ..." In unserer Mitte ist die Kraft der Befreiung, der
Erlösung! Darum: „Fürchte dich nicht, laß die Hände
nicht sinken." Wenn Er drinnen bei uns ist, wenn Er die
lebendige Mitte seines Volkes, seiner Kirche ist, darf
dann Verzagtheit und Kleingläubigkeit uns lähmen?
„Laß die Hände nicht sinken!"

Wie Gott seinem Volk zugewandt ist, wie er uns nahe
ist, das wird in einem strahlenden Bildwort gesagt: wie
bei einem orientalischen Fest, wie bei einer Hochzeit,
wenn dem Bräutigam die Braut zugeführt wird:

> Er entzückt sich an dir in der Freude.
> Er schafft dich neu in seiner Liebe.
> Er springt auf deinetwegen in Jauchzen
> wie an den Tagen der Feste.

Es ist fast unglaublich, wie hier von Gott gesprochen wird in seinem Verhältnis zu seinem Volk. Gott, der große Liebende! Zion, sein Volk, seine Geliebte. Aber ihre Schönheit, ihre Liebenswürdigkeit kommt ganz von ihm: „Er schafft dich neu in seiner Liebe!" Immer wieder!

Aber – wie ist es denn mit seinem Volk? Wie ist es mit seiner Kirche? Mit seiner Gemeinde? Ist sie so liebenswürdig? Da ist doch soviel Alltäglichkeit, soviel institutionelle Verhärtung, soviel Veräußerlichung, soviel falsche Angleichung an die Welt, eine „Braut" mit soviel Herzensvergeßlichkeit, ja Untreue ... Und von ihr wird gesagt, daß ein Tag kommt, da entzückt sich Gott an ihr in seiner Freude, da springt er gleichsam auf um ihretwillen in Jauchzen ... Wie ist das möglich?

Gott sieht in der Mitte von Zion, in der Mitte seines Volkes, hinter allen Entstellungen, eine unendlich liebenswürdige Kostbarkeit: Es ist die ganz reine, die ganz vollkommene Liebe eines einzigen Menschen, der sich liebend ganz verschenkt hat, der geliebt hat „bis zur Vollendung". Es ist die gekreuzigte Liebe, die alles Verwandelnde, die allein Rettende!

Und um dieser Kostbarkeit willen gilt dieses prophetische Wort:

Er, dein Gott ist drinnen bei dir,
ein Held, der befreit.
Er entzückt sich an dir in der Freude.
Er schafft dich neu in seiner Liebe.
Er springt auf deinetwegen in Jauchzen
wie an den Tagen der Feste.

Diese „Liebeserklärung" Gottes an Zion, sein Volk, steht nicht allein. So wie ein Liebender immer wieder neue Worte der Liebe findet, so hören die Propheten immer

wieder neu die Liebessprache Gottes. Da lesen wir beim Propheten Jesaja: „Der Herr hat an dir seine Freude ... Wie über die Braut sich der Bräutigam freut, so freut sich über dich dein Gott." Und beim Propheten Jeremia: „Mit ewiger Liebe habe ich dich geliebt und dich an mich gezogen in Güte."

Nun aber stellt sich die Frage: Darf ich das Wort beim Propheten Zefanja, das an Zion gerichtet ist, auch hören auf den einzelnen hin, auf mich hin? Gilt es auch für den einzelnen, der zu Zion, zu seinem Volk gehört?

Dann aber ist sofort die Frage da: Bin ich denn so liebenswürdig – für Gott? Ich, der Sünder, der so oft Gottvergessene? Ich bin für Gott liebenswürdig, weil der Widerschein seiner Liebe auf mir liegt. Weil er mich befreit von mir selber, weil er mich immer wieder neu schafft in seiner Liebe. Es gibt in der Bibel das Wort von den Adlersfittichen, die das Junge emportragen: So trägt er mich empor in sein Licht, weg von meiner Dunkelheit, von meiner Schwachheit und Angst.

Warum liebt er mich? Der tiefste Grund ist in einem Vers von Angelus Silesius so gesagt:

> Gott ist des Lebens Buch.
> Ich steh' in ihm geschrieben
> mit seines Lammes Blut,
> Wie sollt' er mich nicht lieben!

„Ich steh' in ihm geschrieben": Ich, der Getaufte, bin in der Tiefe meiner Seele geprägt mit den Zügen Christi, des Sohnes Gottes, der mich geliebt und sich für mich dahingegeben hat (Gal 2, 20). In der Tiefe meiner Seele ist dieses geheime „Wasserzeichen". Das sieht Gott! Das macht mich liebenswürdig für ihn. Darum entzückt er sich an mir in der Freude.

Im Psalm 18 sagt der Beter das unerhörte Wort von Gott: „Er hat an mir Gefallen!"

So ist Gott zu mir, zu meinem Leben hin. Er wartet auf mich. Er hat Sehnsucht nach mir. Ja, wir dürfen dieses Äußerste zu sagen wagen: Gott hat es in seiner Liebe so gemacht, daß ich wichtig bin für ihn.

Welch ein Impuls für mein Leben ist das! Drängt es mich nicht, Antwort zu geben? Liebesantwort meines Lebens? Kann mir diese Zusage Gottes nicht eine alles übersteigende Hoffnungskraft geben?

Vor Jahren fragte in einem kleinen Kreis, dem ich zugehören durfte, ein junger Priester den Theologen Karl Rahner, der unser Gast war: „Was ist Jesus Christus für Sie?" Darauf gab Karl Rahner zur Antwort: „Dieser Jesus Christus sagt und verbürgt mir, dem Getauften, was ich, der Wissenschaftler, nicht wissen kann: daß ich für die Seligkeit bei Gott bestimmt bin. Und so kann ich es wagen, sozusagen Arm in Arm mit diesem Jesus mich fallen zu lassen in den dunklen Abgrund ..."

Hoffnungskraft aus dieser Zusage Gottes in Jesus Christus! Wir fallen nicht ins Bodenlose. Wir werden als durch Christus Erlöste aufgefangen vom Netz der ewigen Liebe.

Fürchte dich nicht
Er, dein Gott ist drinnen bei dir
ein Held, der befreit.

Wir alle kommen aus der Verlorenheit, aus unserer Schuldverlorenheit. Dürfen wir nicht hoffen, daß am Tor der Ewigkeit der barmherzige Vater auf uns wartet? Dürfen wir nicht hoffen, daß er an uns, hinter allen Zeichen der Verlorenheit, die Züge seines Sohnes erkennt? Dürfen wir nicht hoffen, daß dann aus der unbegreifli-

chen Liebe des Vaters an uns die Verwandlung geschieht? Der erste Johannesbrief sagt: „Liebe Brüder, was wir sein werden, ist noch nicht offenbar geworden: Wir wissen, daß wir ihm, Christus, ähnlich sein werden, wenn er offenbar wird."

In Ludwig Tiecks Roman, Franz Sternbalds Wanderungen, der 1798 geschrieben ist, gibt es eine Stelle, da ist ein junger Mann aufs tiefste bewegt: „Er empfand", so heißt es da, „eine unaussprechliche Wonne in dem Gedanken, ein Christ zu sein." Und das Kapitel, in dem das zu lesen ist, endet mit dem Satz: „Sein Schicksal schien ein wunderbares Konzert zu sein, er konnte nicht genug darüber sinnen, er konnte an diesem Tag vor Entzücken nicht müde werden."

3

Gott ist in uns daheim – wir sind in der Fremde
(Meister Eckhart)

Antoine de Saint–Exupéry schreibt: „Als ich ein kleiner Knabe war, wohnte ich in einem alten Haus, und die Sage erzählte, daß darin ein Schatz versteckt sei. Gewiß, es hat ihn nie jemand zu entdecken vermocht, vielleicht hat auch nie jemand gesucht. Aber er verzauberte dieses ganze Haus. Mein Haus barg ein Geheimnis auf dem Grunde seines Herzen ..."

Von solchem Geheimnis in unserem Lebenshaus, auf dem Grunde des Herzens, spricht das Wort von Meister Eckhart (1260–1327). Es ist ein Kernwort der Mystik.

Gott ist im Seelengrund des Menschen anwesend, und es ist die wunderbare Berufung des Menschen, in Fühlung zu kommen mit diesem Geheimnis in ihm. „Gott ist mir näher, als ich mir selber bin. Mein Dasein hängt daran, daß Gott mir nahe und gegenwärtig ist", so sagt Eckhart.

Das Wort von Meister Eckhart ist ein Trostwort: „Gott ist in uns daheim!" Und es ist ein Klagewort: „Wir sind in der Fremde!" Freude und Anklage. Dieses Wort ist so etwas wie eine gläubige Definition des Menschen.

1. Gott ist in uns daheim

Finden wir nicht etwas von diesem Wort wieder in der wissenschaftlichen Sprache eines Theologen unserer Zeit, wenn es da heißt: „Wir kommen nun aber in die innerste Mitte des christlichen Daseinsverständnisses, wenn wir sagen: Der Mensch ist das Ereignis einer freien, ungeschuldeten ... Selbstmitteilung Gottes. Wenn wir von Selbstmitteilung Gottes sprechen, dürfen wir dieses Wort nicht so verstehen, als ob Gott in irgendeiner Offenbarung etwas *über* sich selber sagen würde. Das Wort ‚Selbstmitteilung' will wirklich bedeuten, daß Gott in seiner eigensten Wirklichkeit sich zum innersten Konstitutivum des Menschen selber macht. Es handelt sich also um eine *seinshafte* Selbstmitteilung Gottes ... Das Innerste des Menschen ist die Selbstmitteilung Gottes" (K. Rahner, Grundkurs des Glaubens. Freiburg i. Br., 12. Auflage 1982, 122 und 130).

Was Meister Eckhart sagt: „Gott ist in uns daheim", das finden wir in ungezählten Aussagen der Mystik wieder. So etwa bei dem flämischen Mystiker Jan Ruysbroek (1293–1381): „Gott ist uns inwendiger, als wir es uns

selbst sind, und sein inwendiges Treiben und Wirken in uns ist uns näher und inniger als unser eigenes Wirken." Und Mechthild von Magdeburg (1212–1294) sagt: „Du leuchtest in meiner Seele wie die Sonne auf dem Golde." Dieses Wort: „Gott ist in uns daheim" ist der Grund-Satz aller Mystik!

2. Wir sind in der Fremde

„Herr, es liegt ein Traum von dir in meiner Seele, aber ich kann nicht zu dir kommen!" (Gertrud von Le Fort). Diese Klage kommt aus der Sprache des Glaubens.

Warum sind wir in der Fremde? Warum sind wir Fremde? Eine tiefe Antwort hat Hölderlin gegeben: Wir sind Fremde, *weil* Er in uns ist!

> Ach! wir kennen uns wenig,
> *denn* es waltet ein Gott in uns!

Dieser Gott in uns, in unserem Seelengrund, „verfremdet" uns, macht uns zu einem Wesen, das nicht in sich selber beschlossen ist, so wie es in seiner Weise das Tier ist. Dieser Gott, der in uns daheim ist, macht uns für uns selbst zur bleibenden Frage, zum Wanderer, der, solange er lebt, auf der Wanderung ist zu *diesem* „daheim", das aus Erwählung und Berufung unser innerstes Wesen ist.

Der Mensch: das vom Innewohnen Gottes gesegnete und verwundete Wesen! Unsere geheimnisvolle, wunderbare Begabung zieht uns über uns hinaus, macht uns uns selbst zutiefst frag-würdig.

Aber auch das andere: Wir sind in der Fremde, weil wir uns immer wieder von diesem unserem Zuhause – „Gott ist in uns daheim" – verlaufen, weglaufen. „Halt an, wo läufst du hin? Der Himmel ist in dir! Suchst du

Gott anderswo – du fehlst ihn für und für!" (Angelus Silesius).

Wir sind Fremde, in der Fremde, weil wir uns nicht einlassen in das Innen, in die Tiefe, in die Mitte, wo Er in uns heimisch ist. Weil wir an der Oberfläche bleiben, in der Ausgegossenheit. Eine chassidische Geschichte, die Martin Buber uns aufgezeichnet hat, warnt uns vor diesem „Verlust der Mitte":

Rabbi Jizchak Meir erging sich einmal an einem Spätsommerabend mit seinem Enkel im Hof des Lehrhauses. Es war Neumond, der erste Tag des Monats Elul. Der Zaddik fragte, ob man heute den Schofar geblasen habe, wie es geboten ist, einen Monat, ehe das Jahr sich erneut. Danach begann er zu reden: „Wenn einer Vorsteher wird, müssen alle nötigen Dinge dasein, ein Lehrhaus und Zimmer und Tische und Stühle, und einer wird Verwalter, und einer wird Diener und so fort. Und dann kommt der böse Widersacher und reißt das innerste Pünktlein heraus, aber alles andre bleibt wie zuvor, und das Rad dreht sich weiter, nur das innerste Pünktlein fehlt." Der Rabbi hob die Stimme: „Aber Gott helfe uns: man darf's nicht geschehen lassen!"

Ganz schlimm aber ist es, wenn der Verlust dieser Mitte gar nicht mehr gespürt wird. „Denn die unheimlichsten Verluste sind die, die nicht mehr gefühlt werden" (Erhart Kästner).

Und wieder ein anderes: Wir sind in der Fremde, weil wir das eigene Ego, das große Ich zur Mitte unseres Lebenshauses machen wollen. Wir sind Fremde, weil wir Sünder sind! Denn Sünde ist, wo Er nicht mehr in der Mitte ist.

Wir sind Fremde, weil wir das leise immerwährende Rufen dessen nicht mehr hören, der in uns Wohnung genommen hat. Von diesem Rufen in den innersten See-

lengrund hinein spricht der Mystiker Johannes Tauler (1300–1361):

Der inwendige Mensch ist in den edlen Grund der Gottheit eingeladen und wieder und wieder gerufen und wird dahin wieder gezogen. Wie Gott im inwendigen Seelengrund *seinen* Grund gelegt hat und da nun verborgen und bedeckt liegt – wer das finden und erkennen und schauen könnte, der wäre ohne allen Zweifel selig. Und wie immer auch der Mensch sein Gesicht abkehrt und irre geht, so hat er doch ein ewig Locken und Neigen dahin und kann nirgends Rast finden, wie er es auch umgeht. Denn alle Dinge vermögen ihm nicht genüge zu leisten außer diesem einen. Denn dies treibt und zieht ihn ständig in das Allerinnerste, ohne daß er es weiß: weil es sein Ziel ist! So wie alle Dinge nur zur Ruhe kommen an ihrem Platz.

3. *„Selig sind, die da Heimweh haben, denn sie werden nach Hause kommen" (Jung–Stilling).*

Was können wir tun, daß wir auf der Wanderung bleiben von unserem Draußen hin zu dem, der in uns heimisch ist? Als sein Volk auf der Wanderung durch die Wüste war, da gab es im Lager das Begegnungszelt, wo der Mensch für einen flüchtigen Augenblick mitten auf der Wanderung die Nähe dessen erfahren durfte, der sich mit seinem Namen geoffenbart hatte: Ich bin da bei euch! Gibt es für uns, die wir draußen sind, auf dieser Wanderung zu dem hin, der in uns wohnt, so etwas wie ein Begegnungszelt?

Was kann in uns das Spürbewußtsein wecken und wachhalten für diese verborgene Wirklichkeit in uns, die unser eigentliches Zuhause ist? Wenn ich nur zwei Wegweisungen nennen dürfte, dann diese: Erstens: Innehalten! Nicht fliehen! „Wenn ich Maler wäre, ich würde

immer bloß die Ruhe auf der Flucht malen" (Erhart Kästner). Wer betet, hört auf zu fliehen! Zweitens: „Wer liebt, weiß, was diese Stimme ruft", so sagt die „Nachfolge Christi". Wer liebt, lebt in der Nähe dessen, der als Liebe in uns wohnt.

4. Er wird es tun!

„Der Gott des Friedens selbst heilige euch durch und durch. Der euch ruft, ist treu: Er wird es tun!" (1 Thess 5, 23–24). Wir können mit all unserer Sehnsucht nicht zu ihm kommen, der in uns heimisch ist. Er muß uns heimholen! Er hat Sehnsucht nach uns, wie der Vater im Gleichnis Sehnsucht nach dem Verlorenen hat. Er sagt zu Mose: „Ich kenne dich mit Namen!" (Ex 33, 17). Ich kenne dich in deiner Einzigartigkeit. Ich kenne dich mit meiner Liebe. Er ist in uns heimisch als *der* Liebende.

Von dieser innersten Lebenszelle her geschieht die Verwandlung, die Heimholung. Die Verwandlung des Verlorenen in den Heimgekehrten. „Er wird es tun!"

> Da ich noch nicht geboren war,
> da bist du mir geboren,
> und hast mich dir zu eigen gar,
> eh ich dich kannt, erkoren,
> Eh ich durch deine Hand gemacht,
> da hast du schon bei dir bedacht,
> *Wie du mein wolltest werden …!"*
>
> Paul Gerhardt

Große Freude: Er hat mich erwählt zu Seiner Wohnung!

Wenn wir die Fenster einer Kathedrale von außen sehen, dann sehen wir nur graue Scheiben und sonderbare Bleilinien. Wenn wir aber in das Innere der Kathedrale gegangen sind, dann geht uns auf, welch wunderbarer, kostbarer „Schrein" dieses Gehäuse ist.

Gottes Sehnsucht – unsere Sehnsucht

Das Wort Sehnsucht, im Deutschen mit viel Gemüthaftem gefüllt, kommt nicht von Suchen, sondern von Siechen. Ein Kranksein am Sich-sehnen? Ist das vielleicht eine Wesensbestimmung des Menschen: verwundetsein von der Sehnsucht? Hingestrecktsein auf ein Kommendes? Zu wissen, daß er hier nicht zu Hause ist? „Ich wölt, daz ich do heime wer", singt der mittelalterliche Spielmann. Heimwehschmerz – aber wohin?

„Die Größe des Menschen ist groß, weil er sich als elend erkennt", schreibt Pascal. Und „elend" ist ein uraltes deutsches Wort: „eli – lenti", im anderen Land, im fremden Land und also im Elend sein. „Was wollt ich denn haben, wenn ich in meiner Kindheit auf dem Stein meines Torwegs saß und *sehnend* dem Zug der langen Straße nachsah und dachte, wie sie fortliefe, über Berge schösse, immer, immerfort ...? Und endlich ...?" lesen wir bei Jean Paul.

Diese Sehnsucht im Menschen ist seine Größe und zugleich sein Elend. Die copiosa egestas, die reiche Bedürftigkeit nennt Augustinus es; und Pascal spricht von der grandeur misère, dem Adelselend des Menschen. Wie ein unstillbarer Durst ...

Augustinus, den das Wort von der Sehnsucht, vom desiderium, immerfort begleitet – „desiderium sinus cordis", die Sehnsucht gibt dem Herzen Tiefe, schreibt er – weiß, woher der Mensch „siech" ist an der Sehnsucht: Weil er bis in die letzte Tiefe auf Gott angelegt ist, weil die Sehnsucht Gottes ihn zieht. „Die Sehnsucht Gottes

ist der Mensch!", sagt Augustinus. Begegnen sie sich: die Sehnsucht Gottes und die Sehnsucht des Menschen?

Wohin gehen die Sehnsüchte des Menschen? In einer Umfrage, die P. M. Zulehner veröffentlicht hat, antworteten auf die Frage nach ihren tiefsten Wünschen 88 Prozent: „Daß ich Menschen um mich habe, die ich lieben kann und die auch mich lieben." Das ist offenbar die Grundsehnsucht des Menschen!

Erfüllt sie sich? Viele sagen: Sie erfüllt sich nicht. Und manche sagen: Wenn es Lebensstunden gibt, in denen sie sich erfüllt, dann bricht gerade die Sehnsucht noch stärker auf: daß es bleibe, daß es nicht vergehe!

In die Sehnsuchtsfrage des Menschen kommt die Botschaft: „Die Sehnsucht Gottes ist der Mensch!" Die Botschaft, daß der Vater an der Tür des Hauses steht und in seiner zärtlichen Sehnsucht Ausschau hält nach der Heimkehr des Verlorenen: um ihm das Fest zu bereiten! Aber er bleibt nicht an der Tür stehen: „Er lief dem Sohn entgegen, fiel ihm um den Hals und küßte ihn." Das Entgegenkommen Gottes: „Die Sehnsucht Gottes ist der Mensch": in die Menschwerdung hinein.

Vielleicht ist die Glaubenshoffnung auf dieses Entgegenkommen Gottes das eigentlich unterscheidend Christliche. Die Glaubenshoffnung, daß der Sehnsucht des Menschen die ewige Liebe entgegenkommt, ja schon entgegengekommen ist. So ist es verständlich, daß Newman sagt: Christ ist einer, der Ausschau hält nach Christus – in dem ja Gott der Verlorenheit und der Sehnsucht des Menschen entgegenkommt.

Bei der Passahfeier in der jüdischen Familie ließ man die Tür einen Spalt breit offen: in einer solchen Passahnacht würde der Prophet Elija kommen als unmittelbarer Vorbote des Messias. Damit er nicht zu warten

84

brauche und damit er erkenne, daß alle Herzen auf sein Kommen gerichtet seien, ließ man die Tür offen. Und dieses hoffnungsvolle Warten war zugleich ein glühendes Flehen. „Ihr sollt Menschen gleichen, die auf ihren Herrn warten" (Lk 12,36).

In einer Predigt legt Kardinal Newman Christus die Klage in den Mund: „Wenige werden bereit sein, mir sogleich zu öffnen, wenn ich an die Pforte klopfe. Sie werden immer noch etwas zu tun haben, bevor sie aufmachen; sie werden nicht schon bereit sein, sondern müssen sich erst vorbereiten. Sie müssen sich von der Überraschung und Verwirrung erholen, in die sie die Nachricht von meiner Ankunft versetzt hat; sie werden etwas Zeit brauchen, um wieder zu sich zu kommen und sich ihre besten Gedanken und reinsten Absichten ins Gedächtnis zurückzurufen. Sie fühlen sich wohl, so wie sie sind, und haben keine Einwände dagegen zu erheben. Sie sind zufrieden, auf der Erde zu sein: sie wünschen sich nicht, anderswohin zu gehen; sie möchten sich nicht verändern."

„Ihr sollt Menschen gleichen, die auf ihren Herrn warten": Das sollte unsere Sehnsuchtsrichtung sein. Nicht ein Warten auf sein letztes Kommen „auf den Wolken des Himmels", sondern ein Durchschauen durch die Vordergründigkeit des Alltags, durch Trauer und Fragen, durch das Geplagtsein, durch die Ablenkungen, durch die Begegnungen, durch das Beschenktwerden: auf den Horizont der erwartungsvollen und entgegenkommenden Liebe Gottes in Jesus Christus; auf das Jesus-Gemäße hin in den Ereignissen unseres Lebens! Daß das Herz in aller Unruhe doch zutiefst und zuletzt gerichtet ist in einer liebenden Aufmerksamkeit auf Ihn hin, in dem die Sehnsucht Gottes auf mich zukommt.

Für diese Aufmerksamkeit des Herzens fand ich bei Epiktet ein schönes Bild (Epiktet, freigelassener Sklave, stoischer Philosoph um 100 n. Chr.): „Gleichwie du auf einer Meerfahrt, wenn das Schiff vor Anker gegangen ist und du aussteigst, um Wasser zu holen, nebenher eine kleine Muschel oder ein Tintenfischchen auflesen wirst, dabei aber dein Sinnen auf das Schiff richten und dich immer wieder umdrehen mußt, ob nicht etwa der Steuermann rufe, und, wenn er ruft, jenes alles aufgeben mußt ... Ruft der Steuermann, so eile zum Schiff, und laß das alles zurück, und wende dich nicht um. Bist du aber alt, so entferne dich niemals mehr weit vom Schiff, auf daß du nicht fehlest, wenn man dich ruft!"

5

Die wehrlose Liebe

Es gibt eine Erfahrung, die manchem Christen schwer zu schaffen machen kann: daß Gott verschwindet. Offenbar geht in unserer wissenschaftlich-technischen Welt eine tiefe Veränderung des religiösen Bewußtseins vor sich. Gott verschwindet im Bewußtsein sehr vieler Menschen. Er verschwindet unter einer Woge von Gottvergessenheit und unter einer Woge von Agnostizismus.

Nun kann man aber den Glauben an Gott, das absolute Geheimnis, nur durchhalten, wenn man etwas von ihm *erfährt.* Man erfährt aber nur etwas von Gott – aus Gnade –, wenn man sich existentiell auf ihn einläßt. Und nun möchte ich es wagen zu sagen: Wir werden am ehesten etwas von Gott erfahren, wenn wir uns auf ei-

nen „Zug" im Wesen Gottes einlassen, der – so meine
ich – heute deutlicher als zu anderen Zeiten hervortritt:
die Wehrlosigkeit seiner Liebe.

Gott ist so unaufdringlich, so wehrlos in unserer Zeit,
daß er verschwindet. Er kommt sozusagen nicht mehr
vor. Man bemerkt ihn kaum noch. Die meisten Menschen unserer westlichen Welt leben so, als wäre er nicht
da. Ein französischer Theologe hat jüngst gemeint, wir
müßten uns mit einem gewissen Nutzlosigkeits-Status
Gottes in unserer Zeit abfinden.

Erfahren *wir* Gott so, wie wir im Psalm 29 beten: „Der
Herr zerschmettert die Zedern des Libanon, die Stimme
des Herrn wirbelt Eichen empor"? Erfahren wir Gott so,
wie wir im Mose-Lied (Ex 15) beten: „Der Herr ist ein
Krieger, Rosse und Wagen wirft er ins Meer. Deine
Rechte, Herr, zerschmettert den Feind; Du strecktest
Deine Rechte aus, da verschlang sie die Erde ..."?

Diese Worte sind – in einem tieferen Verständnis –
nicht ungültig geworden. Sie sind ein ursprünglicher,
bildhafter Ausdruck für eine *Wirklichkeit* in Gott, nämlich, daß er der absolute Herr, der Allmächtige ist, Herr
des Himmels und der Erde.

Und doch: Mir will scheinen, als gebe es so eine Art
„Evolution" in der Gottesoffenbarung, zumindest in der
Weise des Verstehens der Gottesoffenbarung. Dieser
Gott, der in den ältesten Psalmen noch beschrieben wird
mit Bildern der Gottkönige von Ägypten und Babylon,
dieser Gott, der Rosse und Wagen ins Meer schleudert,
ist auch bei Jesus von Nazaret der Herr des Himmels und
der Erde, der allmächtige Gott. Aber – und ich finde, dies
ist das Bewegendste in der Religionsgeschichte überhaupt – dieser Gott ist bei Jesus Christus der, der seine
Allmacht zur wehrlosen Liebe werden läßt. Dieser Gott

Jesu Christi zeigt seine Macht darin, daß er als wehrlose Liebe der Rettende wird. Dieser Gott wird anschaubar in dem hilflosen Kind, das in der Krippe liegt. Dieser Gott wird anschaubar in dem Lamm, das zur Schlachtbank geführt wird und seinen Mund nicht auftut. Diese Ohnmacht der wehrlosen Liebe Gottes besiegt alles, besiegt den Tod. Es ist das abgründige Geheimnis Gottes, daß er, der Allmächtige, der absolute Herr, als *Liebe* retten will – und wahre Liebe ist wehrlos; aber ihre Wehrlosigkeit ist stärker als alles.

Die Wehrlosigkeit Gottes, ist das so etwas, wie ich es in dem sehr weisen Buch des Laotse, im Tao-te-king, gefunden habe: „Weich und Schwach überwindet Hart und Stark"? So, wie Wasser den Stein besiegt? Ich spreche nicht vom Weichen und Schwachen an sich, nicht von der Wehrlosigkeit an sich, sondern von der wehrlosen Liebe ...

Der Deus semper maior, der je größere Gott, wird in seiner Kenosis, seiner Entäußerung, zum Deus semper minor, zum je Geringeren. Er wird zum Kind. Er wird zu dem Gott, der heute gleichsam verschwindet, der wie unauffindbar wird, mit dem die Menschen machen, was sie wollen, die Theologen und die Atheisten, der Mann auf der Straße und die Medien auf allen Kanälen; zu dem Gott, der ohnmächtig in der Welt ist, der nicht mit seiner Allmacht von außen eingreift. Er wird zur wehrlosen Liebe, und sie ist stärker als alles, stärker als der Tod.

Woher weiß ich das? Ich sehe es am Mysterium des Kindes. Ich sehe es an Jesus Christus, dem Gekreuzigten, dem wehrlos-ohnmächtigen, welcher der Auferstandene ist, *der* Lebendige. Der Sieger über den Tod!

Man darf diese wehrlose Liebe nicht mißverstehen. Sie ist nichts Schwächliches, Weichliches, Kernloses.

Was sie in Wahrheit ist, kann man allein an Jesus lernen, der mit großer Entschiedenheit auftritt, kompromißlos. Der das Schwert-Wort gesprochen hat: „Ich bin nicht gekommen, um Frieden zu bringen, sondern das Schwert!" Der den Knecht des Hohenpriesters zur Rechenschaft zieht: „Warum schlägst du mich!" Der aber dann *in Freiheit* zuläßt, daß die Menschen mit ihm machen, was sie wollen. Gott ist der Allmächtige, aber seine Allmacht läuft gleichsam wie aus einem Gefäß aus, sich verströmend in der Gestalt der wehrlosen Liebe.

Sieht es auf der Welt und in der Geschichte so aus, als gelange die wehrlose Liebe Gottes an ihr Ziel? Als käme sie durch? Es ist, als würde sie geradezu verschüttet und zum Verschwinden gebracht unter einer Lawine von Vergeßlichkeit und Gewalt.

Und doch wartet sie darauf, in der Weise der wehrlosen Liebe, erkannt, aufgenommen zu werden. Sie sucht mit den Augen der Sehnsucht die Landschaft der Menschengeschichte ab, wo sich eine Tür, ein Herz auftut, damit sie eintreten kann und damit an dieser Stelle die Verwandlung beginnen kann. Was Jesus von sich selber sagt, das sagt die wehrlose Liebe Gottes: „Die Füchse haben ihre Höhlen, die Vögel ihre Nester, der Menschensohn hat nichts, wo er sein Haupt legen kann" (Lk 9, 58). Wo ist Raum für die wehrlose Liebe? Ist alles vollgestellt mit Haben, Macht, Angst, Enge?

Die wehrlose Liebe sucht den Ort, sucht das Herz, wo sie ankommen kann. „Ich sagte zu einem Volk, das meinen Namen nicht anrief: Hier bin ich, hier bin ich! Den ganzen Tag streckte ich meine Hände aus ... Ich wäre zu finden gewesen für die, die nicht nach mir suchten" (Jes 65).

Aber er ruft mit leiser, wehrloser Stimme – „Du bist

der Leiseste von allen" (Rilke) –, so daß nur einer es wahrnehmen kann, der selber still geworden ist, „arm" geworden ist, ein stilles Herz hat.

Gott in unserer Zeit: Dem wird etwas von Gott aufgehen, der weiß, daß Er die wehrlose Liebe ist.

6

Das Atmen Gottes

Ein achtjähriges Kind fragte mich: „Atmet Gott?" Ich lächelte und wollte schon antworten so etwas wie: Gott ist Geist, nur mit einem Leib atmet man. Aber schnell besann ich mich und sagte: „Ja, Gott atmet. Aber ganz anders als wir; wie Gott atmet, das ist etwas ganz Wunderbares."

Ist nicht der Atem des Dreifaltigen Gottes das Schwingen der Liebe vom Vater zum Sohn, vom Sohn zum Vater? Ein tief geheimnisvolles Geben und Empfangen, Sichlassen und Sichempfangen? Wird nicht der Geist in den Pfingstliedern Atem Gottes und heiliger Hauch genannt?

Aber das Atmen des Dreifaltigen Gottes ist allumfassend: Die Schöpfung und wir sind einbezogen. „Geist Gottes schwingend über dem Wasser", so heißt es am Anfang der Bibel. Aber viel wunderbarer dann einbezogen in das Atmen des Dreifaltigen Gottes im Geheimnis von Ostern und Pfingsten: „Durch deinen Sohn, unsern Herrn Jesus Christus, und in der Kraft des Heiligen Geistes erfüllst du die ganze Schöpfung mit Leben und Gnade ...", so heißt es im dritten Hochgebet.

Und noch einmal, sich unerhört verdichtend, im Ge-

tauften: einbezogen in den Atem des Dreifaltigen Gottes: „Ihr habt nicht den Geist empfangen, der euch wieder zu Knechten macht, so daß ihr euch fürchten müßtet, sondern ihr habt den Geist empfangen, der euch zu Söhnen macht, den Geist, in dem wir rufen: Abba, Vater! Der Geist selber bezeugt unserem Geist, daß wir Kinder Gottes sind. Sind wir aber Kinder, dann auch Erben; wir sind Erben Gottes und Miterben Christi!" (Röm 8, 15–17). Die Getauften: Brüder und Schwestern *des* Sohnes, durchatmet vom Geist des Sohnes, so daß wir mit voller Berechtigung zu Gott sagen dürfen: Abba, du lieber Vater!

Der Apostel Paulus sagt: Wenn ein Mensch getauft ist, dann wohnt und lebt in der Tiefe seiner Seele, in der innersten Mitte, in der innersten Kammer seines Daseins der Geist Jesu Christi. Dieses innerste Leben steht in geheimnisvoller Zwiesprache mit Gott, dem Vater. Paulus sagt: „Da ihr nun Söhne seid, hat Gott den Geist des Sohnes in unsere Herzen entsandt, der ruft: ‚Abba, du lieber Vater'" (Gal 4, 6) und: „Die Liebe Gottes ist in unserem Herzen ausgegossen durch den heiligen Geist, der uns geschenkt worden ist" (Röm 5, 5). In uns ist also ein immerwährendes Beten, das verborgene und verhüllte Beten des Geistes Christi zum Vater. All unser Beten, was ist es schon? Was wissen wir schon, wie und was wir beten sollen? „Was wir beten sollen, wie es sein müßte – wir wissen es nicht. Aber der Geist selbst legt Fürsprache für uns ein in unsagbaren Seufzern" (Röm 8, 26), in einer Sprache, die wir nicht vernehmen. Diese verborgene Tiefe in uns nimmt uns hinein in das Leben des Dreifaltigen Gottes. „Du bist mein Atem, wenn ich zu dir bete", so heißt es in einem Lied im ‚Gotteslob' (Nr. 621).

Fénelon, ein großer Beter, beginnt ein bekannt gewor-

denes Gebet mit dem Satz: „Herr, ich weiß nicht, um was
ich dich bitten soll ... Ich weiß nicht, was ich beten
soll ..." Dann sucht und tastet er nach Gebetsworten.
Am Ende aber läßt er alles und sagt zu Christus: „Bete du
in mir!" Mechthild von Magdeburg, eine Mystikerin des
13. Jahrhunderts, betet: „Du leuchtest in meiner Seele
wie die Sonne auf dem Golde. Herr, wenn ich in dir ru-
hen darf, ist meine Wonne überreich. Nun hab ich dir
gesungen, noch ist es mir nicht gelungen. Wolltest du
mir singen, dann müßt es mir gelingen!"

Im Gespräch mit der Samariterin am Jakobsbrunnen
sagt Jesus: „Das Wasser, das ich (dem Dürstenden) geben
werde, wird in ihm zu einer Quelle, die ins ewige Leben
springt." Der Geiststrom, den er uns gibt, strömt durch
unser Leben nicht wie durch einen Kanal hindurch, sondern wird in uns zu einer Quelle. Er wird etwas Ur-
sprüngliches, Eigenes, Neues: von ihm her. In und durch
meine Individualität hindurch will der Geist Christi
leben!

Manche Übersetzungen sagen: „... eine Quelle, die
ins ewige Leben strömt". Aber das griechische Wort, das
mit „strömt" übersetzt ist, ist ein dynamisches, meint
eher: springen. Es kommt nur noch einmal im Neuen
Testament vor, im dritten Kapitel der Apostelgeschichte,
wo berichtet wird, wie Petrus und Johannes an der Tem-
pelpforte einen Gelähmten heilten: „Er sprang auf und
stand da, er ging umher und lief und sprang und lobte
Gott!" Mit solchem Bildwort voller Lebenskraft wird
von dem Geist Christi gesprochen, der in uns zur Quelle
wird, die ins ewige Leben springt.

In solchem Zusammenhang lesen wir das Wort des
Dichters Novalis in seiner tiefsten Auslegung: „Wir träumen von Reisen durchs Weltall: ist denn das Weltall

nicht in uns? Die Tiefen unseres Geistes kennen wir nicht. – Nach innen geht der geheimnisvolle Weg. In uns oder nirgends ist die Ewigkeit mit ihren Welten, die Vergangenheit und Zukunft." In uns, in den Tiefen unseres Geistes, ist das Leben, es will durch jeden einzelnen durchkommen: Gott will durch jeden einzelnen in Erscheinung kommen. Von der Tiefe unseres Geistes her, aus der innersten Kammer der „Seelenburg" (Teresa von Ávila), will Gott, das Leben, unser ganzes Leben durchleben, durchatmen.

7

Seine Sprache ist leise

Auf dem Weg vom Alten zum Neuen Testament geschieht nicht selten eine Verwandlung in der Art und Weise, wie Gott sich den Menschen offenbart. Die Großartigkeit und „Aufwendigkeit" der Zeichen geht im Neuen Testament über in eine Art Stille und Verborgenheit, aber sie gewinnt an Tiefe der Bedeutung. Drei Beispiele seien genannt: In der Bibel wird dreimal gesagt, daß die Hand Gottes geschrieben habe. Das erste Mal erscheint an der weißen Wand des Thronsaales im Palast des Königs Belschazzar eine schreibende Hand: „Der König sah den Rücken der Hand, als sie schrieb. Da erbleichte er ... ihm schlotterten die Knie" (Dan 5). Ein zweites Mal schreibt Gott unter Blitz, Donner und Erdbeben am Sinai die Zehn Gebote auf zwei Steintafeln (Dtn 5,22). Das einzige Mal aber, wo im Neuen Testament gesagt wird, daß Jesus geschrieben habe, da ist dies

von einer solch unscheinbaren „Nebensächlichkeit", buchstäblich in den Sand geschrieben, daß dieses Schreiben neben dem gewaltigen Schreiben Gottes im Alten Testament einfachhin verblaßt. Aber der Augenblick, da Jesus schreibt – wir wissen nicht einmal, was er schrieb –, ist erfüllt von dichtester Spannung. Die Pharisäer bringen eine Ehebrecherin zu Jesus: „Meister, diese Frau wurde beim Ehebruch auf frischer Tat ertappt. Mose hat uns im Gesetz vorgeschrieben, solche Frauen zu steinigen. Nun, was sagst du? ... Jesus bückte sich und schrieb mit dem Finger auf die Erde. Als sie hartnäckig weiterfragten, richtete er sich auf und sagte zu ihnen: Wer von euch ohne Sünde ist, werfe als erster einen Stein auf sie. Und er bückte sich wieder und schrieb auf die Erde. Als sie seine Antwort gehört hatten, ging einer nach dem anderen fort, zuerst die Ältesten. Jesus blieb allein zurück mit der Frau, die noch in der Mitte stand ..." (Joh 8, 1–11).

Oder ein anderes: Der Prophet Elischa soll im Auftrag Gottes einen toten Knaben zum Leben erwecken. Elischa schickt seinen Diener zu dem Toten, daß er den Stab des Propheten auf das Antlitz des Kindes lege – aber es erwacht nicht zum Leben. Da ging Elischa selber in die Kammer hinein, „schloß die Tür hinter sich und dem Kind und betete zum Herrn. Dann trat er an das Bett und warf sich über das Kind; er legte seinen Mund auf dessen Mund, seine Augen auf dessen Augen, seine Hände auf dessen Hände. Als er sich so über das Kind hinstreckte, kam Wärme in dessen Leib. Dann stand er auf, ging im Haus einmal hin und her, trat wieder an das Bett und warf sich über das Kind. Da nieste es siebenmal und öffnete die Augen. Nun rief Elischa seinen Diener Gehasi und befahl ihm, die Schunemiterin zu rufen. Er rief sie,

und als sie kam, sagte der Gottesmann zu ihr: Nimm deinen Sohn! Sie trat hinzu, fiel Elischa zu Füßen und verneigte sich bis zur Erde. Dann nahm sie ihren Sohn und ging hinaus" (2 Kön 4, 33–37).

Welche Aufwendigkeit, Vielfalt der Gebärden! Und Jesus? Wir denken an die Erweckung des Jünglings von Nain: „Da ging er zu der Bahre hin und faßte sie an. Die Träger blieben stehen, und er sagte: Ich befehle dir, Jüngling: Steh auf! Da richtete sich der Tote auf und begann zu sprechen, und Jesus gab ihn seiner Mutter zurück" (Lk 7, 14–15). Oder Jesus wird zum Töchterlein des Jairus gerufen, das soeben gestorben ist. Mit den Eltern und drei Jüngern betritt er das Sterbegemach. „Sie ist nicht gestorben, sie schläft nur." „Er faßte sie an die Hand und sagte: Mädchen, steh auf!" Und zu den Eltern sagt er, als wäre der Alltag nicht unterbrochen, man solle ihr etwas zu essen geben.

Ein Drittes. Im Alten Testament kommt Gott einmal als Wanderer und hält mit Abraham Mahl unter den Eichen Mambres. Wohl ahnt Abraham immer mehr das Geheimnisvolle seines Gastes, aber die letzte Erkenntnis geht ihm erst auf in einem schrecklichen Zeichen, dem er mit diesem Gast entgegenwandert: Über Sodoma und Gomorrha ballen sich die Wolken des Gerichts zusammen, und bald gibt sich der Gast zuletzt in Blitz und brennendem Schwefel über diesen Städten furchtbar zu erkennen.

Am Osterabend gesellt sich Jesus als Wanderer zu den Jüngern von Emmaus. Er hält mit ihnen Mahl. „Und als er mit ihnen bei Tisch war, nahm er das Brot, sprach er den Lobpreis, brach das Brot und gab es ihnen. Da gingen ihnen die Augen auf, und sie erkannten ihn ..." Sie erkennen ihn an einem alltäglichen und unscheinbaren Zeichen: am Brotbrechen!

Wie still muß man werden, um solche Zeichen wahrzunehmen!

Nicht im Sturm, nicht im Gewitter, nicht im Erdbeben ist Gott, sondern im sanften Säuseln des Windes! (1 Kön 19)

8

Jesus-Christus-Verwandtschaft

I

Jesus sagt: „Ich sage euch: Wer sich vor den Menschen zu mir bekennt, zu dem wird sich auch der Menschensohn vor den Engeln Gottes bekennen. Wer mich aber vor den Menschen verleugnet, der wird vor den Engeln Gottes verleugnet werden" (Lk 12,8–9).

Und im Sendschreiben an die Gemeinde von Sardes in der „Offenbarung" sagt der erhöhte Herr: „Wer siegt ... ich werde mich vor meinem Vater und vor seinen Engeln zu ihm bekennen" (Offb 3,5).

Einmal wird mein ganzes Leben offen vor Gott liegen und vielleicht auch vor den Augen der Auferstandenen, die einst auf Erden zu mir in Lebensbeziehung standen. Dann kann ich nichts mehr verbergen. Wird Christus dann zu mir das schreckliche Wort aus seinem Gleichnis sagen: „Ich kenne dich nicht!"? Oder werde ich sein Wort hören dürfen: „Kommt her, die ihr von meinem Vater gesegnet seid!"?

Jesus sagt: „Wer sich vor den Menschen zu mir bekennt ... Wer mich vor den Menschen verleugnet ..." – wie ist es zu deuten?

Alles, was in meiner Lebensgeschichte, in meinem Handeln, in meiner Gesinnung eine Ähnlichkeit hatte mit dem Handeln und der Gesinnung Jesu, war Bekenntnis zu Jesus. Alles, was in Richtung auf Jesus-Ähnlichkeit, auf Jesus-Verwandtschaft war, war Bekenntnis zu Jesus. Als solches wird es offenbar werden vor dem Antlitz Gottes und wird auch von mir als solches erkannt werden. Alles, was in meinem Handeln und in meiner Gesinnung nicht jesusförmig war, was nicht in Richtung auf Jesu Gesinnung und Botschaft war, war Jesusverleugnung. Auch wenn ein Mensch nie etwas von Jesus gewußt hat, kann sein Handeln und seine Gesinnung in diesem Sinne Bekenntnis zu Christus oder Verleugnung gewesen sein – wenn dieser Mensch der Gottesstimme gefolgt ist, die in jedem Menschen ist.

Vor dem Gericht der Ewigkeit muß wenigstens etwas jesusförmig, jesusähnlich aus meinem Leben erkennbar werden; wo ich mich also zu ihm bekannt habe, nicht vielleicht mit ausdrücklichen Worten, sondern durch Handeln und in Gesinnung. Paulus sagt im Römerbrief, daß wir an Wesen und Gestalt Jesu Christi teilhaben sollen, damit wir im Gericht als Brüder und Schwestern Christi, also als Christusverwandte erkannt werden (Röm 8,29). Die Eingestaltung in die Christusverwandtschaft wird gnadenhaft in der Taufe in unerhörter Weise geschenkt: Prägung mit den Zügen Jesu Christi. Aber diese Grundlegung unserer so geschenkten Christusverwandtschaft muß von uns lebensmäßig entfaltet werden und so zur Reife kommen.

Wenn wir im Gericht einen jesusverwandten Zug, eine jesusförmige Tat aufweisen können, dürfen wir hoffen, daß er sich zu uns bekennt, vor Gott und vor den Engeln des Himmels. Und indem er sich zu uns bekennt,

indem er gleichsam vor dem Angesicht Gottes, des Vaters, sagt: Darin bist du mir ähnlich gewesen! Darin gehörst du zu mir! – wird er, so dürfen wir hoffen, das
ergänzen, was bei uns nur ansatzhaft vorhanden war. So
bekennt er sich zu uns.

Was aber in unserer irdischen Geschichte schuldhaft
jesusfremd, ja jesuswidrig war, worin wir ihn also verleugnet haben (verleugnen bedeutet: ich kenne ihn
nicht!), das wird vor dem Antlitz der ewigen Liebe offenbar werden und als solches auch von uns selber erkannt
werden. Es wird keine Strafe verhängt werden wie in einem irdischen Gericht. Die Augen des erhöhten Herrn
werden uns anschauen (wie sie Petrus nach der Verleugnung angeschaut haben), und vor dem Antlitz der ewigen Liebe wird uns der Schmerz unserer Jesusverleugnung durchfahren. Und dieser Schmerz, der ein Liebes-
schmerz ist, wird unser Umwandlungsprozeß, unsere
Läuterung, unser Fegfeuer sein – bis ins kleinste hinein.
Wir müssen ja „an Wesen und Gestalt seines Sohnes teilhaben", wir müssen in die Jesusverwandtschaft hinein-
reifen, damit wir vom Vater als Bruder und Schwester
Jesu Christi erkannt werden. Wir können in der Ewigkeit nur „christusförmig" bestehen, wir können nur bestehen, wenn er sich zu uns bekennt als zu seinem
Verwandten („... der ist für mich Bruder und Schwester
und Mutter", Mt 12, 50) – eine andere Möglichkeit ewigen Lebens gibt es nicht.

Wir kommen mit der Schuld unserer Jesusverleug-
nungen vor das Antlitz der unendlichen Liebe, und der
brennende Reueschmerz, der uns in diesem Augenblick
der Ewigkeit trifft, das ist unser Gericht! Das ist das
Feuer, das brennt! Vor dem Antlitz der ewigen Liebe
müssen wir erst noch „durch die Abgründe unserer Lie-

besverweigerung", unserer Jesusverleugnung hindurch:
Das ist unser Gericht!

Wenn ich vor das Gericht der Ewigkeit komme, werde
ich nicht allein dastehen. Wenn ich mich in meinem Leben zu Jesus Christus bekannt habe, wird er selber zu
mir stehen: vor Gott! Er wird mein Zeuge sein und mein
„Fürsprecher beim Vater". Und wenn ich als Sünder da-
stehe? Auch als Sünder kann ich mich an Jesus Christus
halten: „Wenn aber einer sündigt, haben wir einen Fürsprecher beim Vater: Jesus Christus, den Gerechten. Er
ist die Sühne für unsere Sünden" (1 Joh 2, 1).

So wie wir im Lied singen:

„Nur einer gibt Geleite, das ist der Herre Christ;
er wandert treu zur Seite, wenn alles uns vergißt."

II

So kommt es nun ganz darauf an, daß ich versuche, „jesusmäßig" zu leben, mein Leben mit dem seinen zu verflechten. Frère Roger läßt Christus in einem Gebet
sagen: „Lebe das, was du vom Evangelium begriffen hast,
wenn es auch ganz wenig ist. Verkünde mein Leben unter den Menschen. Entzünde ein Feuer auf der Erde und
folge mir."

Wenn ich aber jesusmäßig leben will, dann muß ich
ihn immer besser kennenlernen. Ich lerne ihn kennen
im Evangelium. Aber ich werde ihn erst richtig kennenlernen, wenn ich das im Evangelium Vernommene zu leben versuche. Man versteht Jesus nur, wenn man mit
ihm lebt. Auf einer koptischen Ikone aus dem siebten
Jahrhundert legt Jesus den rechten Arm um einen Jünger, und so gehen sie miteinander den Weg.

Im folgenden ist eine Reihe von Stellen aus den drei

ersten Evangelien zusammengestellt, in denen Verhaltensweisen Jesu oder Weisungen Jesu zum Ausdruck kommen.

Wir werden uns beim Lesen dieser Stellen fragen können: Welche spricht mich besonders an? Wo kann ich besonders versuchen, mit ihm erneut erste Schritte der Lebensverbundenheit zu tun? Eines Tages kann man die Erfahrung machen: Wenn man an *einer* Stelle das Evangelium wirklich lebt, öffnet sich der Raum des Ganzen! (Zur Meditation dieser Stellen vgl. „Eine vergessene Anleitung zur Christus-Meditation", S. 165 ff.

1. Mk 1,9–11: „Du bist mein geliebter Sohn, an dir habe ich Gefallen gefunden."
   Die „Urerfahrung" Jesu, die alles Spätere bestimmt: Gott ist mein Vater! Ich bin geliebt. Ich kann absolut vertrauen.
2. Mk 12,13–17: „Gebt dem Kaiser, was dem Kaiser gehört, und Gott, was Gott gehört!"
   Aus dem Vertrauen völlige Freiheit vor den Menschen.
3. Lk 11,9–13: „Bittet, dann wird euch gegeben."
   Vertrauensvolles Gebet.
4. Mt 13,31–32: „Mit dem Himmelreich ist es wie mit einem Senfkorn." Reich-Gottes-Vertrauen.
5. Mt 6,25–34: „Sorgt euch nicht um euer Leben."
   Vertrauend leben.
6. Mt 6,1–6: „Deine Linke soll nicht wissen, was deine Rechte tut."
   Im Verborgenen – allein unter dem Antlitz Gottes.
7. Mk 12,41–44: „Da kam auch eine arme Witwe und warf zwei kleine Münzen hinein."
   Auf die Herzensgesinnung kommt es an.
8. Lk 12,33–34: „Verkauft eure Habe und gebt den Erlös den Armen."
   Loslassen in Freiheit, im Vertrauen auf Gott.
9. Mt 9,9–13: „Ich bin gekommen, um die Sünder zu rufen, nicht die Gerechten."
   Barmherzige Liebe zu den Sündern.

10. Lk 15: „Er war verloren und ist wiedergefunden worden."
Heimholung des Verlorenen.

11. Mt 18,23–35: „Hättest du nicht auch mit jenem Erbarmen haben müssen, so wie ich mit dir Erbarmen hatte?"
Weitergeben der Barmherzigkeit Gottes.

12. Mk 1,32–34: „Und er heilte viele":
Liebe zu den Kranken.

13. Mk 10,13–16: „Wer das Reich Gottes nicht so annimmt, wie ein Kind, der wird nicht hineinkommen."
Kindsein vor Gott.

14. Lk 14,12–14: „Lade Arme, Krüppel, Lahme und Blinde ein."
Die Armen sind die rechten Gäste.

15. Mt 5,38–42: „Wenn dich einer auf die rechte Wange schlägt, dann halte ihm auch die andere hin."
Verzicht auf Vergeltung.

16. Mt 5,43–48: „Liebt eure Feinde."
Feindesliebe.

17. Mt 18,21–22: „Herr, wie oft muß ich vergeben?"
Grenzenlose Vergebungsbereitschaft.

18. Mt 7,1–5: „Richtet nicht".

19. Mt 20,1–16: „Ich will dem letzten ebensoviel geben wie dir." Gottes Gerechtigkeit als überfließende Güte erfahren – sie nachahmen.

20. Mt 10,7: „Umsonst habt ihr empfangen, umsonst sollt ihr geben."

21. Mk 3,31–35: „Wer den Willen Gottes erfüllt, der ist für mich Bruder und Schwester und Mutter."

22. Mt 12,1–8: „Barmherzigkeit will ich, nicht Opfer."
Ritus und Barmherzigkeit gehören zusammen.

23. Mt 23,1–39: „Weh euch, ihr Heuchler!"
Radikale Ablehnung von Heuchelei.

24. Lk 12,35–48: „Selig die Knechte, die der Herr wach findet."
Wachsamkeit.

25. Mt 5,33–37: „Euer Ja sei ein Ja, euer Nein ein Nein."
Radikale Wahrhaftigkeit unter dem Antlitz Gottes.

26. Mt 18,8–9: „Wenn dich dein Auge zum Bösen verführt, dann reiß es aus ..."
Entschlossene Abweisung der Verführung.

27. Mt 25,14–30: „Da kam der, der die fünf Talente erhalten hatte, und brachte fünf weitere."
Mitwirken mit den gewährten Talenten im Vertrauen auf den guten Gott.

28. Mt 6,24: „Niemand kann zwei Herren dienen."
Kompromißloser Gottes-Dienst.

29. Mt 7,6: „Gebt das Heilige nicht den Hunden."
Ehrfurcht vor dem Heiligen.

30. Lk 9,57–62: „Keiner, der die Hand an den Pflug gelegt hat und nochmals zurückschaut, taugt für das Reich Gottes."
Unbedingtheit der Nachfolge.

31. Mt 16,24–28: „Wer mein Jünger sein will, der verleugne sich selbst, nehme sein Kreuz auf sich und folge mir nach."
Kreuzesnachfolge.

32. Lk 6,31: „Was ihr von anderen erwartet, das tut ebenso mit ihnen."

33. Mk 1,35: „In aller Frühe, als es noch dunkel war, stand er auf und ging an einen einsamen Ort, um zu beten."
Gebet der Stille.

34. Mt 5,3–12: „Selig, die arm sind vor Gott."
Die Seligpreisungen.

Jesus sagt: „Ich sage euch: Wer sich vor den Menschen zu mir bekennt, zu dem wird sich auch der Menschensohn vor den Engeln Gottes bekennen."

Wenn ich mit ehrlichem Bemühen versuche, mein Leben mit dem seinen zu verflechten, mich so zu ihm zu bekennen – ob ich nicht hoffen darf, daß er sich zu mir bekennt und daß er in seiner Freundschaftsliebe all das viele ergänzt, was mir noch fehlt, ihm wirklich ähnlich zu sein?

9

Der Priester – Spielmann Gottes?

An einem Ferientag saß ich mit zwei Freunden zusammen. Im Gespräch stellte sich die Frage: Was ist der Priester? Sofort gab einer zur Antwort: Der Priester ist Spielmann Gottes! Das Bildwort sprach mich sofort an.

Der Priester, Spielmann Gottes? Klingt das nicht nach Poesie? Und wenn es nach Poesie klingt – wäre das so schlimm? Was wäre das, wenn unser Leben, unser Priesterleben keine „Poesie" mehr kennte? Kennt Gott keine Poesie? Gott, von dessen Weisheit die Bibel sagt, daß sie allezeit vor seinem Antlitz *spielt*!

Der Priester ein Spielmann Gottes. Natürlich ist das keine dogmatische Definition! Es wirft nur *einen* Lichtstreifen auf das, was der Priester ist.

Der Priester, Spielmann Gottes – was meint dieses Bildwort? Darauf möchte ich wieder mit einem Bild antworten. In seinen Lebenserinnerungen erzählt der 1905 geborene Jude Max Fürst, wie er eine Szene seiner Kindheit nicht vergessen kann, ein Bild, das sich ihm unverlierbar eingeprägt hat: der alte Rabbi mit der kronengeschmückten Thorarolle im Arm in der Synagoge tanzend und sein Liebeslied zur Thora singend.

Der Spielmann Gottes: er spielt die Melodie Gottes! Was ist die Melodie Gottes? Es ist das Lied der großen Verheißung vom Leben. Das Lied vom österlichen Licht. Das Lied von der ewigen Liebe Gottes: „Von Ewigkeit her habe ich dich geliebt und dich an mich gezogen aus Güte!"

Der Spielmann Gottes glaubt, was in einem Wort des

Dichters Novalis angedeutet wird: „Alles Sichtbare ist ein in einen Geheimniszustand erhobenes Unsichtbares."

Der münstersche Philosoph Josef Pieper berichtet in seiner Selbstbiographie dieses Erlebnis. Er ist in Paris zu einem Gelehrtenkongreß. Die Veranstalter bemühen sich, den illustren Gästen Kostbarkeiten der Kultur dieser Stadt nahezubringen. Josef Pieper schreibt: „Da gab es etwa ein nächtliches Konzert in der Sainte Chapelle. Mit Verwunderung und Neugier traten wir in die fast völlige Dunkelheit, wurden im schmalen Lichtkegel einer Taschenlampe an unseren Platz geleitet und warteten gespannt auf den Beginn. Der aber sah so aus, daß plötzlich draußen aufflammende Scheinwerfer die Fenster, aus denen ja das Gehäuse dieser Kapelle fast allein besteht, in ihrer glorreichen Farbigkeit erstrahlen ließen, während im gleichen Augenblick der uns verborgen gebliebene Chor den Raum mit einer fast unirdischen Musik erfüllte."

Davon weiß der Spielmann Gottes: von dem verborgenen Glanz, der jetzt schon in allen Dingen wartet.

Es hat dieses Lied – ich weiß es wohl – auch seinen dunklen Hintergrund, einen schweren Unterton: Es ist die Frage nach dem Leid in der Welt, es sind die Schreie der Gefolterten der Welt, das Karfreitagswarum der Menschheit, das wie ohne Antwort immer mit darin ist in dieser Melodie.

Die Melodie des Spielmanns Gottes ist kein leichtfüßig, fröhlich-pietistisches Lied, sondern oft genug voller unbeantworteter Fragen und belastet von Schwermut.

Nur wer die Leier schon hob
auch unter Schatten
darf das unendliche Lob
ahnend erstatten   *Rainer Maria Rilke*

Und dennoch. Der Priester – Spielmann Gottes –: Will dieses Bildwort nicht aussagen, daß in der Schöpfung geheimnisvoll seit Ostern eine wunderbare Melodie tönt: Auferstehung, Leben, Liebe! Das Liebeslied Gottes in Jesus Christus ! Das Lied von der rettenden wehrlosen Liebe Gottes. Sagt das Lied, das der Spielmann Gottes singt, nicht an, daß die dunklen Wogen, die uns überfluten wollen, nicht das Letzte, nicht *das* Ende sind?

Der Priester – Spielmann Gottes, dieses Bildwort will sagen: Er ist wie einer, der frei ist! Er ist wie einer, der keinen Beruf hat, aber eine Berufung! Er ist kein Funktionär. Er tut etwas, was „nichts einbringt" und was doch zugleich unbezahlbar ist. Er tut in den Augen vieler Menschen etwas, was nicht „praktisch" ist, etwas Überflüssiges – und irgendwie haben sie recht, denn ein Lied und ein Gedicht und eine Feier sind ja in einer bestimmten Sicht „überflüssig", *ich* sage: überfließend! Wehe, wenn das Lied verstummte!

Wenn der Priester ein Spielmann Gottes sein will, dann darf er nicht einer sein, der permanent vom Streß redet; dann muß ihm etwas aufgegangen sein von dem Schlüsselwort: Nicht aus der puren eigenen Anstrengung leben, sondern aus der Gnade! Dann muß er das *fröhliche* Fasten kennen, von dem Jesus einmal spricht: „Wenn ihr fastet, dann macht kein finsteres Gesicht wie die Heuchler; sie geben sich ein trübseliges Aussehen ... Nein, wenn du fastest, dann salbe dein Haar und wasche dein Gesicht ..." Denn *dieses* Fasten geht auf ein Fest zu!

Dann muß ihm etwas aufgegangen sein von dem Kernwort der Jüngerunterweisung Jesu: Sei ein Kind! Dann muß er etwas vor-ahnen von dem Canticum novum, dem Neuen Lied, das in der kommenden Stadt gesungen wird: „Da hast du mein Klagen in Tanzen ver-

wandelt" (Ps 30). „Und sie werden beim Reigentanz singen: All meine Quellen entspringen in dir!" (Ps 87).

Der Priester – Spielmann Gottes: sein Lied ist ermöglicht und erlaubt auf dem Hintergrund eines letzten Vertrauens. Des Vertrauens, daß Gott in Jesus Christus, dem Gekreuzigten und Auferstandenen, sein unbesiegbares Ja in die Welt gesprochen hat; daß Gott zuletzt seine Schöpfung selber verantworten wird. Von dem Vertrauen, daß nicht wir es sind, die diese Welt retten müssen, weil ein anderer sie schon gerettet hat.

Eines der ersten Kriegsbücher, das in den Jahren nach dem letzten Krieg erschien, trug den Titel: „Die unsichtbare Flagge". Es berichtete davon, wie es in all dem Schrecklichen und Furchtbaren des Krieges überall Menschen gab, die die unsichtbare Flagge der Humanität weitertrugen. Es muß in dieser Zeit größten Umbruchs, letzter schrecklichster Todesbedrohung der Welt einige geben, die mit ihrem ganzen Leben versuchen, *das Lied von der Hoffnung weiterzusingen*. Vielleicht scheint es, daß heute jede einzelne Stimme schwach und zaghaft klingt, fast untergeht im Lärm unserer Zeit. Aber wir glauben daran: Einmal werden alle diese über die Welt verstreuten Stimmen zusammenklingen zu jener Symphonie, von der Jesus einmal spricht, jene Symphonie, die der Vater im Gleichnis angeordnet hat: Wir müssen uns freuen und ein Fest feiern. Denn: alles Verlorene findet sich wieder im Haus des barmherzigen Vaters.

Dritter Teil
Vom Beten

1

Mit Gott leben im Gebet

1. Im Gebet komme ich zu mir selbst

Eine der Urfragen des Menschen ist: Wer bin ich? (Vgl.
Seite 20 ff.) Man steht vor dem Spiegel und schaut sich in
die Augen. Man sieht jetzt keine Einzelheit des Gesichts,
sondern: sich selbst: Wer bin ich? Wer ist das, der sich da
anschaut? „Ich bin mir zur Frage geworden – Quaestio
mihi factus sum", sagt Augustinus. Dreiundsechzigmal
hat Rembrandt sich selbst gemalt; dreiundsechzigmal
vor dem Spiegel: Wer bin ich?

Es ist die Frage des Menschen nach seiner *Lebenswahrhaftigkeit*! Es ist der Auftrag und das Suchen des Menschen, er selbst zu sein, ganz zu sein, identisch zu sein.
Hölderlin sagt es in einem Wort:

> Göttliches Feuer auch treibet
> bei Tag und bei Nacht,
> Aufzubrechen. So komm! daß wir das Offene schauen,
> *Daß ein Eigenes wir suchen,*
> so weit es auch ist.

Manche suchen eine Selbsterkenntnis und dann auch
Selbstverwirklichung in sich selbst und aus sich selbst;

aber so verfehlen sie sich selbst. Denn „der Mensch ist
der, der in der Geschichte mit Gott lebt. Die theologische Bestimmung des Menschen als der, der in der Geschichte mit Gott lebt, steht im Gegensatz zu jeder Bestimmung des Menschen als der, der sich selbst begründet bzw. der (nur) mit sich selbst identisch ist. Die
ausschließliche Ausrichtung des Menschen auf sich
selbst, die Verschlossenheit gegenüber der Geschichte
Gottes ist Sünde" (Gunda Schneider-Flume).

Und so sagt Johannes vom Kreuz (zit. nach Walter
Repges, Johannes vom Kreuz. Würzburg 1985):

Ohn' ihn bin ich auch ohne mich.
Was soll ein solches Leben mir?
Es ist für mich wie tausend Tode.
Erhoff' ich doch mein eig'nes Leben.

Und Edith Stein: „Wer Gott nicht findet, der gelangt
auch nicht zu sich selbst." Und Alfred Delp: „Die Anbetung Gottes ist der Weg des Menschen auf sich zu."

Wenn ich anfange zu beten, wenn ich anfange, mir zu
sagen: Gott ist da! Ich bin vor Gott! Gott kennt mich! –
dann fange ich auch an, anwesend zu sein. Ich hole mich
aus aller Aktivität, aus aller Ablenkung, Zerstreuung,
Ausgegossenheit zu mir selbst zurück. Und dieses mein
Bei-mir-Dasein beginnt zur Lebenswahrhaftigkeit zu
werden. Denn wenn ich dessen wirklich für einen Augenblick inne werde: Gott ist da! Er kennt mich! – dann
beginne ich auch mich zu sehen als den, der ich bin. Es
beginnt das augustinische „Noverim te, noverim me! –
Laß mich dich erkennen, laß mich mich erkennen."

Das ist ein erstes Wichtiges im Vorgang des Betens:
daß ich anwesend werde, so wie ich bin! Im wahrhaftigen
Gebet (das nicht ein von sich abgewandtes Wortema-

chen ist) will ich ja vor Gott kommen. Ein Gebet von Guardini (eine Zeile ist von mir eingefügt) sagt es so:

> Immerfort empfange
> ich mich aus deiner Hand.
> Das ist meine Wahrheit
> und meine Freude.
> Immerfort blickt mich
> voll Liebe
> dein Auge an,
> und ich lebe aus
> deinem Blick,
> du mein Schöpfer
> und mein Heil.
>
> Lehre mich,
> in der Stille
> deiner Gegenwart
> das Geheimnis zu verstehen,
> daß ich bin.
> Und daß ich bin durch dich
> und vor dir
> und für dich.

Dann aber, wenn ich so vor Gott da bin, still geworden bin, eingesammelt bin aus aller Ablenkung, dann kann es geschehen, daß so etwas wie eine gute Unruhe in mir aufbricht („Unruhig ist unser Herz ...", Augustinus), eine Art Sehnsucht (desiderium): So wie es mit mir ist, ist es nicht genug! („Göttliches Feuer auch treibet bei Tag und bei Nacht, Aufzubrechen ...!") Ein Verlangen bricht auf. Je mehr ein Beter von Gott ahnt, um so stärker kann dieses Verlangen werden. Johannes vom Kreuz empfindet dieses Verlangen so drängend, daß er für das, was er tun möchte, ein Wort gebraucht, das damals in Spanien voller Bedeutung ist: Conquista! Eroberung. Er spricht von der „größten Eroberung" (la más fuerte con-

quista). Es ist die Zeit der Konquistadoren, die neue Kontinente und Länder erobern, eine neue Welt. Aber bei Johannes geht es um eine andere Eroberung: Gott!

> Dazu, daß dies gelang,
> Gott selber zu begegnen,
> mußt' fliegen ich so weit,
> daß ich mich nicht mehr sah.

(Auf diesem Weg der „Eroberung" wird der Beter eine seltsame Verwandlung erfahren. Aus dem „Ich will Gott suchen" wird ein „Ich will mich von Gott finden lassen." Und – noch seltsamer – : Das Gebet läßt mich zu mir selber kommen; aber je mehr ich *vor Gott* zu mir selber komme, drängt es mich, mich loszulassen, damit ich wie leere Schale werde vor Gott. Meister Eckhart sagt: „Nim din selbes war, und swa du dich vindest, da laz dich.")

Dieses erste: Im Gebet komme ich zu mir selbst, läßt uns fragen nach methodischen Hilfen, wie wir uns für das Gebet sammeln können.

Alle alten Anweisungen zum Gebet beginnen: Werde der Gegenwart Gottes inne! Hilfreich kann die leibliche Gebärde sein. Jeder hat schon erfahren, wie die leibliche Gebärde die innere Einstellung verwandeln kann: das Knien, die tiefe Verneigung, die nach oben hingehaltenen offenen Hände. Etwa so: Ich stehe vor dem Kreuz in meinem Zimmer, mache langsam das Kreuzzeichen. Dann knie ich hin, schließe die Augen, halte die Hände nach oben geöffnet hin und spreche innerlich ganz langsam, den Inhalt der Worte mir vergegenwärtigend: Herr, du kennst mich, du weißt von mir. Ich lebe in deinem Blick der Liebe. Du umfängst mich ganz mit deinem Erbarmen. (Oder ich bete das oben genannte Gebet von Guardini.)

2. Im Gebet erfahre ich das Du

Ist das, was über uns ist, nur eine anonyme Macht, eine
namenlose Dynamik? Wenn wir nachdenken, nur nachdenken, wenn wir darüber philosophieren, kann es uns
so scheinen. Eine unbewußte „Weltseele", die im Laufe
der Jahrtausende im Geist des Menschen zu Bewußtsein
gekommen ist.

Aber wenn wir als Christen, als Getaufte, anfangen
zu beten, geschieht eine Verwandlung. Aus der Anony-
mität des „höheren Wesens" tritt immer mehr das Du
hervor. Ja, dieses Du wird im Prozeß wahrhaften Betens (das mit dem Leben des Beters eine Einheit bildet!)
immer mehr als ein liebendes und geliebtes Du erfahren.

Als ein Beispiel solcher Erfahrung nennen wir das
„Mémorial" Pascals. Blaise Pascal wurde 1623 in Cler-
mont geboren. Als er drei Jahre alt war, starb seine Mutter. Früh zeigte sich die hohe Begabung des Kindes,
besonders im naturwissenschaftlich-mathematischen
Denken. Mit 17 Jahren schrieb Pascal sein erstes Werk
über die Berechnung von Kegelschnitten. Seine For-
schung über den luftleeren Raum eroberten ein neues
Feld in der Wissenschaft. Als er 30 Jahre alt war, stand er
in der Gefahr einer verflachenden Verweltlichung im
Umkreis des höfischen Milieus. Da geschieht plötzlich
und unerwartet die große Wandlung seines Lebens. Auf
Tag und Stunde genau hat er dieses größte Ereignis seines
Lebens datiert: Es ist die Nacht des 23. November 1654.
Von Stund an ist sein Leben ein anderes: er hat Gott erfahren in unerhörter Weise. Er hat danach noch 8 Jahre
zu leben, mit 39 Jahren stirbt er, einer der größten Den-
ker, Naturwissenschaftler der beginnenden Neuzeit und

111

ein religiöses Genie. (Zum Ganzen vgl.: R. Guardini, Christliches Bewußtsein. Versuche über Pascal. 1950.)

Ein zeitgenössischer Bericht sagt: „Wenige Tage nach dem Tode des Herrn Pascal merkte ein Diener des Hauses zufällig, daß im Rockfutter des erlauchten Toten etwas stak, das dicker schien als das übrige. Er trennte die Stelle auf, um zu sehen, was es sei, und fand darin ein kleines Pergament, gefaltet und von Herrn Pascals Hand beschrieben; und in diesem Pergament ein von der gleichen Hand beschriebenes Stück Papier. Dieses eine getreue Abschrift von jenem. Die beiden Stücke wurden sofort Frau Périer (seiner Schwester) übergeben. Sie ließ einige seiner besonderen Freunde Einsicht nehmen. Alle kamen überein, daß dieses Pergament, mit solcher Sorgfalt und mit so bemerkenswerter Schriftführung beschrieben, eine Art von Denkschrift darstelle, die er sehr sorgfältig bewahrte, um das Gedächtnis an etwas wachzuhalten, das er alle Zeit seinen Augen und seinem Geist gegenwärtig wissen wollte, hatte er sich doch seit acht Jahren die Mühe genommen, es einzunähen und herauszunehmen, sooft er neue Kleider machen ließ."

Oben zeigt das Blatt ein von Strahlen umgebenes Kreuz. Darunter das Folgende:

Das Jahr der Gnade 1654.
Montag, 23. November, Tag des heiligen Clemens, Papstes und Martyrers und anderer im Martyrologium,
Vigil des heiligen Chrysogonus, Martyrers, und anderer,
Von ungefähr zehn und einhalb Uhr am Abend bis ungefähr eine halbe Stunde nach Mitternacht,

Feuer.

‚Gott Abrahams, Gott Isaaks, Gott Jakobs',
nicht der Philosophen und Gelehrten.
Gewißheit. Gewißheit. Empfindung. Freude. Friede.
Gott Jesu Christi.

Deum meum et Deum vestrum.
‚Dein Gott soll mein Gott sein.‘
Vergessen der Welt und aller Dinge, ausgenommen Gott.
Er wird nur auf den Wegen gefunden, die im Evangelium ge-
lehrt sind.
Größe der menschlichen Seele.
‚Gerechter Vater, die Welt hat dich nicht erkannt,
aber ich habe dich erkannt.‘
Freude, Freude, Freude, Tränen der Freude.
Ich habe mich von ihm getrennt:
Dereliquerunt me fontem aquae vivae.
‚Mein Gott, wirst du mich verlassen?‘
Möge ich nicht ewig von ihm getrennt werden.
‚Dies ist das ewige Leben, daß sie dich erkennen,
den einzigen, wahren Gott, und den du gesandt hast,
Jesus Christus.‘
Jesus Christus.

Ich habe mich von ihm getrennt; ich bin vor ihm geflohen,
ich habe ihn verleugnet, gekreuzigt.
Möge ich nie von ihm getrennt sein.
Er wird nur auf den Wegen bewahrt, die im Evangelium ge-
lehrt sind:
Vollkommene, innige Entsagung.
Vollkommene Unterwerfung unter Jesus Christus
und unter meinen geistlichen Führer.
Ewig in der Freude für einen Tag der Plage auf Erden.
Non obliviscar sermones tuos. Amen*

Nach der genauen Datierung – da es sich um ein religiöses Ereignis handelt, ist auch die Datierung eine religiöse – steht mitten in der Zeile, gleichsam als Überschrift,
das eine Wort: *Feu* – Feuer! „Dann eine Reihe von hinge-

---

* Die angeführten Stellen sind: Exodus 3,6 (Mt 22,32) – „Meinen
Gott und Euren Gott“, Joh 20,17 – Ruth 1,16 – Joh 17,25 – „Verlassen haben sie mich, die Quelle lebendigen Wassers“, Jer 2,13 – Mt
27,46 – Joh 17,6 – „Ich werde Deine Worte nicht vergessen“, Ps
28,16.

schleuderten Worten, kurzen Sätzen, Bruchstücken aus
der Heiligen Schrift, alles zitternd von der Erregung eines
ungeheuren Erlebens" (Guardini).

Was er in dieser brennenden Nacht erfahren hat, war
„nicht der Gott der Philosophen und Gelehrten", nicht
ein Gott, der das Ergebnis einer wissenschaftlichen Be-
weisführung ist, sondern der Gott Abrahams, Isaaks und
Jakobs, der Gott Jesu Christi! Pascal hat in dieser glühen-
den Gebetsnacht das Du Gottes erfahren! Das Mémorial
ist das Zeugnis eines großen Beters, der den lebendigen
Gott als geliebtes und liebendes Du erfahren hat. Und
wenn Pascal am Ende des Mémorial schreibt: „vollkommene innige Entsagung" oder „vollkommene liebevolle
Entsagung" (douce), so ist in dem „innig" oder „liebevoll"
mitgesagt, daß es sich um den Austausch von Du zu Du
handelt.

Gebet als Begegnung mit dem du, als Erfahrung des lebendigen, liebenden Gottes – in dem Lied eines jüdischen Frommen ist es unvergeßlich ausgesagt:

Das Lied „Du"

Wo ich gehe – du!
Wo ich stehe – du!
Nur du, wieder du, immer du!
Du, du, du!

Ergeht's mir gut – du!
Wenn's weh mir tut – du!
Nur du, wieder du, immer du!
Du, du, du!

Himmel – du, Erde – du,
Oben – du, unten – du
Wohin ich mich wende, an jedem Ende
Nur du, wieder du, immer du!
Du, du, du!

(Aus: Martin Buber, Schriften zum Chassidismus. Das Lied wird dort eingeleitet: „Der Berditschewer pflegte ein Lied zu singen, in dem es heißt:")

So ist es nicht verwunderlich, daß Teresa von Ávila das innerliche Gebet so beschreibt: „Das innere Gebet ist, so meine ich, nichts anderes als Umgang und vertraute Zwiesprache mit dem Freund, von dem wir wissen, daß er uns liebt."

Wem aber das Du Gottes im Gebet aufgeht, der wird unweigerlich auch das Du des Mitmenschen entdecken. Wer den wahren Gott der Offenbarung findet, dieses Du, wird immer auch von diesem Gott zum Du des Mitmenschen geschickt. Zwei Stimmen dazu: Frère Roger, der Prior von Taizé: „Jeder Umgang mit Gott führt zum Nächsten. Das Zeichen für die Echtheit inneren Gebetes ist die Entdeckung des Nächsten." Und Saint-Exupéry: „Wer Gott findet, findet ihn für alle."

Es gibt eine schöne islamische Legende (zit. nach H. Caffarel, Saal der tausend Türen. Johannes-Verlag, Einsiedeln 1979), in der erzählt wird, wie ein Mensch in einem langen Prozeß vom Ichsagen zum Dusagen reift. Er beginnt, indem er sich selbst im Auge hat. Am Ende aber hat er nur noch das Du im Blick. Ob dies auch für das Gebet gilt und für seinen Reifungsprozeß?

„Eines Nachts kommt ein Liebender, sieghaft und voll Verwegenheit, und klopft an die Tür seiner Geliebten. Sie fragt: ‚Wer ist da?' Er antwortet: ‚Ich bin es!' Sie weigert sich zu öffnen und sagt hart: ‚Geh fort.' Der junge Mann entfernt sich, bebend vor Zorn, und erklärt, daß er sie vergessen werde, daß er sie schon vergessen habe. Er reist durch die weite Welt. Aber Vergessen findet er nicht. Und die Liebe führt ihn abermals mit unwiderstehlicher Hand vor die Tür der Geliebten. Dasselbe

Zwiegespräch wie beim erstenmal. Nur fügt sie diesen kleinen geheimnisvollen Satz beim Abschied hinzu: ‚Du sagst mir das einzige Wort nicht, das mir erlauben würde, dir zu öffnen.' Entrüstet, beunruhigt, niedergeschlagen geht er fort. Aber diesmal nicht, um auf fernen Reisen Vergessen zu suchen. Er sucht einsame Schluchten auf, um lange nachzudenken. Langsam weichen Zorn und Leidenschaft in ihm der Weisheit. Was seine Liebe an Heftigkeit verliert, gewinnt sie an Tiefe, und nach Jahren kommt unser Liebender aufs neue schüchtern, demütig und glühender als je zu seiner Geliebten. Bescheiden klopft er an. ‚Wer ist da?' Mit leiser Stimme antwortet er: ‚Du!', und sofort öffnet sich ihm die Tür."

(Als Hinweis zur Gebetspraxis vgl. „Das Jesus-Christus-Atemgebet", Seite 159 ff.)

3. Der Beter erfährt: „Du hast meinen Fuß auf weiten Raum gestellt" (Ps 31, 9)

Was geschieht im Beten? Ich bringe mein Leben vertrauend zur Sprache vor Gott; vor *den* Gott, den Jesus uns als guten, barmherzigen Vater geoffenbart hat. Das Leben stellt uns viele Fragen. Wir suchen im Gebet wenn nicht eine Antwort, so doch einen Weg, wie wir mit diesen Fragen leben können. Das Gebet hilft uns, die Ereignisse unseres Lebens transparent auf Gott hin werden zu lassen. Aber dieses: die Welt auf Gott hin deuten, ist nicht nur eine Sache des Verstandes, es ist eine Sache des Sicheinlassens! Gott ist das Wort dafür, daß alles zuletzt auf einen Sinn zuläuft. Dieser Sinn aber ist, so haben wir bedacht, nicht eine „Weltformel", sondern ein Du. Jesus nennt es: Vater!

Wenn ich bete, suche ich danach – und erfahre es viel-

leicht –, daß der tiefste Grund der Welt Sinn ist, Du ist, Liebe ist. Ich kann das, was in der Welt und in meinem Leben geschieht, oft genug überhaupt nicht mehr damit zusammenbringen, daß der tiefste Grund der Welt Liebe ist. Ich erlebe vielmehr oft genug, daß durch die Schöpfung ein tiefer Riß geht, der nicht zu heilen ist. Aber wenn ich bete, wenn ich mich vertrauend Gott lasse, kann ich die Erfahrung machen, daß durch alles Unerklärbare, durch alles Unverstehbare dennoch etwas von diesem letzten und tiefsten Vertrauensgrund durchscheint.

Das aber gibt Freiheit. Das kann die Erfahrung gewähren: „Du hast meinen Fuß auf weiten Raum gestellt." Auch und vielleicht gerade in Situationen, in denen ich wie eingeschlossen bin im Gefängnis der Sinnlosigkeit und Ungeborgenheit, kann das Gebet, in welchem ich versuche, mich in Gott hinein fallenzulassen, die innere Erkenntnis schenken: Ich bin gehalten! Ich gehöre zu den Freigelassenen der Schöpfung!

Ein Zeugnis dieser Erfahrung gibt uns ein Brief von Alfred Delp. Am 23. Januar 1945 (am 11. Januar war er zum Tode verurteilt worden) schreibt er aus dem Gefängnis an sein neugeborenes Patenkind:

„Lieber Alfred Sebastian, als große Freude und Ermunterung erhielt ich heute die Nachricht von Deiner Geburt. Ich habe Dir gleich mit meinen gebundenen Händen einen kräftigen Segen geschickt, und da ich nicht weiß, ob ich Dich im Leben je sehen werden, will ich Dir diesen Brief schreiben, von dem ich aber auch nicht weiß, ob er je zu Dir kommen wird ... Ja, mein Lieber, ich möchte Deinem Namen auch noch eine Last, ein Erbe zufügen. Du trägst ja auch meinen Namen. Und ich möchte, daß Du verstehst, was ich gewollt habe, wenn wir uns nicht richtig kennenlernen sollten, in diesem Leben. Das war der Sinn, den ich meinem Leben setzte, besser, der ihm gesetzt

wurde: die Rühmung und Anbetung Gottes zu vermehren; helfen, daß die Menschen nach Gottes Ordnung und in Gottes Freiheit leben und Menschen sein können ... *Ich lebe hier auf einem sehr hohen Berg,* lieber Alfred Sebastian. Was man so leben nennt, das ist weit unten, in verschwommener und verworrener Schwärze. Hier oben treffen sich die menschliche und göttliche Einsamkeit zu ernster Zwiesprache. *Man muß helle Augen haben, sonst hält man das Licht hier nicht aus ...*

Dein Patenonkel Alfred Delp

Das habe ich mit gefesselten Händen geschrieben; diese gefesselten Hände vermach ich Dir nicht, *aber die Freiheit,* die diese Fesseln trägt und in ihnen sich selbst treu bleibt, die sei Dir schöner und zarter und geborgener geschenkt."

Zehn Tage nach diesem Brief, am 2. Februar 1945 wird Alfred Delp in Plötzensee erhängt. Seine letzte Notiz lautet: „Beten und glauben. Danke."

(Ein biblisches Zeugnis für diese Freiheitserfahrung ist in der Geschichte Daniels im Buch Daniel [Kap. 6] berichtet.)

Wie können wir uns einüben in ein Gebet, das – als Geschenk – Freiheit erfahren läßt? Es muß eine Einübung sein, in der wir es lernen, uns Gott zu überlassen. Denn Gott ist der Ort der Freiheit. Und je mehr wir es schaffen, uns Gott zu lassen, desto eher werden wir Gelassenheit, Freiheit erfahren können.

In einer aus dem Französischen übersetzten Gebetsunterweisung (H. Caffarel, Saal der tausend Türen. Einsiedeln 1979) lese ich folgendes: Ein savoyardischer Bauer, der außer seiner Berufsarbeit im öffentlichen Leben wichtige Aufgaben hat, berichtet, wie er als vierzehnjähriger Ministrant einmal den Mut aufgebracht habe, seinem Pfarrer, der in der Gemeinde als ein großer Beter galt, in der Sakristei die Bitte zu sagen: Ich möchte auch beten können. Die Antwort des Pfarrers bestand nur aus

wenigen Worten, aber sie gaben einem ganzen Leben die Richtung an. Der Pfarrer sagte: Wenn du beten willst, dann denke fest daran, daß Gott da ist, und dann sage ihm: Herr, ich stelle mich dir zur Verfügung! – Seitdem sind es, so beschließt der Bauer seinen Bericht, vierzig Jahre, daß ich jeden Tag bete, indem ich versuche, mich Gott zur Verfügung zu stellen.

Sofort wird hier deutlich, daß Gebet und Leben eine Einheit bilden. Sich Gott zur Verfügung zu stellen, das ist in eindrucksvoller Weise ausgesagt in einem kleinen Gebet von Kaplan Eduard Müller, der 1943 mit drei anderen Lübecker Geistlichen hingerichtet worden ist: das Gebet mit offenen Händen:

Herr, hier sind meine Hände.
Lege darauf, was du willst.
Nimm hinweg, was du willst.
Führe mich, wohin du willst.
In allem geschehe dein Wille.

Als ganz einfaches, kurzes Morgengebet schlage ich manchmal vor: „Mein Herr und mein Gott, laß mich diesen Tag mir dir leben!" (Und am Abend: „Mein Herr und mein Gott, ich gebe diesen Tag in deine Hände zurück.")

Ob wir es nicht einmal versuchen: Wir stehen am Abend vor dem Kreuz, wir halten unsere offenen Hände hin und lassen zu, was in unserem Herzen aufkommen will: Gott, hier bin ich. Ich lasse mich dir. Ich will mich nicht mehr selbst festhalten. Führe du mich. Gib mir, was du mir geben willst. Ich will jetzt loslassen meine Verbitterung, meine Angst. Gott, ich halte dir meine offenen Hände hin. Und ich will damit sagen: Gott, ich vertraue dir. Ich glaube, daß du da bist. Was bin ich ohne dich! Was ist mein Leben und mein Sterben ohne dich! Gott, du allein!

Ich glaube, daß solches Beten uns dazu bereiten kann, die Erfahrung zu machen: „Du hast meinen Fuß auf weiten Raum gestellt."

In einem Gedicht von Heinz Piontek (in: Lieb, Leid und Zeit und Ewigkeit. München 1981) fand ich diese Erfahrung ausgesagt:

Freies Geleit

Da wird ein Ufer
zurückbleiben.
Oder das End eines
Feldwegs.

Noch über letzte Lichter hinaus
wird es gehen.
Aufhalten darf uns
niemand und nichts!

Da wird sein
unser Mund
voll Lachens –

Die Seele
reiseklar –

Das All
nur eine schmale
Tür,

angelweit offen –

4. Der schweigende Gott

Da lese ich (in: Klaus Seehafer, Was hat denn das mit Gott zu tun? dtv-junior, München 1983): Der jüdische Schriftsteller Albert Ehrenstein, der in Wien aufgewachsen ist und 1950 in einem Armenhospital in New York gestorben ist, litt zeitlebens am Elend des Daseins, und am meisten litt er an der Gottesferne, am Schweigen

Gottes. Eines Tages fällt in Wien in der Straßenbahn sein Blick auf ein Hinweisschild: „Dem Wagenführer ist es verboten, mit den Fahrgästen zu sprechen."

Das ist es, genauso ist es, sagt er sich. So ist es mit Gott und uns. Gott ist der Wagenführer, wir sind die Fahrgäste. Er spricht nicht mit uns! So erfährt es Albert Ehrenstein.

Wir sagen: Beten ist Sprechen mit Gott. Begegnung mit Gott. Aber: spricht er mit uns? Kommt er uns entgegen?

Alles Leben ist Spannungseinheit. Wenn Gott *das* große Leben ist, dann muß in ihm die größte, geheimnisvollste, von uns nicht mehr erfaßbare Spannungseinheit sein. In Gott ist sie Einheit, coincidentia oppositorum, Zusammenfall der Gegensätze, wie Nikolaus von Cues sagt; aber von uns aus nie zusammenzubringen. Eine Aussage über diese Spannungseinheit kann so lauten: Gott der Allernächste – Gott, der Allerfernste (Hans-Georg Gadamer). Man könnte die Spannungspole auch nennen: Gott, der Ganzandere – Gott, der Ganzähnliche (Hermann Stenger).

„Bin ich ein Nahgott nur und ein Ferngott nicht auch?", sagt Gott beim Propheten Jeremia. Da ist im Buch Exodus das Bild vom brennenden Dornbusch. In einem entlegenen Winkel der Wüste offenbart sich Gott dem Mose aus einer Feuerlohe: unfaßbar, unnahbar: „Tritt nicht näher herzu!" Aber zugleich kommt aus der Feuerlohe die Zusage der Nähe, die Offenbarung seines Namens: Ich bin da – bei euch! Ferne und Nähe.

Aber ist es mit dem Schweigen Gottes nicht doch noch anders? Nicht wie eine unnahbare Feuerlohe, sondern wie eine Nebelwand, undurchdringlich und un-

121

heimlich still. Kein Laut dringt aus ihr heraus, keine Spur führt in sie hinein. Man ruft und schreit in sie hinein, aber es kommt keinerlei Antwort, nicht einmal das Echo der eigenen Stimme. „Wahrhaftig, du bist ein verborgener Gott!" ruft Jesaja aus (45, 15). Das ist eine Wesensaussage von Gott!

Da gibt es eine Lebensstunde, in der wir die Nähe Gottes mit einer beglückenden Gewißheit verspüren, so daß der Glaube in diesem Augenblick keinen Zweifel mehr kennt. Und da gibt es eine andere Lebensstunde, in der nur noch diese eine Frage uns bedrückt: Wo bist du, Gott? Wir können beide Erfahrungen nicht mehr zusammenbringen. Ja, es ist möglich – und sogar wahrscheinlich –, daß der Glaubensweg, je entschiedener er die Nähe und die Übereinstimmung mit Gott sucht, immer stärker dieser Spannung ausgesetzt ist: Gott, der Allernächste – Gott, der Allerfernste. Sollte das damit zusammenhängen: je mehr wir das Gottesbild verlassen, das überwiegend die Züge unseres Entwurfs, unserer Vorstellung trägt, je mehr wir dem wahren Gott der Offenbarung uns nähern, um so mehr geraten wir in die Zone des Geheimnisses, wo das Schweigen angemessen ist, weil die Worte und Begriffe versagen. So wie das Gebet in den Zonen der Gottesnähe immer wortloser, immer mehr Schweigen wird, so scheint auch Gott immer mehr zu schweigen. Und doch ist dieses Schweigen hier wie dort nicht Verstummen!

Wenn wir nur nachdenken: Wie ist es mit dem schweigenden Gott im Gebet?, werden wir nicht weit kommen. Es ist besser, die zu befragen, die glaubwürdig bezeugen, daß sie etwas von Gott, dem Schweigenden, erfahren haben. Es sind die Mystiker. Vielleicht hilft uns ihr Zeugnis, uns aufmerksam zu machen auf Möglich-

keiten der Gotteserfahrung, die auch uns gewährt sind. Zwei solcher Zeugnisse wollen wir vernehmen.

a) Theresia von Lisieux (gestorben 1897 mit 24 Jahren) schreibt: „Ich erfreute mich damals eines so lebendigen, so klaren Glaubens, daß der Gedanke an den Himmel mein ganzes Glück ausmachte; ich konnte mir nicht vorstellen, daß es Gottlose gäbe, die keinen Glauben haben. In den so freudvollen Tagen der Osterzeit aber ließ Jesus es zu, daß dichteste Finsternisse in meine Seele eindrangen und der mir so süße Gedanke an den Himmel bloß noch ein Anlaß zu Kampf und Qual war. Diese Prüfung sollte nicht nur ein paar Tage, ein paar Wochen dauern, sie sollte erst zu der vom lieben Gott bestimmten Stunde erlöschen, und diese Stunde ist noch nicht gekommen. Man muß durch diesen dunklen Tunnel gewandert sein, um zu wissen, wie finster er ist."

In ihrer Todeskrankheit war es ihr, als würde ihr höhnend zugesprochen: „Du träumst von Licht, du träumst vom ewigen Besitz des Schöpfers dieser Herrlichkeiten, du glaubst eines Tages den Nebeln, in denen du schmachtest, zu entkommen. Nur zu! Nur zu! Freu dich auf den Tod, der dir nicht das, was du erhoffst, bringen wird, sondern noch tiefere Nacht, die Nacht des Nichts!" „Wenn Sie wüßten, in was für Finsternisse ich getaucht bin!", sagt sie zu einer Mitschwester.

Eines Tages, sagt sie – in seltsamer Widersprüchlichkeit –: „Ich glaube nicht mehr an das ewige Leben, mir scheint, daß es nach diesem sterblichen Leben nichts mehr gibt, alles ist verschwunden, *es bleibt nur noch die Liebe!*"

Es geschieht das Seltsame, daß wie völlig unverbunden die Erfahrung der totalen Gottesabwesenheit, des totalen

Schweigens Gottes neben der Erfahrung steht, die sie in ihrer Todeskrankheit sagen läßt auf die Frage, was sie erwarte: „Lieben, geliebt werden und auf die Erde zurückkehren, um die Liebe zu lehren." „Nach meinem Tode werde ich Rosen regnen lassen …" Mitten in der tiefsten Finsternis bricht für einen Augenblick das ganze Licht durch: „Ja, jetzt weiß ich es: alle meine Hoffnungen werden überreich erfüllt werden …"

Die Sterbende schaut auf das Kruzifix und flüstert als letztes Wort: „Mein Gott, ich liebe dich!" Nach diesen Worten fällt ihr Haupt zurück. „Öffnet alle Türen!", befiehlt die Priorin den Schwestern, die um das Bett der Toten knien. Es ist, als spürten sie, daß eine unerhörte Weite sich auftun will.

Von solchen Zeugen her, die gleichsam auf der Grenze leben, können wir etwas erahnen von dem, was das Schweigen Gottes ist. Es scheint, daß da, wo ein Mensch angesichts des Schweigens Gottes es nicht aufgibt, nach Gott zu suchen oder auch mit ihm zu hadern, also nicht von ihm abläßt, daß da trotz des Schweigens Gottes im Herzen eine Stimme sagt: Verzweifle nicht!

Wenn Gott das unsagbare Geheimnis ist, der auch dann Geheimnis bleibt, wenn er sich offenbart, dann muß es so sein, daß der Beter ihn als den Allerfernsten und als den Allernächsten erfährt – und er kann diese Spannung nicht mehr zusammenbringen.

Ja, vielleicht ist es sogar so: Je mehr Gott vom Beter in dieser für uns unüberbrückbaren Spannung erfahren wird als der Schweigende, der doch den Beter anzieht – um so wahrscheinlicher ist es, daß es der wahre, lebendige Gott ist, vor den dieser Beter kommt, nicht jener Gott, der nach unseren Maßstäben entworfen ist.

b) Das zweite Zeugnis: Johannes vom Kreuz (1542–91)
(Zum Folgenden vgl. Walter Repges, Johannes vom
Kreuz. Der Sänger der Liebe. Echter-Verlag, Würzburg
1985. Dort auch die Übersetzung des Gedichts „Obwohl
es Nacht ist"). Mit Teresa von Ávila führte er die Reform
des Karmeliterordens durch. Aber er stieß im Orden auf
den erbittertsten Widerstand. Die Gegner der Reform
nahmen ihn eines Nachts gefangen und steckten ihn in
ein enges, dunkles Loch, wo er in Schmutz und Hunger,
von Ungeziefer geplagt und in Verlassenheit neun Monate dem Tode näher ist als dem Leben. Er ist in der dunkelsten Nacht. Aber in dieser tiefen Nacht der Sinne und
des Geistes erfährt er in unerhörter Weise *das* Licht, das
Liebe ist. Wie ein Jubel steigt es in immer neuen Strophen aus ihm auf: das Lied der Liebe.

Endlich gelingt ihm in einer Nacht die Flucht. Es
drängt ihn, von diesem Licht, das er in tiefer Nacht erfahren hat, Zeugnis zu geben.

In einer dunklen Nacht,
entflammt von Liebessehnen,
o seliges Geschick,
entfloh ich unbemerkt,
da nun mein Haus in Ruhe lag.

O Nacht, die mich lenkte!
O Nacht, holder als das Frührot!

„Er fand den Weg zum Kloster der reformierten Karmel-
schwestern in Toledo. Man ließ ihn eintreten. Und vor
den Augen und Ohren der erschütterten Schwestern berichtet er, was ihm widerfahren war. Doch es war keine
Anklage, kein Protest, sondern strahlendes, in Versen
ihm von den Lippen strömendes Glück: Ich bin der
Wirklichkeit begegnet, die hinter allen Erscheinungen

125

wirklich ist, und ich habe sie als Leben, Licht und Liebe erfahren – und war dabei in tiefer Nacht!" (Walter Repges).

In seinem Gedicht: „Obwohl es Nacht ist" beschreibt er seine Erfahrung:

> Wie gut weiß ich den Quell,
> der fließt und strömt,
> obwohl es Nacht ist.

1 Ja, jene ew'ge Quelle ist verborgen.
 Doch weiß ich gut, wo ihre Bleibe ist,
 obwohl es Nacht ist.

2 Den Ursprung kenn ich nicht, denn sie hat keinen.
 Doch aller Ursprung stammt aus ihr. Ich weiß es,
 obwohl es Nacht ist.

3 Ich weiß, daß nichts so schön sein kann wie sie,
 daß Himmel und die Erde aus ihr trinken,
 obwohl es Nacht ist.

4 Ich weiß, es findet sich kein Grund in ihr,
 und keines Menschen Fuß kann sie durchwaten,
 obwohl es Nacht ist.

5 Die Klarheit, die sie hat, wird nie verdunkelt,
 und alles Licht – ich weiß es – stammt von ihr,
 obwohl es Nacht ist.

6 Ich weiß, daß ihre Ströme, reich an Wasser,
 die Hölle, Himmel und die Völker tränken,
 obwohl es Nacht ist.

7 Der Strom, den dieser Quell aus sich entläßt
 ist mächtig, ja allmächtig, wie ich weiß,
 obwohl es Nacht ist.

8 Dem Strom, der aus den beiden hier hervorgeht,
 ich weiß's, geht keiner von den zwein voran,
 obwohl es Nacht ist.

9 Ja, diese ew'ge Quelle ist verborgen
   in diesem Brot, um Leben uns zu geben,
   obwohl es Nacht ist.

10 Von hier wird alle Kreatur gerufen,
   und dieses Wasser sättigt sie – im Dunkeln,
   weil es ja Nacht ist.

11 Den Lebensquell, nach welchem ich mich sehne,
   in diesem Brot des Lebens seh' ich ihn –
   jedoch bei Nacht.

„Wie gut *weiß* ich …", in jeder Strophe kehrt das wieder. So gewiß ist seine Erfahrung. Es ist jenes Wissen – anders als das Wissen des Wissenschaftlers –, von dem Paulus schreibt: „Wir verkündigen Weisheit unter den Vollkommenen, aber nicht Weisheit dieser Welt … Vielmehr verkündigen wir das Geheimnis der verborgenen Weisheit Gottes, die Gott vor allen Zeiten vorausbestimmt hat zu unserer Verherrlichung … Wir verkündigen, wie es in der Schrift heißt, was kein Auge gesehen und kein Ohr gehört hat, was keinem Menschen in den Sinn gekommen ist: das Große, das Gott denen bereitet hat, die ihn lieben. Denn uns hat es Gott enthüllt durch den Geist …" (1 Kor 2,6).

Es ist das, was Pascal im Mémorial mit dem zweimaligen „Gewißheit. Gewißheit" (Certitude) ausruft, „nicht der Philosophen und Gelehrten"! Und diese Gewißheit ist reines Geschenk, sie ist nicht wie die Gewißheit des Wissenschaftlers „erobert" worden, Ergebnis einer menschlichen Denkanstrengung. Sie ist in die offene Leere des Menschen, der alles auf Gott hin losgelassen hat, hineingeschenkt. Viele Menschen glauben, weil andere glauben – und das ist rechtens. Aber es gibt einige, die glauben, weil sie etwas *erfahren* haben. Sie sind wie

Säulen, die das Glaubensgebäude tragen. Sie haben erfahren, daß der schweigende Gott da ist!

Der Abgrund zwischen uns und dem schweigenden Gott – gibt es keinen Steg hinüber und herüber? Hat er nicht gesprochen? Gibt es nicht sein Wort? Gott hat sein Liebeswort in die Welt hinein gesprochen: „So sehr hat Gott die Welt geliebt, daß er seinen einzigen Sohn hingab, damit jeder, der an ihn glaubt, nicht zugrunde geht, sondern das ewige Leben hat" (Joh 3, 16). Das Wort von Gott her ist die Brücke über den Abgrund. Und so kommt alles darauf an, dieses Wort zu hören und zu tun!

Abgründe bleiben, Abgründe von Nichtverstehenkönnen – aber über die Abgründe hinweg, gegen alle Finsternis die Antwort der Liebe zu geben versuchen: ob dann Gott nicht *im Inneren des Menschenherzens* ansetzen kann und ein Schimmer von Hoffnung in uns aufleuchten kann? „Er mag mich töten, ich harre auf ihn", sagt Ijob (13, 15)

Bischof Hemmerle schreibt (in: Brücken zum Credo. Verlag Herder, Freiburg 1984): „Wenn man mich fragte, ob ich in zwei Worten meinen ganzen Glauben sagen könnte, dann müßte ich eine lateinische Formel wählen: Credidimus caritati ... Der gesamte Text des einschlägigen Verses aus dem 1. Johannesbrief ist in der Einheitsübersetzung der Heiligen Schrift zutreffend wiedergegeben: ‚Wir haben die Liebe, die Gott zu uns hat, erkannt und gläubig angenommen' (1 Joh 4, 16a) ... Wir verlassen uns auf die Liebe Gottes, die ihr Äußerstes und Letztes mitteilt in der Menschwerdung und im Tod des Sohnes Gottes. Diese Menschwerdung und dieser Tod und darin die Liebe selbst als Wesen und Geheimnis Gottes, von dem her alles das, was Gott uns sagt und tut,

aber auch alles das, was Welt und Leben umfaßt, neu zu sehen und zu deuten ist: dies ist der Inhalt des Glaubens!"

Diesen Glauben bekennt auch Paulus: „Soweit ich aber jetzt noch in dieser Welt lebe, lebe ich im Glauben an den Sohn Gottes, der mich geliebt und sich für mich hingegeben hat" (Gal 2, 20b). Und: „Ist Gott für uns, wer ist dann gegen uns? Er hat seinen eigenen Sohn nicht verschont, sondern ihn für uns alle hingegeben – wie sollte er uns mit ihm nicht alles schenken?" (Röm 8, 31b. 32).

Als Karl Leisner nach der Befreiung aus dem KZ Dachau sterbend im Krankenhaus lag, sagte er, zurückblickend auf die schrecklichen Jahre, seinem Freund und Mitgefangenen als sein Bekenntnis dieses „Credidimus caritati -- Wir haben der Liebe vertraut!" Das Durchhalten dieses Liebesvertrauens im Abgrund ständiger Todesbedrohung hat offenbar in seinem Herzen soviel Licht aufgehen lassen, daß er zum Zeugen der Anwesenheit Gottes werden konnte, des Gottes, der sich in der Wolke verbarg.

In seinen Lebenserinnerungen „Die vergebliche Warnung" beschreibt Manès Sperber ein für sein Leben bestimmendes Bild: „Zu den Gleichnissen, die ich seit Jahrzehnten am häufigsten in Romanen, Essays und Vorträgen benutzt habe, gehört eines, in dem es sich um eine Brücke handelt, die nicht existiert, sondern sich Stück um Stück unter den Schritten dessen ausbreitet, der den Mut aufbringt, seinen Fuß über den Abgrund zu setzen. So mag die Brücke nicht das andere Ufer erreichen, das übrigens wohl gar nicht existiert. Der werdende, doch nie vollendete Mensch auf der Brücke, die nur so weit reicht wie sein Mut, somit nie weit genug, ist der Held und Unheld all meiner Bücher geworden."

Ist das auch ein Bild für den Beter vor dem schweigenden Gott? Ich stelle diesem Bild ein anderes gegenüber:

Gleich darauf forderte er die Jünger auf, ins Boot zu steigen und an das andere Ufer vorauszufahren. Inzwischen wollte er die Leute nach Hause schicken. Nachdem er sie weggeschickt hatte, stieg er auf einen Berg, um in Einsamkeit zu beten. Spät am Abend war er immer noch allein auf dem Berg. Das Boot aber war schon viele Stadien vom Land entfernt und wurde von den Wellen hin und her geworfen; denn sie hatten Gegenwind. In der vierten Nachtwache kam Jesus zu ihnen; er ging auf dem See. Als ihn die Jünger über den See kommen sahen, erschraken sie, weil sie meinten, es sei ein Gespenst, und sie schrien vor Angst. Doch Jesus begann mit ihnen zu reden und sagte: Habt Vertrauen, ich bin es; fürchtet euch nicht! Darauf erwiderte Petrus: Herr, wenn du es bist, so befiehl, daß ich auf dem Wasser zu dir komme. Jesus sagte: Komm! Da stieg Petrus aus dem Boot und ging über das Wasser auf Jesus zu. Als er aber sah, wie heftig der Wind war, bekam er Angst und begann unterzugehen. Er schrie: Herr, rette mich! Jesus streckte sofort die Hand aus, ergriff ihn und sagte zu ihm: Du Kleingläubiger, warum hast du gezweifelt? Und als sie ins Boot gestiegen waren, legte sich der Wind. Die Jünger im Boot aber fielen vor Jesus nieder und sagten: Wahrhaftig, du bist Gottes Sohn. (Mt 14,22–33)

Vom anderen Ufer her, von dem her, der uns manchmal wie zu einem Gespenst verfremdet ist, kommt uns ein Anruf entgegen, der die Brücke über dem Abgrund gewährt, wenn wir es nur wagen, zu vertrauen. Es kann sein, daß dieses „Komm" vom anderen Ufer in Sturm und Finsternis unserer Lebensstunde fast nicht mehr von uns gehört werden kann. Aber wenn wir nicht aufhören, in die Nacht hinein zu lauschen, werden wir es vernehmen. Es wird uns wie ein ungeheures Wagnis vorkommen, den Bootsrand zu verlassen, die eigene, wenn auch vielleicht schwankende Sicherheit loszulassen und

sich mit der ganzen Existenz diesem „Komm" anzuver-vertrauen, über den Abgrund hinweg. Aber dieses Loslassen seiner selbst, das Leerwerden im Hin zu Ihm – es ist die Voraussetzung dafür, daß Er uns entgegenkommt. „Laßt ab und erkennt, daß ich Gott bin", sagt der Psalm 46. Werdet leer von euch selbst („vacate" heißt es in der lateinischen Übersetzung) – und ihr erkennt, daß ich Gott bin. Selbst noch im Abbruch unseres Vertrauens und doch schreiend zu Ihm, können wir seine rettende Hand erfahren: „Jesus streckte sofort seine Hand aus und ergriff ihn."

Gewiß, es gibt auch dies, daß ein Mensch vor dem Abgrund von Leid erstarrt und jede Klage und Frage versteinert. Kein Hören und kein Antworten mehr. Letzte Armut.

Aber ob der Gott Jesu Christi, der ein Gott der Armen ist, der den Schrei des Gekreuzigten, den Schrei der Verlassenheit gehört hat, der aus den Steinen sich Kinder Abrahams erwecken kann, solchem im Leid fast versteinerten Herzen nicht ganz nah ist?

Kleine Schule des Gebetes nach dem
Neuen Testament

1. „Abba" – Vater

Wenn man im Evangelium Worte sucht, in denen die
Botschaft gesammelt ist wie das Licht in einem Hohlspie-
gel, so wird man vielleicht an erster Stelle das eine Wort
nennen: „Abba" – Vater! Dieses Wort, mit dem Jesus
zum Vater im Himmel betete und das er auch die Seinen
zu sprechen gelehrt hat, haben das Evangelium und die
Urkirche in der aramäischen Muttersprache aufbewahrt,
in der Jesus es gesprochen hat: „Abba, Vater, alles ist dir
möglich. Nimm diesen Kelch von mir! Aber nicht, was
ich will, sondern, was du willst" (Mk 14,36). Und: „Ihr
habt den Geist empfangen, in dem wir rufen: Abba, Vater!" (Röm 8,15). Und: „Gott sandte den Geist seines
Sohnes in unser Herz, den Geist, der ruft: Abba, Vater"
(Gal 4,6). Mit diesem Abba redete damals in der aramäischen Umgangssprache das Kind seinen irdischen Vater
an: „Lieber Vater." Und dieses Wort der Vertrautheit
zwischen Kind und Vater wird zum bestimmenden Gebetswort zwischen Jesus und seinem Vater im Himmel
und soll zum bestimmenden Gebetswort werden zwischen dem Jünger und Gott!

Das ist etwas unerhört Neues. Wohl kennt das Alte
Testament für Gott den Vaternamen in dem erhabenen
Klang, den das hebräische Wort im Zusammenhang der
alttestamentlichen Offenbarung hat. Aber es gibt kein
einziges jüdisches Gebet, in welchem der Beter Gott mit
diesem vertrauten aramäischen „Abba" anredet. „Für die

Gottesanrede ‚Abba' gibt es in der gesamten jüdischen Literatur keinen einzigen Beleg ... Niemand hätte es gewagt, mit diesem familiären Wort Gott anzureden ... Wir stellen also das Auftauchen eines völlig neuen Sprachgebrauchs fest, der zugleich ein bis in die letzten Tiefen reichendes neues Gottesverhältnis widerspiegelt" (Joachim Jeremias).

Welchen Klang bekommt das „Du", das der Beter zu Gott sagen darf, in diesem Abba! Das Wort, das im eigentlichen Sinne nur Jesus selber zu seinem himmlischen Vater sagen durfte, übereignet er den Seinen: nicht als eine äußerliche Berechtigung, sondern: weil wir durch ihn wahrhaft Kinder des Vaters geworden sind; „Seht, welche Liebe uns der Vater geschenkt hat: Wir heißen Kinder Gottes, und wir sind es" (1 Joh 3, 1). Und Paulus weiß, welch unerhört neuen Sinn jenes Gotteswort des Alten Bundes durch Christus erhalten hat, das er im 2. Korintherbrief aufgreift: „Ich will euch Vater sein, und ihr sollt mir Söhne und Töchter sein" (6, 18).

So ist das Kernwort allen christlichen Betens dieses: „Wenn ihr betet, sagt: Vater!" (Lk 11, 2). Es ist jenes vertraute, ganz unmittelbare Abba, lieber Vater, das dennoch kein verniedlichender Kosename ist, denn es folgen ihm die erhabenen Worte: „Geheiligt werde Dein Name", „Es komme Deine Königsherrschaft". Und wir dürfen nicht übersehen, daß das Gottesbild, das Jesus uns offenbart, von diesem „Abba" reicht bis zu dem Gott, von dem Jesus uns sagt: „Fürchtet den, der Seele und Leib in die Hölle stürzen kann" (Mt 10, 28).

Dieses Abba ist deshalb das Schlüsselwort zum christlichen Gebet, weil es der Schlüssel zum Geheimnis Jesu selber ist. Alle Gebetsworte Jesu, die das Evangelium bewahrt hat, offenbaren sein Sohnesverhältnis zum Vater;

alle beginnen mit „Vater!" „Vater, ich preise dich, Herr des Himmels und der Erde" (Mt 11,25). „Mein Vater, wenn es möglich ist, so gehe dieser Kelch an mir vorüber (Mt 26,39). „Vater, vergib ihnen, denn sie wissen nicht, was sie tun" (Lk 23,34). Das Geheimnis seines Betens und Lebens ist die nie unterbrochene innige Sohnesverbundenheit mit dem Vater, die auch in der dunkelsten Stunde der Kreuzverlassenheit einmündet in das: „Vater, in deine Hände befehle ich mein Leben" (Lk 23,46).

Und wenn auch in seinem Gottesverhältnis eine letzte, nicht übertragbare Einzigartigkeit bleibt, so sagt er doch den Seinen: „So also sollt ihr beten: Vater unser!" (Mt 6,9). Von diesem Vater sagt Jesus: „Euer Vater weiß ja, was euch nottut, bevor ihr ihn bittet" (Mt 6,8). Dieses Wort will Geborgensein und Vertrauen wecken.

Aber unser Kindschaftsverhältnis zu Gott, dem Vater, ist bedroht von den Dunkelheiten und Rätseln der Welt her, ganz besonders von der Frage nach dem Sinn des abgründigen Leides in der Welt unter dem Vaterantlitz Gottes. Vielleicht meint Jesus diese tiefe Bedrohung und Versuchung, wenn er sagt: „Betet, damit ihr nicht in Versuchung fallt" (Lk 22,40), in jene große Versuchung, an der Vatergüte Gottes zu verzweifeln.

2. Anbeter in Geist und Wahrheit

Der Evangelist Johannes berichtet im 4. Kapitel, wie Jesus in Samaria am Jakobsbrunnen im Gespräch mit der Samariterin sagt: „Die Stunde kommt, und jetzt ist sie da, da die wahren Anbeter den Vater in Geist und Wahrheit anbeten, denn der Vater sucht solche Anbeter. Gott ist Geist, und die ihn anbeten, müssen in Geist und Wahrheit anbeten" (Joh 4,23–24).

Hier wird uns ausdrücklich vom Herrn selber gesagt, welche Art von Anbetern der Vater sucht „in Geist und Wahrheit". Was heißt das?

Die Samariterin weist auf den Berg Garizim hin, an dessen Fuß der Jakobsbrunnen liegt, und sagt: „Unsere Väter haben auf diesem Berge da angebetet, und ihr sagt, in Jerusalem sei die Stätte, wo man anbeten müsse" (V. 20). Und Jesus gibt zur Antwort: „Glaube mir, Frau, die Stunde kommt, da ihr weder auf dem Berge noch in Jerusalem den Vater anbeten werdet." Und dann spricht er das obengenannte Wort von der Anbetung „in Geist und Wahrheit".

Will Jesus damit sagen: Bald wird es nicht mehr auf den Ort ankommen, Garizim oder Jerusalem, Tempel oder Kirche, wo man Gott anbetet, sondern man wird ihn überall anbeten können? Will er allgemein sagen: Nicht auf die äußere Stätte des Gebetes kommt es an, sondern auf die Innerlichkeit des Gebetes? Daß es geistig-geistlich sei? Ist das Wort Jesu gar eine Stütze für eine bekannte Redensart, man könne Gott am besten frei von allen „Äußerlichkeiten", frei von Kult und Liturgie, „in der freien Gottesnatur" anbeten? Das Wort Jesu weist in eine völlig andere Richtung.

Mit „Geist" ist hier nicht der menschliche Geist gemeint, sondern – wie das aus V. 24 „Gott ist Geist" und aus dem Ganzen des Johannesevangeliums klar hervorgeht – der göttliche Geist. Und „Wahrheit" bedeutet hier die göttliche Wirklichkeit. Gott ist Geist, aber in einer Wirklichkeit, Wirksamkeit zur Menschenwelt hin; Gott „berührt" die Welt durch und in seinem Geist, und nur in diesem Geist und durch diesen Geist, in welchem Gott die Menschen berührt, können sie ihn erkennen, nur in diesem Geist und in dieser von Gott kommenden

Wirklichkeit (= Wahrheit) können sie ihn anerkennen, anbeten!

Dieses „Berühren" der Menschenwelt durch den Geist Gottes ist aber in einer ganz und gar einzigartigen, intensiven, folgenreichsten Weise geschehen in und an dem einen Menschen: Jesus von Nazaret.

Der göttliche Geist und die göttliche Wahrheit, Wirklichkeit, wohnen in Fülle in Jesus Christus, dem heiligen Gottestempel („Jener aber redet von dem Tempel seines Leibes", Joh 2,21). In diesem Geist und in dieser ihn erfüllenden göttlichen Wirklichkeit erkannte und anerkannte Jesus in vollkommener Weise den Vater (= betete an). Er allein betete in Vollkommenheit „in Geist und Wahrheit" zum Vater, und nur durch ihn und mit ihm und in ihm können wir „in Geist und Wahrheit" den Vater anbeten. Darum sagt Jesus zur Samariterin: „Es kommt die Stunde, und jetzt ist sie da, da die wahren Anbeter den Vater in Geist und Wahrheit anbeten werden" (4,23). Und er fügt hinzu: „Ich bin es, der mit dir redet!" Schon ist er da, der Sohn Gottes, der in Geist und Wahrheit zum Vater betet; und bald – „schon sind die Felder weiß zur Ernte" (4,35) – werden alle, die mit ihm eins geworden sind, den Vater anbeten „in Geist und Wahrheit". Solches Anbeten ist erst in der messianischen Zeit möglich, wenn den Glaubenden ein neuer Lebensodem, der heilige Gottesgeist, der schon in Jesus von Nazaret ist, vermittelt ist. Die Erfüllung des Menschen mit dem göttlichen Geist, der in Christus ist, geschieht in der Taufe. Kurz vor dem Gespräch mit der Samariterin sagt Jesus zu Nikodemus, daß der Mensch neue Kreatur werden müsse aus „Wasser und Geist" (3,5). Und aus dieser Geistgeburt kommt es, daß die Christen, denen „er Macht gab, Kinder Gottes zu werden" (1,12), rufen dür-

136

fen: „Seht, welch eine Liebe uns der Vater geschenkt hat: wir heißen Kinder Gottes, und wir sind es" (1 Joh 3, 1). Den Christen ist durch Christus die göttliche „Wahrheit", das heißt die göttliche Wirklichkeit, erschlossen worden; durch ihn ist ihnen die Tür zur Wirklichkeit Gottes, zur Welt Gottes, aufgetan worden. Durch Christus und in Christus sind sie vom Gottesgeist umfangen. So können sie beten wie er „in Geist und Wahrheit". „Gott entsandte den Geist seines Sohnes in eure Herzen, der ruft: Abba, Vater!" (Gal 4, 6). „Der Geist (nämlich Christi) selbst bezeugt es zusammen mit unserem Geist, daß wir Kinder Gottes sind" (Röm 8, 16).

In und durch Jesus von Nazaret hat der Geist und die Wahrheit Gottes die Welt „berührt", hat er sich der Welt er-öffnet, geoffenbart. „Die souveräne Offenbarungstat Gottes in Jesus hat den Raum abgesteckt, in dem es wahre Anbetung gibt" (E. Schweizer). „Gott ,in Geist und Wahrheit' anbeten heißt also: ihn in der Kraft des von Jesus gesendeten Geistes und im Raum der Offenbarung Jesu anbeten. Die Geisterfüllten sind die wahren Anbeter" (W. Thüsing).

Nur wo das Gebet – bewußt oder unbewußt – eine Beziehung oder Richtung auf Christus hat, kann Anbetung in Geist und Wahrheit werden: denn „diese ist nur dort zu finden, wo Gott selbst in die Welt tritt in dem, der ,der wahrhaftige Gott' (1 Joh 5, 20) ist" (E. Schweizer).

Das Gebet „in Geist und Wahrheit" ist nicht privates, innerliches Gebet des Vereinzelten, sondern es ist immer, auch wenn der einzelne Christ betet, Gebet der mit Christus Verbundenen, der in Christus geeinten Gemeinde, die vom Atem seines Geistes belebt ist.

3. „Versammelt auf meinen Namen"

Unsere erste Besinnung trug die Überschrift „Abba – Vater". Sie bedarf einer Ergänzung. Christliches Beten beginnt mit dem Wort, das Jesus uns übereignet hat: Vater! Aber dieses Wort darf nicht getrennt werden von dem zweiten: unser! Christliches Beten ist Beten in äußerer und innerer Gemeinsamkeit, ist letztlich kirchliches Beten. Ein „Privatgebet" im ausschließlichen Sinne kann es für den Christen nicht geben. Auch da, wo er im Beten „ich" sagt, muß es eingewurzelt sein in dem Wir der Gemeinde, der Kirche. „Wir alle wurden in einem Geist zu einem Leib getauft ... Ihr seid der Leib Christi und als einzelne dessen Glieder" (1 Kor 12, 13.27). Das Gebet, das der Herr die Christen zu sprechen gelehrt hat, kennt nur das Wir. „Keiner von uns lebt für sich selbst" (Röm 14, 7).

Wo das Beten aus solcher Gemeinsamkeit kommt, einer Gemeinsamkeit, die begründet ist in der Neuschöpfung der Gnade, in der wir durch Christus Kinder des einen Vaters wurden, da muß die Erfüllung des Gebetes gewiß sein, denn da besteht ja Einheit mit Christus, dem einen Sohn des Vaters, der sagen kann: „Ich wußte, daß du mich allezeit erhörst" (Joh 11, 42).

Dem Gebet, das aus dem Wir der Gemeinde kommt, wird vom Herrn diese Zusage gegeben: „Wahrlich, ich sage euch: Wenn zwei von euch auf Erden über irgendein Anliegen, das sie erbitten wollen, übereinkommen, wird es ihnen von meinem Vater im Himmel zuteil werden. Denn wo zwei oder drei auf meinen Namen hin versammelt sind, dort bin ich in ihrer Mitte" (Mt 18, 19–20).

Es gibt ein altes Wort der rabbinischen Überlieferung:

„Wenn zwei zusammensitzen und sich mit Thoraworten beschäftigen, so ist die Schechina unter ihnen" (Schechina = die Einwohnung Jahwes in seinem Volk). Dieses Wort hat seine Erfüllung gefunden in dieser Jesusverheißung: „Wo zwei oder drei auf meinen Namen hin versammelt sind, dort bin ich in ihrer Mitte." Er, die Gegenwart Gottes, die Schechina Gottes unter den Seinen.

Da, wo nicht nur ein Lippenbekenntnis zu Jesus Christus die sichtbare Gemeinsamkeit der Getauften vorgibt, sondern das lebendige Zeugnis und die Liebe im Geist Jesu Christi die Getauften wahrhaft zusammenführt und eint, da ist er, der erhöhte Herr, geheimnisvoll in ihrer Mitte, da ist zutiefst christliches Beten in diesem heiligen Wir des Christus mit seinen Brüdern, und da ist Erhörung – denn, erfaßt von seiner Gegenwart, werden sie nichts erbitten, was nicht „nach Christi Jesu Willen" (Röm 15,5) ist, was nicht erhörungswürdig ist. Schon zwei oder drei können diese Gemeinde bilden, die von Gott, dem Vater, anerkannt wird.

So ist es begreiflich, daß wir in der urkirchlichen Gebetsunterweisung des Neuen Testaments immer wieder die Aufforderung zur Einmütigkeit des Gebetes finden: „Der Gott der Geduld und des Trostes gebe euch, untereinander eines Sinnes zu sein nach Christi Jesu Willen, damit ihr einmütig mit einem Munde den Gott und Vater unseres Herrn Jesus Christus verherrlicht" (Röm 15,5–6). Und vom Beten der Urgemeinde weiß die Apostelgeschichte gerade dieses zu berichten: „Sie alle verharrten einmütig im Gebet mit den Frauen und Maria, der Mutter Jesu, und mit seinen Brüdern" (1,14).

Aber vielleicht gibt es noch eine andere Begründung dafür, daß die Erfüllung des Gebetes geschenkt wird,

„wenn zwei von euch auf Erden übereinkommen".
Dieses Übereinkommen setzt doch voraus, daß jeder
von sich absieht auf den anderen hin, daß er sich
selbst und sein Anliegen nicht in den Mittelpunkt
stellt, daß er seinen ichhaften Standort aufgibt, daß er
offen ist für das Anliegen des anderen! „Wer so bittet,
der erkennt und vollzieht seine Rolle als ‚Kind': Er
vertraut nicht auf sich, sondern auf die Einsicht der
Brüder in der Wahl des Anliegens und der Kraft der
gemeinsamen Bitte, und er vertraut mit ihnen zusammen auf die Macht Gottes" (W. Trilling). Da aber, wo
der Geist des Kindseins ist, der Geist der Brüderlichkeit an dem einen Tisch des Vaterhauses, da neigt sich
Gott, der Vater, liebend hin.

Es gibt in der Apostelgeschichte eine Stelle, wo in geradezu sinnfälliger Weise deutlich wird, welche Wirkung das Gebet der auf den Namen Jesu hin versam-
melten Gemeinde hat: „Als sie beteten, erbete der Ort,
an dem sie versammelt waren, alle wurden erfüllt vom
Heiligen Geiste" (Apg 4, 31): „erbebte der Ort" – Bild für
das Ergriffensein, die „Erschütterung" der Gemeinde,
von der Kraft des Geistes.

4. Es komme deine Königsherrschaft –
Unser notwendiges Brot gib uns Tag für Tag

Was ist der Inhalt des christlichen Bittgebetes? Was darf
und soll der Christ von Gott erbitten? Darf er um irdische Güter bitten? Jesus sagt: „Alles, um was ihr voll
Glauben im Gebet bitten werdet, werdet ihr erhalten"
(Mt 21, 22). Es gehört zur Kindesgesinnung des Christen,
alles im Gebet vor den Vater zu tragen. Ihm alles anvertrauen, von ihm die Gabe erwarten, das ist eine Weise

der Anbetung. Denn Anbetung heißt, zu Gott sagen: Du allein!

Aber indem wir eine Bitte um ein irdisches Gut wirklich vor das Antlitz des Vaters bringen, werden wir im Hinbringen der Bitte dessen inne werden, ob und wieweit unsere Bitte im Licht des Vaterantlitzes wird bestehen können; ob vielleicht nicht doch der Inhalt unserer Bitte in seiner Enge, Kleinlichkeit, Ichhaftigkeit des Vaters und seines Reiches unwürdig ist. Ja, nicht nur werden wir dessen inne werden, sondern wir werden im wahren Gebet dahin reifen, so zu bitten, wie es den Absichten Gottes entspricht. Es dürfen getrost die geringsten Dinge unseres Alltagslebens sein, die wir im Bittgebet dem Vater im Himmel anvertrauen – gehört denn nicht unser ganzes Leben, bis in seine letzten Verästelungen hinein, Gott?

Das wichtigste Kriterium dafür, ob unser Bittgebet vor dem Vaterantlitz Gottes bestehen kann, ist wohl dieses: ob unsere Bitte im Raum des Vaterunsers Platz findet. Im Vaterunser steht ausdrücklich eine Bitte um ein irdisches Gut: die Bitte um das tägliche Brot. Man hat diese Bitte oft rein geistig-geistlich oder auf die Eucharistie hin gedeutet; aber es handelt sich wirklich um das irdische Brot, um die leibliche Nahrung. Wenn man aber fragt, welchen Ort diese Bitte im Ganzen des Vaterunsers und im Ganzen der Jüngerunterweisung Jesu einnimmt, dann macht man die überraschende Entdeckung: Diese Bitte steht in einem unlöslichen Zusammenhang mit der zentralen Bitte: Es komme dein Reich! H. Schürmann sagt, man könne die Brotbitte in freier Form so übertragen: „Gib zu leben denen, die dir dienen." Und er erklärt, daß es ursprünglich die Bitte der ersten Jüngergemeinde ist, die das Wagnis auf sich genommen hat,

ausschließlich im Dienst des Reiches Gottes zu stehen und die nun in dieser Bitte das Vertrauen ausspricht, daß Gott ihr – da sie selber keine Vorsorge mehr für den Lebensunterhalt treffen kann – von einem Tag zum anderen das Notwendige, das Existenzminimum, geben werde.

Jesus sagt: „Suchet zuerst das Reich Gottes." Alle Bittgebete müssen irgendwie und letztlich bewußt – oder unbewußt – hintendieren auf die eine und einzige Bitte, daß Gott seine Königsherrschaft aufrichte und darin seinen Namen verherrliche. Dieser Zusammenhang ist ja gegeben, wenn wir die Brotbitte des Vaterunsers so verstehen: „Gib zu leben denen, die dir dienen." Das „Suchet zuerst das Reich Gottes" schließt die Bitte um die zeitlichen Güter nicht aus. Aber die Bitte um die zeitlichen Güter darf nicht wie das Suchen und Begehren der Heiden sein: „Nach all dem verlangen die Heiden; euer Vater weiß ja, daß ihr dies nötig habt. Suchet vielmehr zuerst sein Reich, und das alles wird euch hinzugegeben werden" [Lk 12, 29–31]. Das Suchen und Fragen der Heiden nach dem „alles das" ist ein ängstliches und sich sicherndes Suchen nach allen möglichen Einzeldingen, das keinen Zusammenhang kennt mit dem Ganzen, und das weit entfernt ist von der bergenden Sicherheit des Wortes, das sich wie ein hoher Himmel über der irdischen Not des Jüngers wölbt: „Euer Vater weiß doch, daß ihr dies alles notwendig braucht." Ihr aber, sagt der Herr, sollt in allem einzelnen, das ihr zum Leben braucht, letztlich immer das Ganze erbitten: daß der Wille Gottes geschehe, daß sein Reich komme, daß sein Name verherrlicht werde. So wie Gott nicht eine zusammenhanglose und vergängliche Einzelgabe gibt, sondern immer seine Liebe, das heißt eigentlich und zuletzt immer sich

selbst den Menschen geben will, so soll die Bitte des Christen eigentlich und zuletzt das Ganze im Auge haben: Gott selbst! Das Bittgebet hat also – ausdrücklich oder unbewußt – immer eine unendliche Perspektive, auch da, wo es um die irdischen Dinge der alltäglichen Lebensnotwendigkeiten geht.

Diese Perspektive wird uns gezeigt in den Bitten des Vaterunsers: das Kommen seiner Königsherrschaft, die Vergebung unserer Sünden, die Kraft der Bewährung in der Versuchung. Auch an anderen Stellen des Evangeliums gibt uns der Herr die großen Inhalte für unser Bittgebet: „Bittet den Herrn der Ernte, daß er Arbeiter in seine Ernte sende" (Lk 10,2). Und: „sollte Gott nicht seinen Auserwählten ihr Recht verschaffen, wenn sie Tag und Nacht zu ihm rufen?" (Lk 18,7; „Recht verschaffen" = daß der Anbruch der Königsherrschaft Gottes der Not und Bedrängnis der Jünger ein Ende setze). Und: „Betet, daß ihr für würdig befunden werdet, alledem, was kommen soll, zu entgehen und vor dem Menschensohn zu bestehen" (Lk 21,36).

Das Bittgebet Jesu selber für die Seinen geht darum, daß sie den Blick auf das Ganze, auf Gott nicht verlieren: „Vater, ich bitte nicht, daß du sie herausnimmst aus der Welt, sondern, daß du sie bewahrst vor dem Bösen" (Joh 17,15). „Simon, Simon, ich habe für dich gebetet, daß dein Glaube nicht aufhöre" (Lk 22,32).

Der Inhalt des christlichen Bittgebetes reicht also in einem großen Bogen von der Bitte um den Anbruch der Königsherrschaft Gottes bis hin zur Bitte um das tägliche Brot. Aber beides steht im Zusammenhang. Jesus sagt: „Betet, daß eure Flucht nicht in den Winter falle" (Mt 24,20); es ist vordergründig ein irdisches Anliegen; aber im Hintergrund dieser Bitte steht doch die apokalypti-

sche Zeit, die seinem Kommen voraufgeht. Oder Jesus sagt: „Bittet, und es wird euch gegeben werden … Wem von euch wird sein Vater, wenn er ihn um Brot bittet, einen Stein geben?" Im Vordergrund scheint dieses Wort auf ein irdisches Gut hinzugehen, aber dann geht es plötzlich doch steil darüber hinaus auf das kostbarste Gut der Königsherrschaft Gottes: „Wenn nun ihr, obschon ihr schlecht seid, euren Kindern gute Gaben zu geben wißt, um wieviel mehr wird der himmlische Vater *Heiligen Geist* denen geben, die ihn darum bitten" (Lk 11,9f.).

Die irdischen Güter, die das Bittgebet im Neuen Testament umfaßt, sind wirklich irdische Güter; aber sie werden immer in einer Beziehung zum Reich Gottes gesehen. „Um was immer ihr in meinem Namen bitten werdet, das werde ich tun, damit der Vater im Sohne verherrlicht werde" (Joh 14, 13). Paulus betet um die Ermöglichung einer Reise nach Rom: „Ich bitte Gott, es möchte mir doch endlich einmal glücken, nach Gottes Willen zu euch zu kommen." Aber diese Bitte mündet in die Intention: „Denn ich sehne mich danach, euch zu sehen, damit ich euch geistige Gnadengabe spende, auf daß ihr gestärkt werdet" (Röm 1, 10–11). Jakobus sagt: „Betet füreinander, damit ihr gesund werdet." Aber diese Bitte zielt hin auf dieses: „Das Gebet des Glaubens wird den Kranken retten, und der Herr wird ihn aufrichten. Und wenn er Sünden getan hat, wird ihm vergeben werden" (Jak 5, 15–16). Die Gemeinde bittet um die Befreiung des Petrus aus dem Gefängnis: „Von der Gemeinde wurde unablässig für ihn zu Gott gebetet" (Apg 12, 5). Aber die Befreiung des Petrus geht weit über ein privates, persönliches Gut hinaus. In der Perspektive dieses Bittgebetes geht es um das, was der letzte Satz dieses Abschnittes der

Apostelgeschichte sagt: „Das Wort Gottes aber wuchs und mehrte sich."

Das Bittgebet der Urkirche ist ganz erfüllt von dem zentralen Anliegen, das im Kern des Vaterunsers steht: dem Durchbruch der Königsherrschaft Gottes: „Da erhoben sie einmütig ihre Stimme und sprachen: Herr, sieh auf die Drohungen und gib deinen Knechten Kraft, mit allem Freimut dein Wort zu verkünden. Strecke deine Hand aus, daß Heilungen und Zeichen und Wunder geschehen durch den Namen deines heiligen Knechtes Jesus" (Apg 4, 24 f.). Bis hin zu der letzten Bitte der Heiligen Schrift: „ Komm, Herr Jesus!" (Offb 22, 20).

An den Bittgebeten des Neuen Testaments vermögen wir am tiefsten unser eigenes Bittgebet zu schulen und etwas von dem Atem zu gewinnen, der durch dieses neutestamentliche Bittgebet geht: der Geist Jesu Christi.

5. „Wenn ihr betet, macht kein Geschwätz wie die Heiden"

„Sie glauben, mit ihrer Wortmacherei erhört zu werden. Macht euch denen nicht gleich; euer Vater weiß doch, was euch not tut, ehe ihr ihn darum bittet. So sollt ihr beten: Vater unser ..." (Mt 6, 7–9).

„Macht kein Geschwätz", das griechische Wort dafür, das etwa mit schwatzen, plappern, unnützes Zeug reden übersetzt werden kann, kommt im Neuen Testament nur an dieser einen Stelle vor. Es kommt aus der Umgangssprache. Die Heiden kannten das „fatigare deos" (Horaz): die Götter mit endlosen Gebetsformeln ermüden.

Sicher richtet sich Jesu Wort nicht gegen das formulierte Gebet überhaupt, denn er selber fomuliert ja sofort

danach das Vaterunser; er selber betet die täglichen, formulierten Gebete der gläubigen Juden; sicher richtet sich Jesu Wort nicht gegen langes Beten überhaupt, denn er selber betete ganze Nächte hindurch. Und er sagt: „Gott sollte seinen Auserwählten, die Tag und Nacht zu ihm rufen, nicht Recht schaffen und großherzig gegen sie sein?" (Lk 18,7); sicher richtet sich Jesu Wort nicht gegen das Bittgebet überhaupt – trotz des „Euer Vater weiß doch, was euch not tut, ehe ihr ihn bittet", denn oft sagt Jesus: „Bittet!" Wohl aber richtet sich dieses Wort gegen einen Gebetsschwall, der aus einem falschen Gottesverhältnis kommt. Es kann sein, daß hinter einem solchen formalistischen Gebetsschwall die Angst vor einem unheimlichen Gott steht, den man beschwörend und besänftigend mit Worten zudecken will. Oder aber es kann dahinter ein rechnerisches, versachlichtes, leistungshaftes Verhältnis des Menschen zu Gott stehen.

Im Grunde will das Wort Jesu wohl weniger eine Gebetsunterweisung sein, als vielmehr eine Unterweisung über das wahre Gottesbild. Aus dem Erkennen des wahren Gottesbildes ergibt sich ein entsprechendes Beten. Wir gehen aus von dem Wort: „Euer Vater weiß doch, was euch nottut." Dazu gehört das andere, das im voraufgehenden Vers steht: „Dein Vater, der ins Verborgene sieht, wird es dir vergelten." Gottes Blick ist ganz zum Jünger gerichtet. Der väterliche Blick Gottes ist der Raum der Zuneigung, der den Jünger umfängt. Dieses „Euer Vater weiß" und „Euer Vater, der ins Verborgene sieht" ist das Vaterhaus für den Jünger, ist der Raum, in welchem er in der Nähe und Gegenwart des Vaters lebt. Er lebt darin als Sohn, denn der Vater sagt: „Kind, alles Meinige ist dein!" (Freilich kann diese Glaubenswirklichkeit vom Menschen auch anders erlebt werden, nämlich

146

als „unentrinnbare Betroffenheit seiner Existenz durch das Geheimnis Gottes" [J. B. Metz], in der er sich durch Frömmigkeitsmechanismen vor dem Wagnis des totalen Ausgeliefertseins sichern will.]

Der Beter, der mit einem Wortschwall von Gebeten auf Gott einredet – worin verfehlt er den Geist des wahren christlichen Gebetes? Es steht etwas anderes dahinter als etwa die naive heidnische Vorstellung, der Gott sei gerade mehr oder weniger taub und müsse nun durch langes und lautes Gebetsrufen zum Hören gebracht werden (vgl. 1 Kön 18,27: Elija zu den Baalspriestern: „Ruft recht laut. Vielleicht schläft euer Gott und muß erst aufwachen").

Der Vater wendet sich dem Jünger ganz zu, der Vater gibt dem Jünger nicht irgend etwas, sondern umfängt ihn mit seiner ganzen Liebe („Alles Meinige ist dein" – an Jesus Christus wird die Totalität der Liebe des Vaters erkennbar). So will aber der Vater nun auch die ganze Antwort der Liebe. Der formalistische Redeschwall des Gebetes aber erscheint als eine vom Herzen des Beters abgelöste Antwort, als ein Hingesagtes, das nicht „aus ganzem Herzen" ist. In ihm ist der Beter nicht als ganzer Mensch, mit all seinen Kräften, aus ganzer Seele, Gott zugewandt, sondern nur mit einem Bündel von Wörtern. Mit diesem „Plappern" ist jenes Beten gemeint, das von unehrfürchtiger Gedankenlosigkeit reicht bis zu dem: „Dieses Volk ehrt mich mit den Lippen, doch sein Herz ist weit von mir" (Mt 15,8). Es ist ein Beten gemeint, das etwas von Gott erreichen will, in welchem der Mensch aber nicht erreichbar sein will für Gott!

In Jesus Christus ist Gott dem Menschen in der Totalität seiner sich offenbarenden Liebe begegnet – solcher Ganzheit der personalen Liebe Gottes kann man nicht

147

mit irgend etwas, etwa Gebets*worten*, antworten, sondern nur mit dem Herzen. Die einzelnen „Werke", also hier Gebete, haben vor Gott keine Kraft – wie es die Heiden mit ihren Zaubergebeten meinen –, wenn sie verselbständigte, vereinzelte, vom Ganzen, das heißt vom Herzen isolierte Äußerungen sind. Je weiter die Gebetsworte des Menschen von seinem Herzen entfernt sind, desto leerer werden sie, bis sie schließlich nur noch leere Gebetshülsen sind. So wie die Frucht aus dem Baume hervorgeht, in einer lebendigen, organischen Verbundenheit, so muß das Gebet aus dem Ganzen des Menschen hervorgehen. Gott will gleichsam durch das Gebetswort des Menschen wie durch eine Öffnung in das Innere des Menschen schauen. Wo die Gebetsworte vom Herzen des Menschen isolierte Einzelheiten sind, sind sie für Gott „uninteressant": Gott hat nur Interesse an dem Gespräch von Person zu Person – „Cor ad cor loquitur – Das Herz spricht zum Herzen".

Aber ist das, was wir da bedacht haben, nicht doch eine Überforderung? Sagen wir nicht im mündlichen Gebet oft viele Worte – etwa die vielen Psalmen im Stundengebet –, und während wir sie sagen, sind unsere Gedanken ganz anderswo? Kann denn im Gebet das Herz immer dabeisein? Immer die ganze Antwort der Liebe geben?

Unsere menschliche Schwäche, unsere Ablenkbarkeit, unsere Besetztheit mit den vielen Dingen unseres Alltags gehen mit in das Gebet hinein. Das alles macht das Gebet nicht zum „Plappern", wenn es nur von der Grundabsicht getragen ist, wahrhaftig vor Gott kommen zu wollen. Oft helfen uns die vielen Worte – etwa im Beten der Psalmen –, daß wir wie von weitem hineinkommen können in den Raum des Gebets, der Begegnung mit

Gott. Die Worte, von uns zunächst nur von den Lippen gesprochen, erwecken uns – und auf einmal ist mitten im Strom der Worte für einen Augenblick das Herz wach dabei. Und dieser Augenblick genügt.

Die Worte: „Der Vater, der ins Verborgene sieht" und „Euer Vater weiß ja, was ihr braucht", sagen: Er ist gegenwärtig! Unsere Gebete müssen Zeichen sein – wenn auch in Armseligkeit und Schwachheit –, daß wir seiner Gegenwart „herzlich" zugewandt sein möchten; daß wir als „Söhne" dieses Vaters mit ihm leben möchten, nicht als „Tagelöhner", die mit ihrem Herrn nur die Beziehung von Leistung und Lohn verbindet.

6. „Wenn du betest, geh in deine Kammer"

„... schließe die Türe zu, und bete im Verborgenen zu deinem Vater. Und dein Vater, der ins Verborgene sieht, wird es dir vergelten" (Mt 6,6).

Wir wissen aus dem Evangelium, daß Jesus zum Gebet oft die Einsamkeit aufgesucht hat. („In der Frühe, da es noch ganz finster war, stand er auf, ging fort und begab sich an einen einsamen Ort und betete dort" Mk 1,35. – „Als er die Scharen entlassen hatte, ging er allein auf einen Berg, um zu beten. Als es dunkel wurde, war er allein dort." Mt 14,23. – „Er aber zog sich in die Einsamkeit zurück und betete" Lk 5,16.) Aber das Wort in Mt 6,6 zielt nicht in diese Richtung: Bete in der Einsamkeit! Es will auch nichts sagen über eine Bevorzugung des einsamen, innerlichen Gebetes gegenüber dem gemeinsamen und öffentlichen Gebet. Jesus selber hat am öffentlichen Tempelgottesdienst und am Synagogengebet teilgenommen. Er hat in Gegenwart anderer gebetet, so daß die Menschen sein Beten sehen und hören

konnten („Und es geschah, als er an einem Ort betete, da sprach, als er damit zu Ende war, einer von den Jüngern zu ihm: Herr, lehre uns beten ..." Lk 11,1). Das Wort vom Gebet in der Kammer will – trotz des Wortlautes – nicht eigentlich von der Stätte des Gebetes reden noch von der äußeren Gestalt des Gebetes. Es will etwas sagen vom Verhältnis des Christen zu Gott, dem Vater, und von der Gesinnung des Gebetes, die sich daraus ergibt. Wohl wendet sich dieses Wort gegen das Zurschaustellen des Gebetes, aber in tiefem Sinne.

Der ganze Zusammenhang, in dem dieses Wort steht, weist hin auf den „Vater im Himmel" und auf die „Söhne des Vaters im Himmel". Das Wort will mit großer Betonung den Christen in die wahre und ungebrochene Begegnung mit Gott stellen. Die Gegenwart des Vaters, der Blick des Vaters, die Liebe des Vaters sollen allein der Raum („die Kammer") sein, in welchem der Jünger lebt, handelt, betet. Nicht Rück-sichten und Absichten auf die Menschen, auf das Bestätigtwerden durch Menschen, sondern einzig die Gegenwart des Vaters, der ins Verborgene sieht, sollen das Gebet des Christen bestimmen. „Geh in deine Kammer", das heißt: Versammle dich mit aller Kraft des Herzens einzig unter dem Blick deines Vaters im Himmel. Splittere dich nicht auf in allerlei Absichten: auf die Menschen, wie sie dich beurteilen; in die Reflexion über dich selber als Ichbeobachtung beim Gebet; in die Berechnung: meine Gebetsleistung – Gottes Lohn darauf. „Geh in deine Kammer", das heißt: Sei ganz und nur unter dem Blick Gottes, deines Vaters im Himmel. Sei als „Sohn" im Raum dieses Vaterhauses, halte vor Gott, deinem Vater, nichts fest, sichere dich nicht vor ihm ab, berechne nicht vor ihm Leistung und Lohn. Lasse dich Gott ganz, vertraue dich ihm ganz an,

sage: Gott, du allein! Sei in ungebrochener, einfacher, lauterer Aufrichtigkeit zu Gott hin – nicht abgelenkt durch Blickrichtungen hierhin und dorthin. „Der Jünger, den Jesus ‚Abba, Vater' hat beten gelehrt, lebt nun sein Leben in dem Verborgenheitsraum, in dem ihm nur das Antlitz des Vaters leuchtet. Es gibt weder ein Tun vor den Menschen, noch vor sich selbst, sondern nur noch ein Handeln unter den Augen Gottes, dem Vater zu Gefallen" (H. Schürmann).

Die „Kammer", das ist die Ausschließlichkeit der Lebensrichtung des Jüngers auf Gott hin. „Der Jünger, der sein ‚Ansehen' bei den Menschen sucht und sich nicht damit zufrieden gibt, daß der Vater ihn ansieht, geht seines Angesehenwerdens durch Gott verlustig. Wer fromm ist, um ‚gesehen' zu werden von Menschen, der entwertet nicht nur seine sittliche Leistung, sondern die Gemeinschaft mit dem Vater ... So zeigt Jesus aufs deutlichste, wie ein Mensch, der ständig die anderen engagieren muß, um ein Echo und eine Bestätigung seiner selbst zu finden, den Bezug auf Gott verliert ... Die Beziehung zwischen Gott und dem Menschen hat ihre Verborgenheit und Heimlichkeit. Diese Verborgenheit reicht so weit, daß es in V. 3 heißt: Die linke Hand soll nicht wissen, was die rechte tut. Jesus will die innerste Keuschheit des Dienstes vor Gott gewahrt wissen, denn die Verborgenheit, in welcher allein das menschliche Tun wahr bleibt, entspricht der Verborgenheit Gottes" (E. Neuhäusler, Anspruch und Antwort Gottes. Düsseldorf 1962).

Das alles aber setzt doch voraus, daß man beim Beten ganz „bei sich selber" ist, ganz *der* ist, der man vor Gott ist. Das ist unsere Anstrengung, unsere Leistung beim Beginn des Betens, das ist das *Aufsuchen* des Verborgen-

heitsraumes, wo wir weder anderen noch uns selber etwas vormachen, wo wir nichts mehr zur Schau stellen, wo wir wissen: Jetzt stehe ich ganz allein und hüllenlos vor Gott! Diese *Ein*samkeit, die darin besteht, vor Gott ganz der zu sein, der man ist – aber nicht in Angst, sondern im Licht des Vaterantlitzes!

Dann aber wird Gott, der ins Verborgene sieht, „vergelten" – nicht mit etwas, sondern: Er wird auf göttliche Weise lohnen. Er wird sich selber dem Beter geben!

7. „So laßt uns also mit Freimut zum Thron der Gnade treten" (Hebr 4, 16)

Das Neue Testament kennt an nicht wenigen Stellen ein Wort, das für die Lehre vom Gebet von großer Bedeutung ist: die Parrhesia. Das Wort kommt ursprünglich aus dem politischen Sprachgebrauch der griechischen Demokratie und bedeutet da: die Redefreiheit des Vollbürgers in der Volksversammlung. Parrhesia ist also die freie Rede, der Freimut , die Offenheit des Wortes. Die Briefe des Neuen Testamentes sagen dem Christen, daß er diese Parrhesia, diese Freiheit, alles sagen zu dürfen, *vor Gott hat*! Die deutschen Übersetzungen übertragen dieses griechische Wort von der Redefreiheit, von der *Freimündigkeit* (Schlier), am häufigsten mit „Zuversicht"; es wird also die dem Wort zugrundeliegende Vorstellung ins Optische übertragen: Zuver-sicht; der freie Blick zu Gott hin, das frohe und vertrauende, offene Anschauen des Vaterantlitzes Gottes. Diese Vorstellung des offenen und freien Blickes zu Gott findet sich auch schon bei Paulus: „Da wir nun solche Hoffnung haben, treten wir mit großem Freimut (= Parrhesia) auf und

machen es nicht wie Mose, der einen Schleier auf sein Antlitz legte." (2 Kor 3, 12)

Ein „Praeludium" dieser Offenheit der Rede mit Gott findet sich schon in den Anfängen des Alten Testaments bei Abraham, dem Vater des Glaubens. Als Abraham mit Gott vor dem Strafgericht über Sodoma Zwiesprache hält, da bedrängt er gleichsam Gott in kühner Fürbitte, um der wenigen Gerechten willen, die vielleicht in der Stadt leben, diese zu verschonen: „Willst du wirklich den Gerechten zugleich mit dem Gottlosen umkommen lassen? Es liege dir fern, so zu handeln, daß du den Gerechten mit dem Gottlosen wegraffest und es dem Gerechten ebenso ergeht wie dem Gottlosen! Das liege dir fern! Sollte der Richter der ganzen Welt nicht Gerechtigkeit üben?" Immer setzt er *mit Freimut* an: „Ich habe mich nun einmal unterfangen, zum Herrn zu reden ... Ach, Herr, zürne nicht, wenn ich nochmals rede ...!"

Die Parrhesia, der Freimut, die Freimündigkeit, die Zuversicht des Betens gipfelt in der Tatsache, daß der Christ Gott mit dem vertrautesten Namen anreden darf: Vater! „Daß ich den Umwandelbaren und Unveränderlichen mit dem vertrautesten Namen anrufe, indem ich spreche: Vater! Welchen Mut braucht der, der so spricht, welche Parrhesia!" (Gregor von Nyssa). Der Sklave hatte keine Parrhesia, keine Redefreiheit vor seinem Herrn. Nun aber gilt es: Der Christ hat vor Gott, dem Herrn, Parrhesia! Wir dürfen frei zu Gott sprechen, *wir dürfen Gott alles sagen* – und er hört uns an! Er hört uns an? Ja – wenn wir bitten, wie Söhne und Töchter den Vater bitten, die wissen, daß sie mit ihm zusammen das Haus verwalten, wie Söhne und Töchter, die nicht ihre eigenen Wege gehen: „Und das ist die Parrhesia, die wir zu ihm

haben: wenn wir nach seinem Willen um etwas bitten, hört er uns!" (1 Joh 5, 14)

Diese Parrhesia ist uns *in Christus,* und nur in ihm, gegeben worden: „In ihm haben wir Parrhesia und vertrauensvollen Zugang zu Gott durch den Glauben an Ihn." (Eph 3, 12) Und: „So haben wir denn, Brüder, die freudige Zuversicht (= Parrhesia), in Kraft des Blutes Jesu einen Eingang in das himmlische Heiligtum zu besitzen; diesen neuen und lebendigen Weg hat er uns eingeweiht durch den Vorhang, das heißt durch sein Fleisch, das er opferte" (Hebr 10, 19–20). Er ist für uns zum Wegbereiter der Parrhesia geworden als „Hoherpriester, der die Himmel durchschritten hat". Und so dürfen wir „mit *Zuversicht* zum Thron der Gnade treten, damit wir Barmherzigkeit erlangen und Gnade finden, die uns hilft zu rechter Zeit." (Hebr 4, 14.16)

Welche Voraussetzungen müssen gegeben sein, daß wir in solcher Freimündigkeit und Zuversicht im Gebete mit Gott sprechen dürfen? Das sagt zusammenfassend Hebr 10, 22. Nachdem unmittelbar vorher von der „freudigen Parrhesia" gesprochen war, werden nun die Voraussetzungen dazu genannt: „Den Leib gewaschen mit reinem Wasser": die Taufe! Sie gibt uns den Geist Jesu Christi, in dem wir sagen dürfen: Abba, Vater! – „Durch Besprengung in den Herzen rein geworden von bösem Gewissen": gereinigt von Schuld und Schuldbewußtsein durch das Opferblut Christi. – „Mit wahrhaftigem Herzen in der Fülle des Glaubens": Die in der Taufe uns geschenkte Offenheit unseres Seins zu Gott muß im lebendigen Glauben existentiell werden (Schlier zu Eph 3, 12).

Für die Parrhesia, die Offenheit unseres Betens zu Gott, gilt dennoch das Noch-nicht der Pilgerschaft. Das

154

Schauen von Angesicht zu Angesicht, die letzte und bleibende Parrhesia, wartet noch auf uns. Aber schon jetzt vollzieht sich der Prozeß wachsender Verwandlung in diese letzte, unverhüllte Offenheit hinein: „Da wir nun eine solche Hoffnung haben, treten wir mit großer Parrhesia auf und machen es nicht wie Mose, der einen Schleier auf sein Antlitz legte ... Wir alle, die wir mit enthülltem Antlitz die Herrlichkeit des Herrn widerspiegeln, werden in dasselbe Bild verwandelt von Herrlichkeit zu Herrlichkeit, wie es ja durch den Geist des Herrn geschieht." (Kor 3, 12.18)

8. „Darum sage ich euch, um was immer ihr im Gebet bittet, glaubt, daß ihr es erhalten werdet, und es wird euch geschehen" (Mk 11, 24)

Zwei Blinde folgen dem Herrn auf seinem Weg und schreien: Erbarme dich unser, Sohn Davids. „Da sagte Jesus zu ihnen: Glaubt ihr, daß ich das tun kann? Sie antworteten: Ja, Herr. Darauf berührte er ihre Augen und sprach: Es geschehe nach euerem Glauben. Da konnten sie sehen"(Mt 9, 27 f.). Zum Hauptmann von Kafarnaum sagt Jesus: „Gehe, dir soll geschehen, wie du geglaubt hast"(Mt 8, 13). Zur Kanaanäerin: „Frau, dein Glaube ist groß; dir geschehe nach deinem Begehr" (Mt 15, 28). – Diese Worte und Wunder sind wie Realisierungen der Zusage, die Jesus dem glaubenden Beter gegeben hat: „Um was immer ihr im Gebet bittet, glaubt, daß ihr es erhalten werdet, und es wird euch geschehen."

Aber sofort meldet sich in uns der Zweifel: Ist es denn wirklich so? Wenn wir gar dann noch das „absurde" Bildwort Jesu hören, das er unmittelbar vorher ausspricht: „Wahrlich, ich sage euch, wenn einer zu diesem Berge

spricht: Erhebe dich und stürze dich ins Meer, und in seinem Herzen nicht zweifelt, sondern glaubt, daß das, was
er spricht, geschieht, es wird ihm geschehen!" Was ist
denn nun, so fragen wir, in dieser orientalischen Sprache
der Übertreibung, in dieser Sprache des religiösen Enthu-
siasmus die nüchterne und uns zugängliche Realität?

Gilt dieses Wort und seine Verheißung vielleicht doch
nur für die erste Zeit, die noch glühte von seiner Nähe?
Die, noch unter dem Sturm des Geistes stehend, die ungebrochene Glaubenskraft des Anfangs hatte? Ist nicht,
wie etwa auch die Erfahrbarkeit des Heiligen Geistes und
seines Wirkens im urapostolischen Gottesdienst längst
dahingegangen ist und sich ins Verborgene zurückgezo-
gen hat, so auch die schlichte und unmittelbare Gebets-
erfahrung, die aus diesem Worte spricht – „Glaubt nur,
daß ihr es erhalten werdet, und es wird euch geschehen"
– längst dahingegangen?

Sicher, hier und da erfahren wir noch, wie die Kraft
dieses charismatischen, bergeversetzenden Glaubens für
einen Augenblick unsere Vorstellungen durchbricht und
erschüttert.

Und doch – dieses Wort Jesu ist nicht zurückgenommen worden; der erhöhte Herr spricht es uns in der Kirche immerfort zu. Jesu Beten selber war von einer
unerschütterlichen Erhörungsgewißheit getragen und erfüllt: „Vater, ich danke dir, daß du mich erhört hast. Ich
wußte, daß du mich allezeit erhörst" (Joh 11, 41). Diese
Erhörungsgewißheit will Jesus den Seinen zusprechen.
Wenn sie wahrhaft und fest glauben, werden sie vom Vater erhört werden! Glauben heißt im Alten Testament
„festmachen in Gott". Wer sich mit seinem ganzen Leben in Gott festgemacht hat, wer tief davon überzeugt
ist, daß Gott Vater ist und daß er gut ist zu den Men-

156

schen, wer die Übereinstimmung mit dem Willen des Vaters sucht, der darf der Erhörung seiner Bitte gewiß sein. Wir können es auch so sagen: wer in und mit dem Glaubensgehorsam Jesu, des Sohnes, den Vater bittet, der darf wie Jesus der Erhörung gewiß sein. Die Bitte, die der Vater in all unseren Bitten mithören will, ist die Bitte um den Anbruch seiner Königsherrschaft (Lk 12,31). Wo durch unser vom festen Glauben getragenes Bittgebet verborgen oder bewußt diese Hauptbitte richtunggebend hindurchgeht, da dürfen wir der Erhörung gewiß sein: „Das ist die Zuversicht, die wir zu ihm haben: Wenn wir nach seinem Willen um etwas bitten, erhört er uns" (1 Joh 5,14).

Wenn unser Bittgebet die Verbundenheit mit dem Glaubensgehorsam Jesu sucht, dann werden wir noch im Gebet die innere Glaubenserfahrung machen können, daß Gott sich unser annimmt, daß er sich unser schon angenommen hat, auch wenn diese Erhörung eine andere Gestalt gewinnt, als wir erwarteten: „Wenn wir wissen, daß er uns bei allen unseren Bitten erhört, so wissen wir auch, daß wir das von ihm Erbetene bereits besitzen" (1 Joh 5,15). Als Paulus bat, Gott möge ihn von dem Satansboten befreien, der ihn mit Fäusten schlug, da erhielt er die Antwort: „Meine Gnade genügt dir. Denn die Kraft kommt in der Schwachheit zur Vollendung" (2 Kor 12,9). Wir überschauen in unserem Bittgebet nicht, was wahrhaft für uns zum Heil ist. Wenn aber unser Bittgebet die Verbundenheit sucht mit dem Glaubensgeist Jesu, dann wird sein Geist in uns dem Bittgebet zum Vater hin die rechte Gestalt geben und die wahrhaft heilbringende Erhörung möglich werden: „Der Geist nimmt sich unserer Schwachheit an; denn worum wir beten sollen, wie es sich gebührt, wissen wir nicht. Da tritt je-

doch der Geist selbst für uns ein mit unaussprechlichen Seufzern. Der aber die Herzen durchforscht, weiß, was das Sinnen des Geistes ist, daß er im Sinne Gottes Fürsprache einlegt für die Heiligen" (Röm 8,26–27).

Jesus sagt: „Wo ist unter euch ein Mann, der seinem Sohn, wenn er ihn um Brot bittet, einen Stein gibt? Oder der ihm, wenn er um einen Fisch bittet, eine Schlange gibt? Wenn also ihr, die ihr schlecht seid, euren Kindern gute Gaben zu geben wißt, wieviel mehr wird euer himmlischer Vater denen Gutes geben, die ihn bitten" (Mt 7,9–11). Darin sagt Jesus uns nicht nur: Der Vater erhört eure Bitte, sondern: Er gibt nur gute Gabe! „Wieviel mehr wird euer himmlischer Vater denen Gutes geben, die ihn bitten": Höchst bemerkenswert ist es, daß Lukas an dieser Stelle (11,13) die Ausdeutung hat: „Wieviel mehr wird der Vater im Himmel den Heiligen Geist denen geben, die ihn bitten!" Wir denken zwar in unseren Bitten oft nur an „Brot und Fisch" – und es muß so sein, daß wir darum bitten –, aber der Vater möchte den Seinen viel mehr geben: die gute Gabe, den Heiligen Geist, in welchem sich für uns Bittende über alle notwendige Vordergründigkeit hinaus die Perspektive öffnet auf die letzte Gabe; in welchem unsere Bitte aus aller Isolierung und Stückhaftigkeit ausgeweitet wird auf die umfassende Ganzheit und Vollendung des Reiches Gottes. Tief ist Paulus in diese gläubige Erhörungsgewißheit hineingewachsen: „Ich weiß, daß mir dies alles (was mir widerfährt) zum Heil ausschlagen wird durch euer Gebet und durch die Hilfeleistung des Geistes Jesu Christi" (Phil 1,19).

Wenn Gott den Seinen in aller irdischen Gabe über sie hinaus den Heiligen Geist als eigentliche Gabe geben will, dann übersieht er damit nicht die kleine Alltags-

bitte, er fügt sie vielmehr in den großen Zusammenhang des Reiches Gottes. Gott will mehr geben, als der Beter in seiner Bitte ausspricht: In der Gabe des Geistes vermag der Bittende über die Vordergründigkeit seiner Bitte hinauszuschauen „ins Offene des Eschatons", der kommenden Welt. In der Gabe des Geistes weiß der Bittende, daß Gott sich seiner angenommen hat und ihn einbezogen hat in sein endzeitliches Heilswirken. Gott setzt mit der Erhörung unserer Bitte in unserem Inneren an! (Vgl. dazu das auf Seite 120 ff. Gesagte zum Schweigen Gottes.)

3

Das Jesus-Christus-Atemgebet

Er, der nichts tat, regierte dennoch gut – denn was tat er? Nichts, als mit dem Gesicht gen Süden ehrerbietig sich verhalten.   *Konfuzius über den Herrscher der Urzeit* [*]

Wir träumen von Reisen durch das Weltall: ist denn das Weltall nicht in uns? Die Tiefen unseres Geistes kennen wir nicht. – Nach innen geht der geheimnisvolle Weg. In uns oder nirgends ist die Ewigkeit mit ihren Welten, die Vergangenheit und Zukunft.   *Novalis*

Nicht wenige Menschen unserer Tage haben Meditationsübungen gelernt, die ihnen in der Zerrissenheit und Beanspruchung unserer Lebenswelt gute Hilfe bieten. Viele dieser Meditationsweisen sind von Asien her ange-

---

[*] In: Franz Vonessen, Der wahre König. Vom Menschenbild im Märchen. Kassel 1980.

regt worden. Manche, die solche Meditationsübungen täglich vollziehen, bekennen, daß dieses Exerzitium ihnen etwas an Gelassenheit und Ruhe vermittele; daß sie mehr zu sich selbst gefunden hätten; ja daß sie einen stärkeren Sinn für das Transzendente, für das Göttliche bekommen hätten.

Für gewöhnlich wird man dieses Meditieren, so hilfreich es sein mag, noch nicht Gebet nennen können, Begegnung mit dem Du Gottes. Und es ist zu fragen – sofern diese Übungen asiatischen Ursprungs sind –, ob sie von ihrem weltanschaulichen Ursprung und Hintergrund ablösbar sind; ob durch sie der abendländische, aus christlichem Wurzelboden stammende Mensch möglicherweise nicht auch verfremdet werden kann.

Gibt es christliche Meditationsweisen, die ähnlich wie die oben gemeinten, sehr einfach sind, den Menschen im guten Sinne zu sich selbst führen? Mehr noch: ihn vor Gott kommen lassen? Ihn mehr zur Liebe erschließen? Meditationsweisen, die Gebet im christlichen Sinne sind? Ein christliches Exerzitium, das im heutigen Alltag täglich getan werden kann, ohne daß es eine neue Anstrengung wird zu allen schon geforderten Anstrengungen hinzu? Das nicht nur mit dem Kopf getan wird, sondern ganzmenschlich und daher Verwandlungskraft hat?

Die christliche Überlieferung kennt viele dieser Gebetsweisen. Zum Teil sind sie in Vergessenheit geraten unter dem Sog der rasenden Entwicklung nach außen hin. Eine dieser Meditationsweisen wird hier vorgelegt. Sie geht auf eine uralte Tradition zurück und ist auf der Brücke von Asien zum Abendland entstanden. Es ist eine Entfaltung des Jesusgebetes, des Herzensgebetes. Es kann zum „wesentlichen Gebet" führen, das heißt, es

kann den Übenden aus seinem christlichen Wesensgrund beten lassen.

Die Praxis der Jesus-Christus-Meditation*

Nimm dir *jeden Tag* eine bestimmte Zeit für dieses Exerzitium. Es ist viel besser, dafür eine feste Zeit zu nehmen, als jeden Tag neu nach einer geeigneten Zeit für
dieses Gebet zu suchen. Nicht gut geeignet ist die Zeit
unmittelbar nach den Mahlzeiten oder der späte Abend,
wenn die Ermüdung schon groß ist.

Die Zeitdauer: 7 Minuten (für den Anfang), 30 Minuten als Optimum.

Suche einen Raum auf, wo du ungestört bist.

Beginne stehend, zum Kreuz hingewandt, mit einem
ehrfürchtigen Kreuzzeichen.

Setze dich hin, ruhig und entspannt; entweder im sogenannten Zen-Sitz oder im Fersensitz oder auf einen
Stuhl, auf dem du aufrecht sitzen kannst. Erhöhe unter
Umständen den Stuhl durch ein Kissen so, daß die Knie
etwas tiefer sind als das Becken. So kannst du besser in
der Zwerchfell-Atmung atmen, in der der Atem frei und
ruhig strömen kann. Das Gebet soll ja auch leibhaftig,
vom ganzen Menschen vollzogen werden; und der Atem
ist Symbol und Medium des Lebens („Gott hauchte ihm
den Lebensatem ein" Gen 2,7).

Der königliche Weg zur großen Gelöstheit ist die rechte
Übung des Atems. Hier ist er nicht als eine Einrichtung zum
Lassen und Holen von Luft zu verstehen, sondern als der große
Rhythmus des Sich-Öffnens und Sich-wieder-Schließens; Sich-
Hergebens und Sich-wieder-Zurückempfangens. Immer steht

---

* Zur geistlich-theologischen Einordnung des Jesus-Gebets siehe
„Das Atmen Gottes", S. 90ff.

am Anfang die Übung, sich im Ausatmen loszulassen. Genauer gesagt: sich im Ausatmen „oben" loszulassen und sich in der Leibesmitte niederzulassen, um dann ohne eigenes Zutun den Einatem einfach zuzulassen.

Der Übende durchwandert von Kopf bis zu den Füßen seinen Innenleib, immer sich am Ende des Ausatmens dort, wo er gerade ist, loslassend. In dieser Übung, wo sie planmäßig wiederholt wird, lösen sich uralte Spannungen. Abbau der Spannungen in den Schultern als Ausdruck des Mißtrauens gegen die bedrohende Welt; Abbau der Spannungen in der Höhe des Herzens und des Magens als Ausdruck des Mißtrauens gegen die verdrängte Emotionalität; Abbau der Spannungen im Unterleib als Ausdruck des Mißtrauens gegen die Tragkraft des Bodens, auf dem man sich bewegt.   *Karlfried Graf Dürckheim*

Lege deine Hände zu einer nach oben geöffneten Schale zusammen, oder lege sie nach oben geöffnet auf deine Knie.

Versuche, im Atmen ganz ruhig zu werden. Ob man mehr gesammelt sein kann, wenn die Augen geschlossen oder wenn sie geöffnet sind, wird man selber erfahren müssen.

Bete zuerst: „O du seligstes Licht, fülle des Herzens Tiefe" (O lux beatissima, reple cordis intima).

Jetzt beginnt die eigentliche Jesus-Christus-Meditation. Sprich innerlich den Namen „Jesus-Christus" (ohne jeden Zusatz). Mein Vorschlag ist: das Ausatmen mit „Jesus" zu verbinden, das Einatmen mit „Christus". „Jesus" ist Menschheit – mit Jesus sich loslassen und einlassen in die Hand des Vaters (= ausatmen). „Christus" ist österliches Leben – im Geiste Christi neu werden, aufleben, weit werden (= einatmen). Immer wieder, langsam im Rhythmus deines Atems, ohne Anstrengung, mit dem Atmen einschwingen in das innerliche Beten dieses heiligsten Namens.

(Es gibt auch den Vorschlag, Jesus beim Einatmen und Christus beim Ausatmen zu „denken"; vgl. Emmanuel Jungclaussen OSB, Das Herzensgebet – eine ostkirchliche Meditationsmethode. In: Thomas und Gertrude Sartory, Erfahrungen mit Meditation. Herderbücherei Band 588.)

Eine längere, vom Athos herkommende Formel lautet: Beim Einatmen: „Herr Jesus Christus", beim Ausatmen: „erbarme dich meiner". Oder: Jesus – Du. Jesus beim Einatmen, Du beim Ausatmen.

Für dieses Jesus-Christus-Gebet schlage ich folgende Formen vor:

1. Verzicht auf jede gewollte Inhaltlichkeit. Beim Jesus-Christus-Atemgebet alle aufkommenden Assoziationen, Gedanken, Gefühle, Bilder, Vorstellungen immer wieder loslassen. Ganz still werden im innerlichen Beten des heiligsten Namens. Darauf vertrauen, daß der Geist Christi in mir, dem Getauften, zum Vater betet – dies zulassen, selber ganz zurücktretend.

Ein „armes", passives Beten, das nicht selber etwas erreichen will; das darauf vertraut, daß im Innern, in der innersten Kammer der „Seelenburg", im „Seelengrund" sich die wahre Verwandlung vollzieht, die mich einbeziehen will in die dreifaltige Liebe.

Wenn Gedanken und Bilder auftauchen, sie ruhig wieder loslassen und neu „hinlauschen" auf den inneren Klang, auf den inneren Hauch des Wortes „Jesus Christus". Auch wenn während der ganzen Zeit nur wenige Augenblicke eines freien, „ungegenständlichen" Betens dagewesen sind, ist es gut gewesen.

Ich halte in diesem Beten gleichsam nur „den Saum seines Gewandes" und lasse an mir die heilende Ver-

wandlung geschehen. Die eigentliche Wirkung dieses Betens ist unmerklich; wenn auch, psychologisch, eine Wirkung erkennbar sein sollte: Ruhe, Gelassenheit – und: mehr lieben können!

Nichts erreichen, machen wollen. Sich dem Geist Gottes, dem „Finger Gottes, der uns führt", überlassen. Im „Gotteslob" steht die Liedstrophe:

> Du stille Macht, du verborgne Kraft,
> Geist des Herrn, der in uns lebt und schafft,
> wohne du uns inne, uns anzutreiben;
> bete du in uns, wo wir stumm bleiben.

2. Schaue bei diesem Gebet auf das Kreuz. Bei „Jesus" zur Kreuzmitte hin ausatmen, bei „Christus" einatmen (und weitwerden wie die Kreuzbalken sich weiten).

3. Die „Pfingstmeditation" – so möchte ich diesen Vorschlag nennen.

Im dritten Kanon der Messe heißt es: „... in der Kraft des Heiligen Geistes erfüllst du die ganze Schöpfung mit Leben und Gnade."

Pfingsten ist ein kosmisches Ereignis. Die ganze erlöste Schöpfung ist verborgen durchstrahlt von dem Leben, vom Geist des österlichen Christus.

Im schweigenden Beten des Jesus-Christus-Atemgebetes öffne ich mich für diese heiligen Kräfte seines Geistes: daß sie mich durchströmen und erfüllen.

Ich kann diese „Pfingstmeditation" auch zur Fürbitte werden lassen: ich wünsche, daß die Kräfte des Heiligen Geistes Jesu Christi durch mich hindurch zu anderen strömen mögen, ihnen geschenkt werden.

Zum Abschluß der Meditation verneige ich mich oder mache stehend ein Kreuzzeichen.

Vom Geheimnis des Namens Jesu.

Der Name ist das Wesen eines Menschen. Petrus sagt vom Namen Jesu: „Es ist uns Menschen kein anderer Name unter dem Himmel gegeben, durch den wir gerettet werden sollen" (Apg 4,12).

Und der Christus-Hymnus im Philipperbrief (2,9):

> Gott hat ihn über alle erhöht
> und ihm den Namen verliehen,
> der größer ist als alle Namen.

Wichtig für diese Weise des Betens ist, daß es begleitet und eingebettet ist in folgenden Bemühungen:

a) Christus kennenlernen in der Offenbarung.

b) Einübung in den Geist, in die Gesinnung Jesu Christi in der Praxis des eigenen Lebens! (Einheit von Gebet und Leben).

c) Immer wieder Gewissenserforschung, Reinigung des Gewissens!

4

Eine vergessene Anleitung zur Christus-Meditation

Im 17. Jahrhundert war das Priesterseminar von St. Sulpice in Paris ein Ort starker geistlicher Ausstrahlung. Berühmte Namen dieses Kreises um St. Sulpice sind z.B. Bérulle, Condren, Olier. Sie entwickelten eine Meditationsmethode, die sich ganz auf die Gestalt Jesu Christi richtete, so wie die Evangelien sie uns vor Augen stellen.

Diese Methode vollzog eine wesentliche Vereinfachung; sie war darauf bedacht, nicht mancherlei Einzelheiten eines Evangelien-Abschnittes zu betrachten, sondern sie richtete ihren Blick ganz auf die „Haltung" Jesu, auf seine Gesinnung, auf die „Tugend" Jesu, wie sie in dieser Perikope zum Ausdruck kommt, auf den inneren „Zustand" (état; status) Jesu, auf seine „Einstellung". Sie möchte, wie Ignatius von Loyola es in seinen Exerzitien sagt, die intima cognitio, eine innige Erkenntnis Jesu gewinnen.

Bérulle sagt: „Die Geheimnisse des Lebens Jesu Christi sind, was ihre besonderen historischen Umstände anbelangt, vergangen; in einer bestimmten anderen Weise dauern sie aber noch fort und sind gegenwärtig. Sie sind vergangen in Bezug auf ihre Ausführung, sie sind jedoch gegenwärtig in Bezug auf die ihnen innewohnende Kraft (vertu), und ihre Kraft vergeht niemals, sowenig die Liebe jemals vergehen wird, mit der sie ausgeführt worden sind."

Beispiel für Einstellungen, Haltungen, Gesinnungen Jesu: die Radikalität seiner Gottesbeziehung; seine Liebe zu den Sündern und Armen; sein Abscheu vor Selbstgerechtigkeit.

Die Methode kann man in folgendem vereinfachten Schema darstellen:

Vorbemerkung: Ich sammle mich. „Herr, du kennst mich, du weißt von mir."

I. 1. Ich versuche die Haltung, die Gesinnung Jesu zu entdekken und wahrzunehmen, die in dieser Perikope zum Ausdruck kommt.

2. Ich schaue sie anbetend an (Preisung, Dank, Freude).

II. 1. Wie ist es bei mir mit dieser Gesinnung, mit dieser „Tugend" Jesu?

2. Ich öffne mich dieser Gesinnung Jesu, nehme sie auf in mein Leben (communio).

III. Was kann ich tun aus dieser Kraft und Weisung Jesu?

Die drei Stufen dieser Methode heißen in der alten Sprache des Oratoriums:

1. Jesus vor Augen;
2. Jesus im Herzen;
3. Mit Jesus Hand in Hand wirken.

Oder:

1. Wir blicken auf Jesus;
2. Wir vereinigen uns mit ihm;
3. Wir handeln mit ihm.

(„Das treue Vollbringen des klar Erkannten ist immer der unentbehrlichste Schlüssel zum Innewerden des Ungekannten" Johann Michael Sailer.)

Wenn wir glauben, daß Jesus Christus der Lebendige ist, daß es eine lebendige Beziehung von ihm zu uns, von uns zu ihm gibt („Ich kenne die Meinen, und die Meinen kennen mich" Joh 10, 14), dann darf ich auch glauben, daß ich ein Verwandelter werde, wenn ich mich in solchem betrachtenden Gebet seiner Wirkkraft aussetze; daß das sich öffnende und *anbetende* Anschauen Jesu Christi im Aspekt einer bestimmten „Tugend", die er gelebt hat, sich heilend und verwandelnd auf mich auswirken wird: Er ist ja *der* heile Mensch, der Heiland. Und als Getaufter darf ich glauben, daß er mir in meinem Innersten ganz nahe ist: Als Strahlungskraft der Liebe! Ob das Bild Christi, die imago Christi, nicht mein Leben christusförmiger bilden kann, wenn ich es so anschaue, wie diese Anleitung es vorschlägt?

Bernardin Schellenberger schreibt in seinem Buch „Ein anderes Leben" (Freiburg i. Br. 1980, Verlag Herder):

„Es geht in der christlichen Spiritualität darum, sich an den unverwechselbar einmaligen Jesus Christus zu halten und zu ihm in Beziehung zu stehen; und nur aus dieser Beziehung im Heiligen Geist erwächst dem Menschen die Kraft der Integration aller Bruchstücke seines Lebens zu einem organischen Ganzen ... Person ist und bleibt der Mensch nur im Magnetfeld einer fundamentalen Beziehung ... Vermutlich erfreuen sich zahlreiche Formen der Meditation in unseren Tagen nicht zuletzt deshalb so starker Nachfrage, weil sie dieses Stehen-Können in einer personalen Beziehung nicht voraussetzen: Das Sich-Lassen und Entwerden als Übung an sich scheint vielen Zeitgenossen zugänglicher und begehrenswerter als das Sich-nehmen-Lassen und die Hingabe an ein Du."

Aus den drei ersten Evangelien habe ich vierzig Perikopen ausgewählt, die zur Meditation nach der Methode von St. Sulpice geeignet sein können:

Lk 2,41–52: Der zwölfjährige Jesus
Mt 4,1–11: Die Versuchung Jesu
Mt 8,23–27: Der Sturm auf dem See
Mt 9,9–13: Die Berufung des Zöllners
Mt 9,36–38: „... er hatte Mitleid mit ihnen"
Mt 11,25–27: „Ich preise dich, Vater"
Mt 12,15–21: Jesus als der Knecht Gottes
Mt 12,46–50: Jesu wahre Verwandten
Mt 13,24–30: „Laßt wachsen bis zur Ernte"
Mk 6,30–34: „Und er lehrte sie lange"
Mt 16,1–4: „Und er ließ sie stehen"
Mt 16,21–23: Ankündigung des Leidens
Lk 9,28–36: Die Verklärung
Lk 9,51–56: Die ungastlichen Samariter
Lk 9,57–58: Von der Nachfolge
Lk 10,38–42: Maria und Marta
Lk 11,37–41: Was ist rein?

168

Lk 12,22–34: Falsches und rechtes Sorgen
Lk 12,49: Gekommen, Feuer zu bringen
Lk 12,51–53: Nicht Frieden, sondern Spaltung
Lk 13,22–30: Von der verschlossenen Tür
Lk 14,12–14: Von den rechten Gästen
Lk 14,25–27: Vom Ernst der Nachfolge
Lk 15,1–7: Verlorenes Schaf
Lk 15,11–31: Verlorener Sohn
Mk 10,13–16: Den Kindern gehört das Reich Gottes
Mk 10,17–31: Jesus sah ihn und liebte ihn
Mt 20,1–16: Gleicher Lohn für ungleiche Arbeit
Mt 20,25–28: Dienen
Mt 20,29–34: Heilung des Blinden
Lk 19,1–10: Jesus im Haus des Zöllners
Mt 21,10–17: Tempelreinigung
Mk 11,12–14.20–26: Verfluchung des Feigenbaums
Mk 11,27–33: Frage nach der Vollmacht
Mt 22,15–22: Die Frage nach der kaiserlichen Steuer
Mt 25,31–46: Vom Weltgericht
Lk 22,15–20: Das Mahl
Lk 22,24–30: Vom Herrschen und vom Dienen
Lk 22,35–38: Die Stunde der Entscheidung
Mt 27,45–56: Der Tod Jesu

Wenn man einmal meditierend den Weg durch diese Perikopen zurückgelegt hat, kann es sein, daß man eine große Entdeckung gemacht hat: das Grundgeheimnis, das Persongeheimnis Jesu! Es ist die nie unterbrochene Verbundenheit mit Gott, dem Vater. Ein tiefes, ihn ganz erfüllendes Bewußtsein einer unmittelbaren Verbindung mit Gott. Eine unerschütterliche Gehaltenheit in Gott, dem Vater. Und daraus: eine unerhörte Freiheit! Ein freies, offenes Dasein für die Menschen!

Man kann die Meditation abschließen mit einem Gebet, das von Condren um 1630 ganz aus dem Geist des Oratoriums von St. Sulpice verfaßt worden ist (gekürzt):

169

Veni, Domine Jesu,
et vive in hoc servo tuo,
in plenitudine virtutis tuae,
in perfectione viarum tuarum,
in sanctitate Spiritus,
et dominare omni adversae potestati
in Spiritu tuo,
ad gloriam Patris. Amen.

Komm, Herr Jesus,
und lebe in Deinem Knecht,
in der Fülle Deiner Kraft,
in der Lauterkeit Deiner Wege,
in der Heiligkeit Deines Geistes,
und bezwinge alle böse Macht
durch Deinen Geist,
zur Ehre des Vaters. Amen.

Ein Beispiel

Wir wählen die als erste angegebene Perikope Lk 2, 41–52: Der zwölfjährige Jesus.

Die Eltern Jesu gingen jedes Jahr zum Paschafest nach Jerusalem. Als er zwölf Jahre alt geworden war, zogen sie wieder hinauf, wie es dem Festbrauch entsprach. Nachdem die Festtage zu Ende waren, machten sie sich auf den Heimweg. Der junge Jesus aber blieb in Jerusalem, ohne daß seine Eltern es merkten. Sie meinten, er sei irgendwo in der Pilgergruppe, und reisten eine Tagesstrecke weit; dann suchten sie ihn bei den Verwandten und Bekannten. Als sie ihn nicht fanden, kehrten sie nach Jerusalem zurück und suchten ihn dort. Nach drei Tagen fanden sie ihn im Tempel; er saß mitten unter den Lehrern, hörte ihnen zu und stellte Fragen. Alle, die ihn hörten, waren erstaunt über sein Verständnis und über seine Antworten. Als seine Eltern ihn sahen, waren sie sehr betroffen, und seine Mutter sagte zu ihm: Kind, wie konntest du uns das antun? Dein Vater und ich haben dich voll Angst gesucht. Da sagte er zu ihnen: Warum habt ihr mich gesucht? Wußtet ihr

nicht, daß ich in dem sein muß, was meinem Vater gehört? Doch sie verstanden nicht, was er damit sagen wollte.

Dann kehrte er mit ihnen nach Nazaret zurück und war ihnen gehorsam. Seine Mutter bewahrte alles, was geschehen war, in ihrem Herzen. Jesus aber wuchs heran, und seine Weisheit nahm zu, und er fand Gefallen bei Gott und den Menschen.

I.1. Zu dieser Perikope wären etwa zwei „Haltungen" Jesu wahrzunehmen. Entweder die in Vers 49 ausgesagte: „Wußtet ihr nicht, daß ich in dem sein muß, was meinem Vater gehört?": Jesu unbedingte Lebensbezogenheit auf Gott, seinen Vater. Oder das in Vers 51 ausgesagte: „Dann kehrte er mit ihnen nach Nazaret zurück und war ihnen gehorsam": Jesu Verborgenheit! Wir wählen für unsere Meditation das zweite.

Ich schaue dies an: Von dreiunddreißig Jahren lebt Jesus dreißig Jahre in völliger Verborgenheit, lebt ein unbekanntes Leben in einem kleinen ländlichen Lebensmilieu. Als er in die Öffentlichkeit tritt, ist er seinen Landsleuten als Zimmermann bekannt.

Er hat Umgang mit einfachen Menschen: Handwerkern, Fischern und Bauern. In der Weltgeschichte von damals ist er in diesen Jahren ein Nichts. Als Kaiser Augustus starb, war Jesus etwa siebzehn Jahre alt. (Aber später wird die Zeit nicht mehr nach Augustus, sondern nach ihm gezählt!) Es gibt außer dem Neuen Testament kaum ein zeitgenössisches literarisches Zeugnis von ihm. Wir haben kein von ihm geschriebenes Wort, wir haben kein Bild von ihm. Hat Jesus von Athen, dem Ort der Philosophie, gewußt? Er lebt das Leben der einfachen Menschen: in völliger Verborgenheit. Er, der einmal sagen wird: „Ich bin es!" Er lebt verborgen unter dem Angesicht Gottes. Er läßt sich die Stunde, in der er aus dieser

Verborgenheit heraustritt, von Gott zuweisen. Er schafft sich selber kein Ansehen, er wartet auf seine Sendung. Er ist Maria und Josef gehorsam.

Am Kreuz wird er noch einmal in die äußerste Verborgenheit zurückkehren: Am Ende ist er wie ein Nichts!

Augustinus ruft einmal auf der Cathedra aus: „Gott hat sich erniedrigt – und der Mensch ist noch stolz!"

2. Ich bete diese Verborgenheit Jesu an. Gott ist in ihm in diese Verborgenheit, in dieses Nichtangesehensein hineingegangen. Deus semper minor! Der Gott, der in das Geringe eingeht. Er ist meine Rettung!

Herr, es ist gut, daß du für uns nach diesem „sanften Gesetz" gelebt hast: in ihm sammelte sich die ganze Sendung vom Vater her, aus der dann dein Wort, dein Werk, deine Passion kamen. Herr, ich sage dir Dank nicht nur für die Weisung, die in dieser, deiner „Tugend" liegt, sondern noch mehr für die geheime Strahlungskraft deines verborgenen Lebens, aus der die Verwandlung der Welt hervorging.

II.1. Ich sehe meine Eigen-Mächtigkeit, mein Suchen nach Ansehen, nach Glänzenkönnen, nach Erfolg.

2. Herr, ich weiß, wie weit ich entfernt bin von deiner Haltung des Gehorsams und der Verborgenheit. Nur dein Geist hat die Kraft, mich zu verwandeln. So möchte ich dir sagen: Ich möchte mich öffnen für diesen deinen Geist des Verborgenseins, in welchem die Linke nicht weiß, was die Rechte tut (Mt 6, 3); in welchem ich verstehe, daß du, der Verborgene, das geheime Herz der Welt bist.

III. Ich muß sehr nüchtern und wahrhaftig zusehen, wo ich ansetzen kann, dem Herrn und seinem Verborgensein nahe zu sein.

5

Bemerkungen zur Meditation

Meditation als Übung?

Kein Einsichtiger wird heute bestreiten, daß mehr denn je meditative Besinnung nottut. Aber Meditation als Übung? Erwächst Meditation nicht aus einer Spontaneität, die nicht gemacht werden kann? Ist echte meditative Erfahrung und Begegnung nicht Geschenk, das uns zukommt in einem glücklichen Augenblick der Offenheit oder auch der Erschütterung unseres Herzens?

Meditative Begegnung

Georg Scherer schreibt von der meditativen Begegnung (Absurdes Dasein und Sinnerfahrung, Essen 1963, 17): „Nun vermag aber der Mensch den Personen und Dingen, die ihm in seiner Welt begegnen, in einer Haltung entgegenzugehen, die jenseits aller Nutzerwägungen steht. Er vermag sich ihnen nämlich um ihrer selbst willen zuzuwenden, sie zu erkennen, weil sie so sind, wie sie sind, in ihrer Nähe zu atmen, weil ihm in ihnen etwas entgegenkommt, das nicht mehr Mittel zum Zweck der Daseinserhaltung, sondern in sich selbst kostbar ist. Der Mensch rührt dann an das selige ‚Mehr' (Max Pi-

card), das mehr als bloß benutzbar ist und in keiner Funktion mehr aufgeht. Es ist der überschwengliche Lichtglanz auf dem Grund eines jeden Seienden, seine ‚Kostbarkeitsschwingung‘ (Guardini), das Schöne, das ‚selig in ihm selbst‘ ist. Es ist das Preiswürdige, aller Verwirrung als unberührbar heil Entzogene. Der Maler Kandinsky nannte es den ‚inneren Klang‘ der Dinge.'' Wir können nicht der Frage nachgehen, ob für den Menschen im „absurden Dasein" solche Worte wie „Kostbarkeitsschwingung", das selige „Mehr" in allen Dingen der Schöpfung noch glaubwürdig und nachvollziehbar sind. Wie fern erscheint unserem Lebensbewußtsein jener wunderbare Vers Eichendorffs:

Schläft ein Lied in allen Dingen,
Die da träumen fort und fort,
Und die Welt hebt an zu singen,
Triffst du nur das Zauberwort.

Ist nicht die entdivinisierte Welt längst und gründlich entzauberte Welt geworden? – Und doch: kommt uns heute nicht auch aus den Worten der Dichter des absurden Daseins und aus den Farben und Formen der Maler, verfremdet freilich bis zur schockierenden Entstellung, aber darum nicht weniger wahrhaft, jenes „Mehr", jener über alles Zweckhafte hinausführende Hinweis entgegen?

Sich disponieren

Kann man solche meditative Zuwendung zu den Menschen und zu den Dingen *übungshaft* tun? So tun, daß sie unmittelbar fruchtbar wird? Kann man darüber in einer Übung verfügen? Wir werden das verneinen müssen. Wir können nicht darüber verfügen, sowenig wir dar-

über verfügen können – und es registrieren können–,
daß unser Gebetsbemühen wahrhaft Gebet wird. Aber
wir können uns durch ein ausdrückliches Üben, durch
ein bewußtes Bemühen um Meditation, durch meditative „Einstellung" *disponieren* für das Geschenk jener Le-
bens-Erfahrung, die die Frucht echter Meditation ist. Es
mag sein, daß ein ausdrückliches Bemühen um Meditation hier und jetzt ohne Ergebnis zu bleiben scheint; es
bleibt rein übungshaft, trocken und dürr. Aber wir können nicht wissen, ob nicht zu einer anderen Stunde unerwartet unser Blick die kostbare Perle entdeckt; unser
Auge aber konnte diesen Glanz nur wahrnehmen, weil
es sich schon immer im Schauen eingeübt hatte.

Verlust der Tiefe

Mit großer Wahrscheinlichkeit werden wir, wenn wir
uns durch solches Bemühen überhaupt nicht mehr disponieren, mehr und mehr der Sachwelt verfallen und die
„Dimension der Tiefe" (Paul Tillich, Die verlorene Dimension) verlieren. Dann sind wir der Gefahr ausgesetzt,
jener verkümmerte Mensch zu werden, „der die Welt
nur noch als das Material seiner technischen Handha-
bung betrachtet und sich nur noch von der Frage leiten
läßt: Wie mache ich es? Wie funktioniert es? Wozu gebraucht man das? Welchen praktischen Wert hat es? …
Nur wenn er das erblickt, das sich um seiner selbst willen lohnt, das würdig ist, da zu sein, weil es ist, wie es ist,
kann es für ihn so etwas wie Verantwortung, Sich-Einset-
zen, Dienst und Engagement geben. Wer die Kostbarkeitsschwingung auf dem Grunde und im Kern der
Dinge und vor allem des Menschen nicht zu gewahren
vermag, der erfährt auch nicht, daß von dem allen ein

Sinnbefehl (Guardini) ausgehen kann, der den Menschen anruft und in den Dienst nimmt." (Georg Scherer, Plurale Gesellschaft und Sinnerfahrung, Essen 1965, 25 f.).

Vertrauen

Alles Übungshafte des Meditierens soll zu einem letzten Ziel hinführen: daß wir mitten in dem Wirbel und in der Diskontinuität der Ereignisse, in der Tiefe unserer Seele eine Glaubensoffenheit gewinnen und bewahren, ein Glaubensvertrauen, das uns trägt. Eine Glaubensoffenheit, die uns, mitten in dieser unserer Welt, vertrauen läßt *der Treue Gottes –*, die uns hoffen und lieben lehrt auch da, wo die „unbegangene Steilwand" (Ingeborg Bachmann) dunkel und grifflos aufragt.

Wenn wir uns in der Meditation demütig-vertrauend einlassen in den Grund, der uns trägt, in dieses Innen, dann kann es geschehen, daß wir etwas ahnen dürfen von dem unsagbaren Geheimnis. Es gibt eine schöne alte Legende von einem Rabbi, zu dem ein Schüler kam und fragte: „Früher gab es Menschen, die Gott von Angesicht zu Angesicht gesehen haben; warum gibt es sie heute nicht mehr?" Da antwortete der Rabbi: „Weil sich heute niemand mehr so tief bücken kann!"

Meditation und Betrachtung

„Meditation nach der heutigen Sprechweise ist die durch den Rückgang auf die Tiefenschichten der Seele oder auf den Seelengrund vollendete Betrachtung" (J. B. Lotz). Während die Betrachtung mehr aktiv von Punkt zu Punkt voranschreitet, ist die Meditation von jener stillen

lebendigen Passivität, in der das Wort oder das Wahr-
genommene in der Tiefe der Seele wie ein Saatkorn
aufgenommen wird. Die Betrachtung verbleibt für gewöhnlich im oberen Bereich des Bewußtseins, in dem
Sinn- und Sacherkenntnis, Wert- und Zweckwille füh-
rend sind. Die Meditation hingegen ist ein ganzheitli-
cher Vorgang, bei dem die sinnenhaften und geistigen
Kräfte des Menschen geöffnet sind in einem verweilen-
den Hören und Schauen und es in der Tiefe der Seele
zu einer Berührung, Begegnung, Einigung kommen
kann.

Wenn es sich um die „gegenständliche" Meditation
handelt, wird die Auswahl der „Bilder" („Bild" im weiten
Sinne) für die Meditation wichtig. Ein chaotisches, ver-
wirrendes, deprimierendes, dämonisches „Bild", das von
den Sinnen aufgenommen wird und Einlaß findet in die
Tiefe der Psyche, wird – je offener die Seele dafür ist – in
dieser Tiefe das ihm Verwandte wecken. (Goethe: „Die
Einbildungskraft lauert als der mächtigste Feind", vgl.
„Erlkönig" und „Der Fischer". Vgl. auch Karl Rahner,
Geistliches Abendgespräch über den Schlaf, das Gebet
und andere Dinge; in: Schriften zur Theologie III. – Die
Goethe-Zitate verdanke ich: Eugen Wolf, Macht und
Übermacht der Bilder in Goethes Dasein. In: Jahrbuch
der Goethe-Gesellschaft 1962.)

Einige Voraussetzungen für ein geeignetes Meditationswort (im Sinne der Tiefenmeditation) sind etwa
diese: 1. Es muß bildhaft sein. 2. Es muß einfach sein.
3. Es muß heilend sein.* 4. Es muß die Begegnung mit
dem Meditierenden ermöglichen („sich zurückbesin-

---

* „... daß vor deinem Sinn der Erde Bilder *heilend* sich bewegen".
Goethe in: „Die natürliche Tochter".

nend in sich selbst" [Ignatius]]. 5. Es muß einen Vorgang von verhaltener Dynamik darstellen.

Eine gute Meditation sollte mehrmals wiederholt werden. „Nicht das Vielwissen sättigt die Seele und gibt ihr Genüge, sondern das Fühlen und Kosten der Dinge von innen" (Ignatius). *

Wir wissen und erfahren es heute alle, wie das Bewußtsein überflutet wird mit der Unmenge diskontinuierlicher Sinneseindrücke. Aber zugleich verkümmert das meditative Vermögen, Innenbilder zur Gestalt werden zu lassen. Es ist keine Zeit, keine Ruhe, keine Geduld, sich so zu bescheiden, daß eine Wahrnehmung, von der man wohl ahnt, daß sie für diese Lebensstunde bedeutungsvoll sein könnte, Einlaß finden kann in jene Tiefe, in der sie „ein Bild in der Seele machen kann". **

Der Physiker Werner Heisenberg hat im Mai 1967 auf der Hauptversammlung der Goethe-Gesellschaft zu Weimar seine große, vielbeachtete Rede („Goethes Naturbild und die technische Welt") mit folgenden Sätzen geschlossen: „Wir werden von Goethe auch heute noch lernen können, daß wir nicht zugunsten des einen Organs, der rationalen Analyse alle anderen verkümmern lassen

---

* „Mir schien der schönste Besitz, solche werten Bilder oft in der Einbildungskraft erneut zu sehen." Goethe zu Eckermann.
** Goethe, Italienische Reise. Auf der zweiten Schweizerreise bemerkt er im Tagebuch, er verzichte darauf, Naturgegenstände zu beschreiben, die „kein Bild in der Seele bringen". Es ist wie für unsere Zeit geschrieben, was Goethe 1775 bemerkt: „Tausend Menschen ist die Welt ein Raritätenkasten, die Bilder gaukeln vorüber und verschwinden, die Eindrücke bleiben flach und einzeln in der Seele." Oder in den „Zahmen Xenien":
„Dummes aber vors Auge gestellt,
Hat ein magisches Recht:
Weil es die Sinne gefesselt hält,
Bleibt der Geist ein Knecht."

dürfen; daß es vielmehr darauf ankommt, mit allen Organen, die uns gegeben sind, die Wirklichkeit zu ergreifen und sich darauf zu verlassen, daß diese Wirklichkeit dann auch das Wesentliche, das ‚Eine, Gute, Wahre' spiegelt. Hoffen wir, daß dies der Zukunft besser gelingt, als es unserer Zeit, als es meiner Generation gelungen ist."

6

Ein Meditationskreuz

Vorbemerkung

Der Sinn für das tägliche Exerzitium ist heute wieder gewachsen. Ein Exerzitium, das der Sehnsucht nach Ganzheit entgegenkommt, nach Integration von Geist, Seele und Leib, von Intellekt und Sinnen, nach Erkenntnis und Bewältigung des „Schattens", des dunklen Bruders unseres Lebens. Ein Exerzitium, das das Spürbewußtsein für die Wahrheitsstimme in mir freilegt; das den Aufbruch wieder erwecken kann. Vor allem aber ein Exerzitium, das mich wieder öffnet für die vertrauenspendende und läuternde Nähe dessen, der sagt: Ich bin bei dir! – Das bessere Exerzitium ist jenes, welches Leib und Sinne, Geist und Seele einbezieht. (Die Bedeutung des Raumes. Die Verwandlungskraft der wahrhaftigen Gebärde. Das Zulassen des rechten Atems in der rechten Haltung des Leibes.) – In den großen Ignatianischen Exerzitien, dem klassischen Exerzitium, geht es darum, daß der Christ durch die intensive Übung der Christusmeditation so zu sich selbst kommt, daß er *seine* Wahl treffen

179

kann; daß er so frei, durchlässig wird für den Geist Christi, daß er seine Berufung erkennen und bejahen kann.

Wir nehmen uns für diese Meditation jeden Tag etwa zwanzig Minuten Zeit. Diese Meditation kann als tägliches Exerzitium im Sinne einer „Verwandlungsübung" geeignet sein, die durchaus christliches Gebet werden kann.

Wir suchen einen Raum auf, in dem wir ungestört sind. Wir beginnen stehend, zum Kreuz hingewandt, mit einem großen Kreuzzeichen. Dann setzen wir uns hin, ruhig und entspannt, entweder im sogenannten Zen-Sitz oder im Fersensitz oder auf einen Stuhl, auf dem wir aufrecht sitzen können. Unter Umständen erhöhen wir den Stuhl durch ein Kissen so, daß die Knie etwas tiefer sind als das Becken. So kann der Atem in der Zwerchfellatmung frei und ruhig strömen. Das Gebet soll ja auch leibhaftig vollzogen werden. Der Atem ist Symbol und Medium des Lebens. („Gott hauchte ihm den Lebensatem ein" Gen 2,7.) Die Hände legen wir zu einer nach oben geöffneten Schale zusammen oder legen sie nach oben geöffnet auf die Knie.

Die Meditation vollzieht sich in der Weise, wie wir das Kreuzzeichen machen. Der innere Blick wendet sich zuerst nach oben. In den Exerzitien des hl. Ignatius von Loyola stehen in der großen „Betrachtung, um Liebe zu erlangen", die Worte: „Schauen, wie alle Güter und Gaben von oben herabsteigen … Güte, Freundlichkeit, Barmherzigkeit, so wie von der Sonne die Strahlen herabsteigen …"

Ich verweile in diesem Bild; ich öffne mich der Zuwendung der göttlichen Barmherzigkeit; ich halte mich dem Licht hin, das von oben herabsteigt.

Bei Gerhard Tersteegen (1697 – 1769) gibt es die Liedstrophe:

Du durchdringest alles;
laß dein' schönstes Lichte,
Herr, berühren mein Gesichte.
Wie die zarten Blumen
willig sich entfalten
und der Sonne stille halten,
laß mich so still und froh
deine Strahlen fassen
und dich wirken lassen.

So wie ich beim Kreuzzeichen mit der Hand von der
Stirn nach unten gehe, so wendet sich die Meditation
nun der nach unten weisenden Kreuzrichtung zu. In der
Tiefe meiner Seele ist das „Urlicht": das Auf-Gott-Ange-
legtsein, die von Gott in mich hineingelegte Ursehnsucht nach ihm, der von Gott mir geschenkte Vertrauensgrund. Mehr noch: das Wohnen Gottes in der
Tiefe meiner Seele!

Der Mystiker Johannes Tauler († 1361) schreibt:

Der inwendige Mensch ist aus dem edlen Grunde der Gottheit
herausgekommen und er ist dorthin wieder eingeladen und
wieder gerufen und wird dahin wieder gezogen. Wie Gott im
inwendigen Seelengrund seinen Grund gelegt hat und da nun
verborgen und bedeckt liegt – wer das finden und erkennen
und schauen könnte, der wäre ohne allen Zweifel selig. Und
wie immer auch der Mensch sein Gesicht abkehrt und irre
geht, so hat er doch ein ewig Locken und Neigen hierhin und
kann nirgends Rast finden, wie er es auch umgeht. Denn alle
Dinge vermögen ihm nicht Genüge zu leisten außer diesem einen. Denn dies treibt und zieht ihn ständig in das Allerinnerste, ohne daß er es weiß: weil es sein Ziel ist; so wie alle Dinge
nur zur Ruhe kommen an ihrem Platz.

In dieser zweiten Phase der Meditation kann mir diese Vorstellung eine Hilfe sein: Ich schaue im inneren Bild die Schale mit dem lebendigen Licht. Was dieses Ursymbol bedeutet, das ist in mir! Ich lasse diese mir von Gott geschenkte Wirklichkeit des „Urlichtes" in mir aufkommen, er-innere mich seiner.

Aber – und dies darf nicht beiseitegedrängt werden – in mir ist auch Dunkles, in mir sind Schattenkräfte, ja Chaotisches. Ein Meditierender berichtete: „Als ich in der Stille saß, war es, als wäre da eine Schale mit einem leuchtenden Kristall. Dann aber, nach einiger Zeit, war es, als lege sich ein dunkler Schatten darüber – ich erschrak." Der Beter von Psalm 139 weiß, daß Gottes Licht ihn bis auf den Grund seines Wesens erreicht: Du kennst mich bis auf den Grund! Aber dann steigt doch auch in ihm die Woge von Haß und Aggression auf: „Ich hasse mit glühendem Haß."

Aber immer wieder kehre ich von dem Wahrnehmen der aufkommenden Schattenkräfte zurück zum Meditieren der Schale mit dem Licht, zum Urlicht, zu dem guten Grund, den Gott in mir gelegt hat: Das ist in mir, das bin ich!

In dieser Vertikalen des Meditationskreuzes begegnet das „Urlicht" in uns dem, der das Licht ist. Die Tiefe in uns wird angerufen von dem Wort: „Ich rufe dich bei deinem Namen, du bist mein!" Die Tiefe in uns bekommt Richtung, wird erweckt zur Begegnung mit dem Du Gottes in Jesus Christus. Es geschieht das, was die Taufe grundgelegt hat: Illuminatio, Erleuchtung.

In der dritten und vierten Phase der Meditation wenden wir uns der Horizontalen zu. Die Horizontale bedeutet unsere Geschichte, unsere Aufgabe in der Welt.

Hier ist zunächst zu bedenken, daß das Ich, das „Welt-

Ich" (Dürckheim) immer danach strebt, nur in dieser Horizontalen zu verbleiben. Es möchte in der Welt der greifbaren Wirklichkeiten sich anreichern, sich festsetzen, sich absichern, sich behaupten. Dann aber, wenn diese Horizontale allein vorherrschend in unserem Leben wird, besteht die große Gefahr, daß das „Urlicht" in uns verdeckt und verschüttet wird; daß wir abgeschnitten werden vom Anruf und von den Kräften unseres „Wesens"; damit aber verlieren wir dann auch die Hör- und Wahrnehmungsfähigkeit für *das* Wort des Lebens, für *das* Licht der Welt. Unser Leben verkümmert, wird unheil, wird schließlich richtungslos, sinn-los. Wir sind dann vielleicht recht funktionsfähig in der Welt, aber in der Seele sind wir krank.

Beim Kreuzzeichen geht unsere Hand zur linken Schulter. Unser Blick geht in die Vergangenheit, sei es die Vergangenheit des gestrigen Tages, sei es eines größeren Lebensabschnittes. Das Licht, das in der ersten Hälfte der Meditation uns erhellt hat, fällt auf unsere Vergangenheit: auf das Empfangene, das zum Dank wird; auf das Versäumte, auf die Schuld, aus der die Vergebungsbitte aufsteigt; auf Begegnungen und Erfahrungen, die nun zur Fürbitte einladen.

Aus dieser Herkunft wende ich mich nun der Zukunft zu: Blick auf das Kommende, Blick auf den Weg, der vor mir liegt. Herkommend von der Kraft dessen, was in der Vertikalen dieses Meditationskreuzes erfahren ist, herkommend von Gnade und Vergeblichkeit der Vergangenheit erbitte ich die Zuversicht für die kommende Wegstrecke. Aber vor allem den Auftrag, das empfangene Licht weiterzuschenken: zu lieben!

Wir tun in dieser Horizontalen das, was Jer 6, 16 sagt: „So spricht der Herr: Stellt euch an die Wege, und haltet Aus-

schau, fragt nach den Pfaden der Vorzeit, fragt, wo der Weg zum Guten liegt; geht auf ihm, so werdet ihr Ruhe finden für eure Seele."

Wir beenden die Meditation stehend vor dem Kreuz mit einem Kreuzzeichen.

7

Ein Weg zum innerlichen Gebet

I

Ein allgemeines Gesetz religiösen Lebens heißt: vereinfachen und wiederholen. Das kann auch für das innerliche Gebet gelten in der Weise, daß ich längere Zeit hindurch mit *einem* Bild oder Wort bete. Teresa von Ávila schreibt in ihrer Lebensbeschreibung: „Meine Gebetsweise war damals folgende: Ich bemühte mich, mir Christus als gegenwärtig vorzustellen. Am meisten sagte es mir zu, mir ihn betend im Garten Getsemani vorzustellen. Hier gesellte ich mich ihm gewöhnlich bei. Ich hielt mich hier solange bei ihm auf, als meine zerstreuten Gedanken es zuließen. Viele Jahre hindurch habe ich in den meisten Nächten vor dem Einschlafen immer ein wenig an dieses Geheimnis des Gebetes im Garten gedacht. Auf diese Weise fing ich an, das innerliche Gebet zu üben, ohne daß ich wußte, was es sei."

Über längere Zeit hin erwähle ich *ein* gleichbleibendes Bild oder Wort zum Raum meines innerlichen Gebetes. Dieses Bild oder Wort muß Weite und Tiefe haben und zugleich meiner gegenwärtigen Situation angemessen

184

sein. *Die* Quelle für solche Bilder oder Worte ist die Bibel.

Beispiele von Worten, in denen ich betend verweilen kann:

- „Bleibet in mir, ich bleibe in euch." (Joh 15,4)
- „Wer zu mir kommt, den weise ich nicht zurück." (Joh 6,37)
- „Wir werden kommen und Wohnung bei ihm nehmen." (Joh 14,32)
- „Siehe, ich bin bei euch alle Tage bis ans Ende der Welt." (Mt 28,20)
- „Der Menschensohn ist gekommen, selig zu machen, was verloren ist." (Mt 18,11)
- „Siehe, ich mache alles neu!" (Offb 21,5)
- „Ich fürchte kein Unheil, denn du bist bei mir!" (Ps 23,4)
- „Erschaffe mir, Gott, ein reines Herz." (Ps 51,12)
- „Gott, du mein Gott, dich suche ich, meine Seele dürstet nach dir." (Ps 63,2)
- „Herr, du weißt alles, du weißt auch, daß ich dich liebe." (Joh 21,17)
- „Auf dein Wort will ich das Netz auswerfen." (Lk 5,5)
- „Alles vermag ich durch ihn, der mir Kraft gibt." (Phil 4,13)
- „Herr, mache mich sehend!" (Lk 18,41)
- „Mein Herr und mein Gott!" (Joh 20,28)
- „Seht, wie groß die Liebe ist, die der Vater uns geschenkt hat: Wir heißen Kinder Gottes, und wir sind es." (1 Joh 3,1)
- „Kostet und seht, wie gütig der Herr ist; wohl dem, der zu ihm sich flüchtet!" (Ps 34,9)

Ich bete solche Worte innerlich langsam, wiederholend. Einfaches Dasein vor Gott, vor Jesus Christus. In ihm atmen; sich ihm hinhaltend.

Wir werden bei solchem Beten getragen von dieser Wirklichkeit: „Gott sandte den Geist seines Sohnes in unser Herz, den Geist, der ruft: Abba, Vater!" (Gal 4,6). In der Tiefe unseres Herzens betet der Geist Jesu Christi mit uns und für uns.

II

Ein Weg zu einem meditativen Christusgebet.

Dieses Gebet wird mit den Perlen des Rosenkranzes gebetet. Statt des „Gegrüßet seist du, Maria" beten wir dieses Christusgebet:

Herr Jesus Christus,
Sohn des lebendigen Gottes,
du bist das Herz der Welt.
Wir preisen dich, –
Rette uns durch deinen Tod
und deine Auferstehung
für die Ewigkeit in Gott.

An der Stelle, wo der Gedankenstrich steht, fügen wir eine Anrufung ein. Jede Anrufung wird also zehnmal gebetet; dazwischen jeweils wie beim üblichen Rosenkranz das „Ehre sei dem Vater …".

Beispiele solcher Anrufungen *

I 1. Dir darf ich alle Sorgen geben.
    2. Du machst meine Einsamkeit zum Ort der Begegnung mit dir.
    3. Du befreist mich von der Angst.
    4. Du birgst mich im Schatten deiner Hand.
    5. In dir darf ich ruhen.

II 1. Du gehst mit mir auf dem Weg durch die Ängste.
    2. Du gehst mit mir auf dem Weg durch das Leiden.
    3. Du gehst mit mir auf dem Weg in die Freude.
    4. Du gehst mit mir auf dem Weg zu den Menschen.
    5. Du gehst mit mir auf dem Weg zum Vater.

---

* Eine große Zahl der Anrufungen verdanke ich dem Buch von Paul Ringseisen, Ruf und Anruf, Don-Bosco-Verlag, München 1980.

III 1. Du befreist mich von mir selbst.
   2. Du willst mich zur Liebe befreien.
   3. Du willst durch mich lieben.
   4. Du führst mich zum Vater.
   5. Du zeigst mir das Antlitz des Vaters.

IV 1. Du vergibst mir meine Schuld.
   2. Du rufst mich in deine Nachfolge.
   3. Du lehrst mich, zuerst das Reich Gottes zu suchen.
   4. Du zeigst mir, daß Gottes Reich die Liebe ist.
   5. Du bist die Freude meines Herzens.

V 1. Du kommst in das Haus meines Lebens.
   2. Du bleibst bei mir, wenn es Abend wird.
   3. In deiner Nähe wird unsere Finsternis hell.
   4. In deiner Nähe wird alles neu.
   5. Du gehst mir voran auf dem Weg in die Freiheit.

VI 1. Du bist das Brot des Lebens für mich.
   2. Du bist die kostbare Perle.
   3. Du lebst im Grunde meines Herzens.
   4. Du führst mich durch Dunkelheit zum Licht.
   5. Du bist meine höchste Sicherheit.

VII 1. Du bist die gekreuzigte Liebe Gottes.
   2. Du hast den letzten Platz gewählt.
   3. Dein Bild soll ich werden.
   4. Du füllst meine Leere mit deinem Leben.
   5. Durch dich wird mein Sterben zum Gewinn.

VIII 1. Du nennst die Armen selig.
   2. In dir wird Armut zum Reichtum.
   3. Du wirst mein Verlangen erfüllen.
   4. Du hast mir im Haus des Vaters eine Wohnung bereitet.
   5. Nach dir sehnt sich die ganze Schöpfung.

IX 1. Ja Gottes, das uns trägt, wo sonst nichts mehr trägt.
   2. Ja Gottes, das uns liebt, wo sonst niemand mehr liebt.
   3. Du Ja zu allen, die du vom Kreuz an dich ziehst.

     4. Du Ja, das für jeden Menschen gilt.
     5. Du Ja, das beim Vater für uns eintritt.

X   1. Du unnachgiebiges Ja.
     2. Du vergebendes Ja.
     3. Du befreiendes Ja.
     4. Du grenzenloses Ja.
     5. Du Ja zu uns im Zeichen des Kreuzes.

XI 1. Du menschenfreundliches Ja Gottes.
     2. Du brüderliches Ja Gottes.
     3. Du verstehendes Ja.
     4. Du geduldiges Ja.
     5. Du treues Ja.

XII 1. Du verborgener Weggefährte.
     2. Du geduldiger Weggefährte.
     3. Du brüderlicher Weggefährte.
     4. Du Ja, das in unseren Herzen brennt.
     5. Du Ja, das alles vollenden wird.

8

Eine Grunderfahrung

Auf einer Reise traf ich einen Philosophieprofessor, der mir von seiner früheren Studienzeit her bekannt war. Im Laufe des Gesprächs sagte er: „Später möchte ich wohl einmal der Frage nachgehen: Welche philosophischen Grunderkenntnisse, Grundaussagen finden sich übereinstimmend durch die Zeiten und Völker hin; es gibt doch gemeinsame philosophische Erkenntnisse, die der menschliche Geist zu allen Zeiten, bei aller Verschiedenheit sonst, gefunden hat."

Als wir nun einmal mit einigen Diakonen zu einem

Abendgespräch zusammen saßen, erinnerte ich mich meines Reisegesprächs und erzählte davon. Es kam die Frage auf: Ob es sich nicht lohne, über die eigentlich philosophischen Grund-Sätze hinaus nach Grund-Sätzen der Lebensweisheit zu suchen, die allen Völkern und Zeiten gemeinsam sind. Und als nun in der Runde nach Beispielen solcher Erkenntnis von einfacher und allgemein gültiger Lebensweisheit gefragt wurde, nannte einer diese: „Nur wer schweigt, kann hören!"

Dazu die Erfahrung eines Pfarrers. Er berichtete: Seit einem Jahr besteht bei uns ein Gesprächskreis, der sich einmal in der Woche trifft. Die Teilnehmer sind überwiegend Jugendliche. Fast immer gehen wir von einem geistlichen Text aus, der jedem in die Hand gegeben wird. Nun haben wir eine wichtige Erfahrung gemacht. Anfangs setzte sogleich das Gespräch ein, wenn der Text vorgelesen worden war und jeder ein wenig darüber nachgedacht hatte. Aber die Art des Gesprächs änderte sich grundlegend, als wir nach einigen Monaten unsere Methode änderten. Wir begannen unser Zusammensein mit einer Schweigemeditation, die verschieden lang dauerte, zehn bis dreißig Minuten. In ihr versuchten wir ganz still zu werden, zum äußeren und inneren Schweigen zu kommen, ein einfaches, gelöstes Dasein ... Erst nach dieser Schweigemeditation wurde der Text vorgelegt; dann begann das Gespräch.

Es zeigte sich nun sehr deutlich, daß seitdem das Gespräch miteinander anders wurde. Während früher, als wir sofort mit Text und Gespräch begannen, daraus oft genug eine der endlosen, sich hin und her zerrenden Diskussionen wurde, die wenig Verbundenheit aufkommen ließen, wurde es jetzt wirklich Gespräch!

An dieser Erfahrung ist uns deutlich geworden: Nur wer

schweigt, kann hören! Hören nicht nur auf die Aussage des Textes, sondern: auf den anderen!

Ein Wort des chinesischen Weisen Lao-tse (4. Jahrhundert v. Chr.) heißt (in der Übersetzung von Erhart Kästner):

Zurückgewandtsein zur Wurzel: das ist Stille.
Stille: das ist Rückkehr zur Bestimmung.
Wer ist im Stand, das Trübe durch Stille zu klären?
Wer vermag Stille so auszuhalten,
daß sie Lebendiges austrägt?

9

Der Wüstentag

Das Wort kommt aus der Sprache von Charles de Foucauld. Ein Wüstentag bedeutet: einen ganzen Tag mit sich allein in der Stille sein. Wir nennen ihn Wüstentag, weil es ein Tag in Einsamkeit sein soll, auch wenn ich ihn in einem angenehmen Haus und in einer schönen Landschaft verbringe. Aber ich muß mit mir allein sein; ich muß mich an diesem Tag mir selber stellen. Es ist also kein Tag, an dem liegengebliebene Briefe beantwortet, Zeitschriftenaufsätze gelesen oder Bücher exzerpiert werden.

Mein Vorschlag: Alle drei Monate, also einmal im Vierteljahr, einen Wüstentag halten! Er muß lange vorher im Terminkalender eingetragen werden, sonst wird nie Zeit dafür da sein.

Früher habe ich gedacht, es wäre gut, einen solchen Tag jeden Monat zu halten. Aber ich habe gefunden, daß

das für die meisten eine Überforderung ist. Eine Spanne von drei Monaten ist die Zeit, die noch überschaubar ist, in der Trends erkennbar sind.

Ich muß von zu Hause weggehen. Auch wenn mich zu Hause niemand stören würde – die gewohnte Umgebung würde zu viele Möglichkeiten des Ausweichens, der Ablenkung bereithalten. Ich suche mir ein Haus, wo man mich in Ruhe läßt. Am besten wäre es, wenn ich mir diesen Tag mit beiden Übernachtungen nehmen kann, sonst aber von morgens bis zum anderen Morgen, notfalls von morgens bis abends.

Was tut man an einem solchen Tag? Jemand sagte mir: Ich habe an meinem letzten Wüstentag so etwas wie eine „Hochrechnung" gemacht; wenn es so weitergeht, wie es im letzten Vierteljahr war, dann kann ich „ausrechnen", wie es nach dem nächsten Vierteljahr aussehen wird – darf es in dieser Richtung weitergehen?

Ich kann mir an einem solchen Tag die eine oder andere der folgenden Fragen stellen: Wie sieht mein geistliches Leben aus? Lebe ich geistlich? Was ist mein Christusglaube? Worin lebe ich jetzt mein Christsein? – Wie steht es mit meinen menschlichen Beziehungen? Wie steht es mit der Zusammenarbeit? – Was ist an Konzeption, an Planung für meine Berufsaufgabe möglich und notwendig? – Was ist in den vergangenen Monaten besonders dankenswert und frohmachend gewesen? – Wo haben sich bei mir Schwächen bemerkbar gemacht? – Wo haben sich Ansätze zu guten Möglichkeiten gezeigt? – War in dieser Zeit etwas, das als Anspruch des Kreuzes an mich gekommen ist? Wo bin ich ausgewichen? Wo muß ich mich stellen? – Wie steht es mit meiner geistigen Arbeit, mit meiner Lektüre?

Nicht allen diesen Fragen kann ich nachgehen; ich

wähle die eine oder andere aus oder beschränke mich auf eine einzige. Es kann hilfreich sein (auch als Orientierung und Kontrolle für einen späteren Wüstentag), sich Notizen zu machen.

Eine andere Möglichkeit: Ich verbringe den ganzen Tag im meditierenden Lesen der Heiligen Schrift und im Beten, das sich daraus nahelegt. Ein Priester sagte mir, daß er einen Wüstentag mit dem Wort Joh 10, 14 verbracht habe: „Ich kenne die Meinen, und die Meinen kennen mich.‟

Vielleicht ist es manchmal eine Hilfe, an einem solchen Tag allein eine lange Wanderung zu machen. Auf diesem Unterwegssein, im Anschauen und Erfahren der Landschaft, findet mancher besser zu sich selbst als im Stillsitzen im Zimmer. Einer sagte, daß er am Spätnachmittag des Wüstentages eine „Emmauswanderung‟ mache: Er wandere zu einem Freund, der auch Priester sei, bespreche mit ihm den Tag und lasse das Gespräch in eine Beichte münden. Dann wandere er am Abend wieder zurück.

Wieder ein anderer sagt: Ich komme nur dann dazu, einen Wüstentag zu halten, wenn ich ihn mit meinem Freund vereinbare; so bekommt der Tag für uns beide eine dringliche Verbindlichkeit. Wir verbringen den Tag in demselben Haus, treffen uns aber nur zu den Mahlzeiten. Abends sprechen wir uns dann über das aus, was der Tag für jeden erbracht hat. Die Aussicht auf diesen Austausch bewahrt mich davor, mich den Tag hindurch ins Vage zu verlieren.

Was will ich tun, wenn mein Wüstentag Stunde um Stunde dürr und unfruchtbar bleibt, wenn Langeweile oder Unmut aufkommen wollen? Wenn die Versuchung aufkommt: Heute hat es keinen Zweck, ich werde den

Tag zu einer erholsamen Ausfahrt mit dem Auto „umfunktionieren"? – Vielleicht ist es dann gerade an der Zeit, mich selber zu fragen: Warum halte ich das bißchen „Wüste" (Wüste in mir selbst?) nicht aus? Wahrscheinlich werde ich am anderen Tag mit mir selbst mehr zufrieden sein, wenn ich ausgehalten habe, als wenn ich ausgewichen wäre.

Ein Buch, das „geistliche Briefe aus der Wüste" enthält, trägt den Titel: „Wo der Dornbusch brennt". Ob wir nicht vertrauen dürfen, daß unserem armselig-bescheidenen Wüstentag etwas gewährt werden kann von der Nähe und dem Wort dessen, der sich in der Wüste im brennenden Dornbusch geoffenbart hat?

Vierter Teil
Vom Betrachten der Bibel

1

Geh einher vor meinem Antlitz! Sei ganz!

Es gibt in der Heiligen Schrift Worte, in denen das Ganze des menschlichen Daseins vor Gott in einer bildhaften Aussage so gesammelt ist, daß diese Worte für das meditative Gebet von großer Fruchtbarkeit sein können. Ein solches Meditationswort steht in Gen 17, 1 (nach der Übersetzung von Martin Buber):

> Als Abram neunundneunzig Jahre war,
> ließ ER von Abram sich sehen und sprach zu ihm:
> Ich bin der Gewaltige Gott.
> Geh einher vor meinem Antlitz! Sei ganz!

Abraham lebt in einem fremden Land. Jahrzehnte der Wanderschaft waren dahingegangen seit dem Tage, da die Stimme ihn zum erstenmal rief: „Geh fort aus deinem Land und von deiner Verwandtschaft und vom Hause deines Vaters in das Land, das ich dir zeigen werde! Denn ich will dich zu einem großen Volke werden lassen, ich will dich segnen und deinen Namen groß machen" (Gen 12, 1-2). Er ist auf seiner Wanderung vielen fremden Göttern begegnet. Und er erlebt sie in seinem Glauben als Wesen, denen Macht gegeben ist. Die Menschen des fremden Landes haben sich überall mit ih-

195

ren Göttern verbündet – in den Zelten, in den Siedlungen, in den Tälern, in der Wüste, auf den Höhen: Überall walten Götter, deren Namen zu erfahren mühsam war. Es ist, als lauerten sie am Weg Abrahams. Die Stimme *seines* Gottes, der ihn aus dem Land seiner Väter gerufen hatte, schien verklungen zu sein in einer unabsehbaren Ferne.

Abraham ist an der Grenze seines Lebens angekommen: Da tritt Gott ins Offene – mitten in der „bedrohenden Welt des Numinosen, vielseitig und vielstimmig" (G. von Rad). „Da ließ ER von Abram sich sehen und sprach zu ihm: Ich bin der Gewaltige Gott!" El Schaddai: Aus der tiefen Dunkelheit der Frühzeit kommt dieser Gottesname, so wurzelhaft tief, daß der Sinn des Namens sich bis heute nicht ganz erhellen läßt: Es ist der Gottesname, der aus den Urgewalten hervorbricht, der Allmächtige, der Übergewaltige!

„Da ließ ER von Abraham sich sehen" – immer geht es von Gott aus, daß ein Mensch ihn erfahren kann. „Geh einher vor meinem Antlitz!" Gottes Blick, in dessen Lichtbahn Abraham geht, ist Allmacht, der Blick aus seinem Antlitz ist Segen, der auf Abrahams Weg sich senkt. Sein Antlitz gibt Weisung, Sendung: Geh! So war ja das erste Wort, das an Abraham erging: Geh! Aber nun hat dieses „Geh einher" doch einen neuen Klang; es ist nicht das Einmalige des Anfangs, der Aufbruch, in welchem der Glaube beginnt, im ersten Anruf Gottes. Dieses erste „Geh!" wird zum „Wandle vor meinem Antlitz," ein Kontinuierliches – gegen den punktuellen Glauben, in welchem der Mensch versucht ist, immer wieder sich anzusiedeln unterwegs, sich hier und da zu sichern, weil ein geheimes, nicht eingestandenes Mißtrauen, eine verborgene Kleingläubigkeit gegen Gott in ihm ist. Es ist

196

uns, als komme ganz in der Ferne, am Horizont, da der Alte Bund in den Neuen hineinwächst, dieses „Wandle vor meinem Antlitz" zur Reife in dem „Bleiben" des Johannesevangeliums: *„Bleibet* in mir"; *„Bleibet* in meiner Liebe".

Oft erfahren wir im Alten Testament, daß der Mensch das Antlitz Gottes nicht ertragen kann. Das Antlitz Gottes tötet den Menschen. Und nun geschieht es in diesem Wort, daß Abraham unter dem Antlitz Gottes *bleiben* soll – und sein Antlitz läßt den Menschen nicht vergehen, sondern läßt ihn „ganz" werden, verheißt ihm Leben!

Man wird einwenden: Hier an dieser Stelle hat das „vor meinem Antlitz" nicht das Gewicht jener anderer Stellen, an denen das Antlitz Gottes als Bild der unnahbaren Heiligkeit und Herrlichkeit Gottes dem sterblichen Menschen erscheint; hier ist es fast nur wie ein Pronomen zu verstehen: „vor mir" – und doch: Alles im Alten Testament ist wie ein Keim, oft in geringen Andeutungen nur, auf unabsehbare Fruchtbarkeit angelegt. Wir, die wir das Alte Testament im Lichte des Neuen Testaments lesen, die wir „Kinder Abrahams" sind, alle aus ihm hervorgegangen, der unser aller Ahnherr im Glauben ist – wir sehen, wie dieses Wort geheimnisvoll wächst: Wir werden unter seinem Antlitz bleiben können, ohne zu vergehen, wir werden in Parrhesia, in Zuversicht vor seinem Antlitz sein können, ohne daß wir wie Mose einen Schleier über unsere Augen legen müßten (2 Kor 3, 13).

„Sei ganz!", so wie das Opfertier des Alten Bundes unversehrt, fehlerfrei, vollständig sein mußte. „Es ist die Beschlagnahme seines ganzen Lebens, das hinfort im Angesicht dieses offenbar gewordenen Gottes gelebt werden

soll" (G. von Rad). Sei ganz in der Lichtbahn, die von
meinem Antlitz ausgeht, sei ganz darin, lebe ganz davon!
Vorher ist Abraham seine eigenen Wege gegangen, Wege
des heimlichen Mißtrauens gegen Gott: Mit Hagar, der
Magd, hatte er den Sohn gezeugt, der der unfruchtbaren
Sara trotz aller Verheißungen Gottes versagt blieb. Der
Glaube Abrahams in Gottes Zusage war klein geworden;
er hatte auf eigenen Wegen, Umwegen, ungeduldig drängend der Verheißung Gottes zur Erfüllung verhelfen
wollen – aber Hagars Sohn war nicht der Sohn der Verheißung (Kap. 16). Nun wird er, der Gott hintergehen
wollte, in diesem Wort wieder auf den *einen* Weg vor
dem Antlitz Gottes gerufen: „Sei ganz!" Sei nicht zwie-
spältig in deinem Glauben und Leben; stelle dein Leben
und deine Zukunft völlig und ganz allein auf mich! Sei
ungeteilt!

Das Neue Testament wird von dem „reinen Herzen"
sprechen, jenem Herzen, das ungeteilt und lauter Gott
hingegeben ist, das keinen Vorbehalt, kein Falsch, keine
eigene Sicherung mehr kennt. Es wird in Simon Petrus
den Glauben fordern, der das eigene Boot verläßt und
sich, *im Blick auf den Herrn,* dem Weg anvertraut, der
über den Abgrund geht. Es wird von dem Kindsein sprechen, jener wesentlichen Grundhaltung des Herzens, in
der der Mensch weiß,daß er nur von Gott her leben und
aufleben kann, als Empfangender: in der Totalität des
Empfangens!

„Sei ganz!" – dieses Wort steht in der Genesis. Genesis
aber ist Schöpfung, ist Anfang. Und so dürfen wir dieses
Wort Gottes nicht nur als Imperativ an den Menschen
verstehen im Sinne einer Aufforderung. Es ist zugleich
Schöpfungswort, wie mit ausgestreckter Schöpferhand
gesprochen, so wie der Herr im Evangelium zu dem Aus-

sätzigen sprechen wird: „Sei rein!" Gott macht in diesem Wort mit Abraham wieder den neuen Anfang: Nach allem Irrweg Abrahams ins Ausweglose stellt Gott ihn nun wieder in diesem „Sei ganz!" auf den Weg, der allein zum Ziel führt, zu jenem Ziel, das über Isaak, den Sohn der Verheißung, weit hinausführt bis zu jenem Sohn Abrahams, der fern am Horizont der Heilsgeschichte steht und von sich sagen wird: „Ehe Abraham war, bin ich!"

Denn Ganzsein heißt ja für Abraham: gesegnet sein mit Fruchtbarkeit, erfülltes Leben haben in dem Sohn, aus dem die Geschlechter wachsen werden zum zahlreichen Volk; in der Zerbrochenheit seiner Existenz neben der unfruchtbaren Sara von Gott angeschaut zu werden – „vor meinem Antlitz" – und in *diesem* Lebensraum reif zu werden, fruchtbar zu werden, zu *leben*!

Und wieder gehen von hier die verborgenen Linien über den ganzen Weg der Heilsgeschichte bis zu ihm, in welchem das Angeschautwerden von Gott die letzte Erfüllung gefunden hat: „Wer in mir bleibt und ich in ihm, *der bringt viele Frucht*" (Joh 15,5) – und: „Ich habe euch dazu bestimmt, daß ihr hingeht und Frucht bringt und eure Frucht bleibe" (Joh 15,16).

Gott *verbürgt* sich vor Abraham für dieses Ganzsein: „Ich will einen Bund stiften zwischen mir und dir, und ich will dich überaus zahlreich machen." Gott selber begibt sich unter diese heilige Satzung, stiftet den heiligen Vertrag, der nie mehr zurückgenommen wird und der seine Vollendung finden wird in ihm, der diesen Bund besiegelt in seinem Blut. – „Da fiel Abraham auf sein Angesicht nieder." Große schweigende Gebärde: Ehrfurcht und Anbetung und Danksagung.

Dieses Wort Gottes ist nicht verklungen. Denn es ist

ja ein Wort, das auf einen Weg hin gesprochen ist, zu
Abraham und zu allen, die aus ihm hervorgehen werden.
Und so ist also dieses Wort auch zu uns, den „Kindern
Abrahams", gesprochen, denn auch wir sind auf dem
Wege, und das Wort wird erst an sein Ziel gekommen
sein, wenn „die Vollzahl" erreicht ist und jener Äon of-
fenbar wird, in welchem wir „mit Abraham, Isaak und Ja-
kob zu Tische sitzen".

In den Dämmerungen einer anonymen Welt, die kein
Angesicht trägt, in den Dunkelheiten einer Welt, in deren Abgründen die Vernichtung lauert, dringt dieses
Gotteswort an unser Ohr und weckt in uns den Glauben,
daß *sein* Antlitz über unserem Weg ist und daß wir mit
ihm in die noch unenthüllte Zukunft schauen: daß wir
in die gleiche Richtung mit Gott schauen dürfen!

Dieses Wort ist ein Trostwort. Aber es erhebt auch einen Anspruch an uns: Geh unter dem Antlitz Gottes!
Geh nicht deinen Eigenweg!

Ganzsein kann man nur vor dem *Angesicht*. Nicht in
einem „Vollkommenheitsstreben", nicht in sachlichen
Leistungen – nur vor dem lebendigen Du Gottes! Ganzsein kann man nur mit neuen Augen, die vom Licht erhellt sind, das von seinem Antlitz kommt. Die alten
Augen sehen nur die hoffnungslosen Wege, denn die alten Augen, die unerleuchteten, sehen nur eine kurze
Strecke weit; daher murrt der Mund des kleingläubigen
Volkes in der Wüste; daher hadert der Mund Saras: „Du
siehst, Jahwe hat mir Kindersegen verwehrt; so gehe
doch zu meiner Magd ein; vielleicht bekomme ich von
ihr einen Sohn" (Gen 16,2). Jene Schwester Saras aber,
Maria von Nazaret, die nicht „erkennt" und doch glaubt,
weil sie ganz ist unter dem Antlitz Gottes, überschaut
mit neuen Augen lobpreisend den ganzen Weg, der bei

Abraham beginnt und bei ihr mündet: „Wie er dem Abraham verheißen und seinem Samen auf ewig."

In Jesus Christus ist das Antlitz Gottes über uns, ist *das* Anschauen Gottes: das allmächtige Wohlgefallen, die Zuneigung Gottes, in der der Mensch „ganz" sein kann.

Darum ist es auch nicht Vermessenheit, wenn wir mit der Ersterlösten das Magnifikat singen – „wie er dem Abraham verheißen und seinem Samen auf ewig" –: denn unter seinem Anschauen sind wir neue Kreatur geworden, unter dem Wohlgefallen Gottes, das Christus heißt.

2

Gesehen habe ich, gesehen das Elend meines Volkes

Meditation zu Ex 3, 7

Vorbemerkung. In einem Buch, das unter dem Titel „Gott allein genügt" (hrsg. von B. Bro OP, Düsseldorf 1965) eine „ Botschaft beschaulicher Klöster an die Welt" enthält, sind Äußerungen von Ordensfrauen aus zahlreichen kontemplativen Klöstern Frankreichs zusammengestellt. Bemerkenswert sind in diesen Mitteilungen zum geistlichen Leben die aus langer kontemplativer Erfahrung kommenden Aussagen über die Bedeutung der Heiligen Schrift für dieses Leben mit Gott; bemerkenswert vor allem, was von diesen Ordensfrauen gesagt wird über das Alte Testament. Es finden sich Äußerungen wie diese: „Nicht so sehr in einzelnen Texten,

vielmehr in seiner Gesamtheit läßt uns das Alte Testament erkennen, wer Gott ist. Auf jeder Seite dieser Geschichte von Gottes Handeln mit Israel entdecken wir sein wahres Antlitz" (79). „Gott, wer ist das? Weder meine erste Kommunion noch meine Berufung gaben mir eine Antwort darauf. Ich fand sie beim Lesen des gesamten Alten Testamentes, ganz besonders im Buch Exodus ..."(82). Und schließlich: „In meiner Kindheit sind mir Gott und die Kirche wie Tyrannen dargestellt worden. Später, bei der Vorbereitung einer Osternachtsfeier, entdeckte ich das Buch Exodus und die Liebe Gottes zu seinem Volk: ‚Ich habe gesehen, ich habe gesehen das Elend meines Volkes ...'"(68).

Schon hier deutet sich an, daß wir den Vers, den wir für unsere Meditation wählen wollen, in einen großen Zusammenhang stellen müssen.

In den Worten des Alten Testamentes ist ein geheimnisvolles Gefälle wirksam. Dieser verborgene Zug, manchmal kaum noch merkbar, dann wieder von äußerster Dichte und Kraft, hat ein einziges Ziel: Jesus Christus. Wenn ich also ein Wort des Alten Testamentes meditieren will, habe ich diesen Schlüssel zum Raum einer solchen christlichen Meditation: Christus erkennen in diesem Wort des Alten Testamentes!

Diesen Schlüssel gibt uns das Neue Testament selbst in die Hand, wenn es etwa im Emmausevangelium sagt: „Und er fing an von Mose und von allen Propheten und erklärte ihnen, *was in allen Schriften über ihn geschrieben steht*" (Lk 24,27). Oder wenn der Herr den Juden sagt: „Ihr durchforscht die Schriften, ihr glaubt ja in ihnen ewiges Leben zu haben: Gerade die sind es, die über mich Zeugnis ablegen ... Wenn ihr dem Mose geglaubt hättet, hättet ihr auch mir geglaubt, *denn er hat über*

mich geschrieben" (Joh 5,39,46). So müssen wir das Alte Testament, wenn wir es christlich meditieren wollen, aus den Händen Jesu empfangen (G. von Rad). Und: „Wer innerhalb des Gottesdienstes der neutestamentlichen Gemeinde die Verkündigung eines alttestamentlichen Textes vernimmt, vollzieht sein Hören immer schon im Raum des Gegenüber zu Christus" (N. Lohfink).

Eine (allgemeine) methodische Anleitung zur Meditation einer alttestamentlichen Perikope könnte etwa so sein:

a) Christus in diesem Wort der Schrift erkennen.

b) Der Perikope ihren Ort geben im Ganzen der Offenbarung; sie hineinstellen in den Zusammenhang der großen Heilsmysterien: Schöpfung, Inkarnation, Passion und Auferstehung, Heiliger Geist (Kirche), Wiederkunft.

c) Die Perikope hören auf meine Geschichte hin, auf meine Heilsgeschichte hin; sie hören auf meine Hoffnung hin, sie hören auf meine Sendung hin.

Meditation: Ein Gedicht von Ingeborg Bachmann „Psalm" endet mit der Zeile: „Unbegangen sind die Wege auf der Steilwand des Himmels." In allen Zeiten hat es Menschen gegeben, die unter der Glaubens- oder Unglaubenslast dieser Erfahrung standen. Und vielleicht muß es im Leben eines jeden Menschen einmal eine Stunde geben, wo ein solches Wort zur Aussage seiner Glaubensexistenz werden könnte. Oder – ist es vielleicht eine äußerste Gnade, auf dem Weg des Glaubens an jene „grifflose Wand" geführt zu werden, von der man nur zurückgeworfen wird in die Ebene der eigenen ausweglosen Existenz?

Die Frage, die auf den Lippen Ijobs im Elend nicht verstummen will, heißt: „Warum hüllst dein Antlitz du?" (13,24; Übersetzung der Ijobstellen nach Fridolin Stier). Und dann läßt er das Fragen und fällt vor diesem Schrecklichen auf sich selbst zurück:

Ich glaube nicht, daß meiner Stimme er lauscht.
Er, der mich im Sturmbraus schnappt,
grundlos meine Wunden mehrt,
mich nimmer Atem holen läßt (9,16).

Ach, er hört nicht auf meine Stimme – sieht er mich?

Urnacht ist auf meinen Wimpern (16,16).

Das Buch Exodus berichtet von der Nacht Ägyptens. Und in diese Nacht hinein spricht Er, sich offenbarend im brennenden Dornbusch:

Gesehen habe ich, gesehen
die Bedrückung meines Volkes, das in Ägypten ist,
ihren Schrei vor seinen Treibern habe ich gehört,
ja, erkannt habe ich seine Leiden
(3,7; Übersetzung nach Martin Buber).

Seit der Verstörung des Anfangs, als der Mensch nicht mehr offen im Blick Gottes stand, sondern „er sich versteckte vor ihm" (Gen 3,8), hat ihn dennoch die nie aufhörende Unruhe gepackt, die die Psalmen immer wieder mit dem Wort aussagen: „Ich will das Antlitz Gottes suchen." In der Fremdheit, in der „Nacht Ägyptens", sucht er den Blick Gottes, das Angeschautwerden von ihm.

Oder aber – das Elend macht sein Herz so stumpf, daß es nicht mehr sucht, sondern nur noch die Dumpfheit des Daseins kennt. Und dazwischen, zwischen der Leidenschaft und Unruhe des Suchens und dem dumpfen Dahinleben alle die Übergänge: Gibt es ihn? Weiß er um mich? Sieht er mich? Ist er ein Du? ... Bis hin zum Ver-

gessen; bis hin zur Selbstverständlichkeit, ohne ihn zu leben.

Und da ist dieses Wort: „Gesehen habe ich, gesehen das Elend meines Volkes!"

Dieses Wort steht nicht an einer beliebigen Stelle des Alten Testamentes. Es leitet die sehr große Offenbarung Gottes ein, jene, in der er seinen Namen dem Menschen kundgibt: Ich bin, der da ist zu euch hin! Es leitet den Weg der Kenosis, der Entäußerung Gottes ein. Es leitet jenes Mysterium ein, in welchem alle Heilsgeschichte sich sammelt: das Paschamysterium, das beginnt in der Nacht des Auszugs aus Ägypten, das in Passion und Auferstehung des Herrn seine Erfüllung findet, das im Kommen des Herrn und in der endgültigen Sammlung des Gottesvolkes am Ende der Zeit in seine bleibende Vollendung gelangt.

Dieses „Gesehen habe ich, gesehen" wird in Jesus Christus anschaubar. In seinem Weg und in seinem Werk geschieht es: „Als er die Volksscharen sah, erfaßte ihn Erbarmen mit ihnen, denn sie waren geplagt und verkommen wie Schafe, die keinen Hirten haben" (Mt 9,36). Und was seine Gleichnisrede vom Vater sagt: „Als er – der Mensch im Elend – noch fern war, sah ihn der Vater": In ihm geschieht es. Und was seine andere Gleichnisrede vom barmherzigen Samariter sagt: „Er sah ihn – den Menschen im Elend – und ward von Erbarmen bewegt": In ihm geschieht es. Es ist eine einzige Linie, die von hier zurückführt auf das Sehen Gottes am Anfang.

Dies Sehen Gottes am Anfang des Alten Bundes wird zum Wort, zum Anspruch an Mose und an das Volk; und das Wort wird zur rettenden Tat Gottes an seinem Volk, das herausgeführt wird aus dem „Hause der

Knechtschaft". Aber der Anspruch wartet auf Antwort, die Glaubensantwort, in der das Volk die rettende Tat Gottes ergreift und sich im Exodus und im Pilgerweg der Wüste mit seiner ganzen Existenz einzig in die rettende Hand Gottes gibt.

Was da geschehen ist, ist die „Substruktur" für das wahre Paschageschehen: Das Sehen Gottes wird zum Wort, „das Fleisch geworden und unter uns gewohnt", das Wort wird zum Anspruch in Jesus Christus, wird zur rettenden Tat in ihm. Er selber ist allein die ganze und reine Antwort auf den Anspruch Jahwes. Der Christ aber „ist der Mensch, der aus dem Glauben lebt, das heißt, seine ganze Existenz auf die eine Chance gestellt hat, die ihm Jesus Christus, der Sohn Gottes, für uns alle gehorsam bis zum Kreuz, eröffnet hat: am welterlösenden, gehorsamen Jawort zu Gott teilzunehmen" (H. U. von Balthasar).

„Gesehen habe ich, gesehen das Elend meines Volkes": Ist nun für den Glaubenden das Elend aus der Welt? Es trifft ihn wie den Ungläubigen mit der gleichen Härte und Qual und Rätselhaftigkeit. Aber als Ijob, der in der Qual seines Lebens den Glauben in der innersten Kammer seines Herzens dennoch bewahrte, auf einen äußersten Punkt des Rechtens mit Gott gekommen ist, da schlägt er sich mit seiner Hand auf den Mund:

Sieh, ich erliege. Was antworte ich dir?
Die Hand ich mir leg auf den Mund! (40, 4)

Etwas in seinem Herzen läßt den Glaubenden *angesichts des Kreuzes, wo das Ansehen Gottes ist,* tun, wie Ijob tat, der sich mit der Hand auf den Mund schlägt. Und vielleicht wird er in diesem Glauben dorthin geführt, etwas – nicht zu begreifen, aber doch zu bejahen von dem Pas-

chamysterium: „Wenn das Weizenkorn nicht in die Erde fällt und stirbt, bleibt es allein; wenn es aber stirbt, bringt es viele Frucht" (Joh 12,24).

Ijob schreit in der Finsternis seiner Blindheit, in der kein Ansehen mehr ist:

Wo ist mein Schöpfer – Gott,
der Lobgesänge schenkt zur Nacht? (35,10)

Welcher Christ kann diesen Schrei Ijobs hören, ohne an jenen „Lobgesang zur Nacht" zu denken: „Haec nox est – Dies ist die Nacht, da du einstens unsere Väter herausführtest aus Ägypten ... Dies ist die Nacht, von der geschrieben steht: Die Nacht wird hell wie der Tag. O du wahrhaft selige Nacht!" (Exsultet der Osternacht).

Aber zwischen dem Schrei Ijobs und dem Lobgesang der Paschanacht steht das Sehen Gottes: „Gesehen habe ich, gesehen das Elend meines Volkes." Jesaja sagt (63,9): „Er ward ihnen zum Retter in all ihrem Elend; kein Bote, kein Engel – *sein Antlitz rettete sie.*"

Gott, der Allerfernste – Gott, der Allernächste
Ein Weg mit fünf Jeremia-Worten*

I

Warum bist du nun geworden
wie ein Gastsasse im Land,
wie ein Wandrer, der abbiegt zu nachten!
Warum bist du nun geworden
wie ein eingeschüchterter Mann,
wie ein Held, der zu befrein nicht vermag!
Und bist doch drinnen bei uns,
Du,
über uns ist dein Name gerufen –
nimmer darfst du uns liegen lassen! (Jer 14, 8-9)

Ein Wort von starker Aktualität. Das zweimalige
„Warum" ist die Frage und Klage des Glaubenden heute,
der, ausgespannt zwischen Glaube und Unglaube, schwer
trägt an der „Abwesenheit" Gottes in unserer Welt.

Gott, ein Fremder im Land, ein Wanderer, der für eine
Nacht einkehrt, namenlos. Hat er eine Beziehung zu denen, bei denen er einkehrt? Oder bleibt er der Unbe-
kannte, der fremd und in einem immer flüchtigen
Augenblick unser Dasein streift?

Ein einsamer Mann unterwegs, der beim Einfallen der
Dunkelheit den Hof der Herberge betritt, irgendwo am
Rand der Wüste – und scheu rücken die Menschen von
dem Fremden weg. Ist Gott so in unserer Welt?

---

* Die Übersetzung der Schriftworte ist, mit Ausnahme des vierten
Wortes, genommen aus: Martin Buber, Bücher der Kündung, Köln –
Olten 1958.

Viele Psalmen singen anders von Gott. Der Glaube Israels feiert in ihnen das Kommen Jahwes zu seinem Volk: „Der Herr hat sein Heil bekannt gemacht und seine gerechtes Wirken enthüllt vor den Augen der Völker" (Ps 98,2).

Und jetzt:

> Warum bist du nun geworden
> wie ein Wandrer, der abbiegt zu nachten!
> Warum bist du nun geworden
> wie ein eingeschüchterter Mann,
> wie ein Held, der zu befrein nicht vermag!

Aber dann bricht doch die Kraft des Glaubens auf:

> Und bist doch drinnen bei uns,
> Du,
> über uns ist dein Name gerufen,
> nimmer darfst du uns liegen lassen!

Jeremia spricht dieses Wort in einem anderen Glaubensbewußtsein, als es das unsrige ist, wenn wir dieses Wort im ersten Hören uns zu eigen machen wollen. Bei dem Propheten ist es die nie angezweifelte Anwesenheit Gottes inmitten seines Volkes, die seinen Glauben trägt. Und das zweimalige „Warum" ist nichts anderes als ein inständiges Bedrängen Gottes, das seinen letzten Ausdruck empfängt in dem: „Nimmer darfst du uns liegen lassen!"

Bei uns aber – nistet nicht in unserem Herzen der Zweifel an der Wirklichkeit und Erfahrbarkeit Gottes überhaupt? Kommt unser „Warum" nicht aus tieferen Zweifelsgründen?

II

Bin ich ein Nahgott nur,
ist SEIN Erlauten,
und ein Ferngott nicht auch? (Jer 23,23)

Wie eine erste Antwort auf das zweimalige „Warum" ist
das, Gott, der Allernächste, Gott, der Allerfernste. Und
beides kann uns zum bedrängenden Gottesgeheimnis
werden. Auch der Allernächste kann bedrängend werden. „Zwei Dinge sind entsetzlich, sagt Ijob, und er
meint damit, daß Gott zu nahe oder daß er zu fern ist.
Denn wenn Gott zu nahe ist, erstickt und erwürgt er
mich, und ich habe keinen Atemzug, um ein einziges
Wort hervorzubringen und ihm meine Pein darzulegen.
Ist aber Gott zu weit weg, kann ich schreien, soviel ich
will, er hört mich nicht. Ach, sagt Ijob, das, wonach ich
Verlangen habe, das, wonach aus der Tiefe meiner Not
meine Seele und mein Leib sich sehnen, das ist ein Gott,
der weder zu nahe noch zu fern wäre – ein Gott, der ein
Partner wäre nach meinem Maßstab, der zu mir spricht
und mich anhört ... Ein Gott, der nach meinem Bilde
wäre, wie ich nach dem seinen bin. Ein Partner, mit dem
ich wenigstens einige Schritte auf einer gemeinsamen
Straße tun könnte, ohne daß er plötzlich entschwände
oder mich tötete ..."(A. Neher, Jeremias, Köln 1961,
161 f).

III

So hat ER gesprochen, ders macht,
ER, der es bildet, es aufzurichten,
ER IST DA sein Name:
Rufe mich an,
und ich antworte dir,

ich melde dir Großes und Steiles,
davon du nichts weißt. (Jer 33,2–3).

Große Weiterführung in der Antwort Gottes. Das erste:
Gott hat gesprochen!

In den Erzählungen der Chassidim heißt es einmal:
„Zu Anfang der Rede, wenn der Maggid den Satz der Heiligen Schrift vortrug, den er auslegen wollte, und mit
den Worten der Schrift ‚Und Gott sprach‘, ‚Und Gott redete‘ begann, ergriff die Verzückung Rabbi Sussja, und er
schrie und bewegte sich so wild, daß er die Tafelrunde
verstörte und man ihn hinausführen mußte. Da stand er
dann im Flur oder in der Holzkammer, schlug an die
Wände und schrie: ‚Und Gott sprach!‘“(*M. Buber*, Schriften zum Chassidismus. München 1963, 356).

Er ist nicht in der Ferne geblieben. „ER IST DA sein
Name." Die Hörer des Propheten verstanden das. So offenbart sich ihnen der Bundesgott: Ich bin da – bei euch!
Ich bin das lebendige Du für euch! Die letzten beiden
Zeilen greifen das in der zweiten Zeile Gesagte auf: Gott
führt sein Werk durch alle Untergänge, durch alles Verderben hindurch zu der alle menschliche Fassungskraft
übersteigenden Vollendung. Wir leben aus dieser Zusage
Gottes.

IV

Aus der Ferne
erschien ihm ER!
Mit ewiger Liebe habe ich dich geliebt,
darum habe ich dir solange die Huld bewahrt. (Jer 31,3)

„Bin ich ein Ferngott nicht auch?", so hatte Gott gesprochen. Nun aber: „Aus der Ferne erschien ihm ER!" Das
Geheimnis der Ferne wird zum Geheimnis der Nähe.

Hinter dem Spruch des Herrn verbirgt sich und enthüllt sich zugleich das große göttliche Zuvor: „ Er hat
uns zuvor geliebt" (1 Joh 4, 19). Und diese aus der
Ewigkeit kommende Liebe trägt die Bundestreue Gottes
durch, gegen alle Untreue des Menschen. Die Geschichte Gottes mit seinem Volk, mit uns, ist eine einzige Bestätigung dieses Wortes. Im Kreuz erhält es sein
Siegel. „Jetzt aber in Christus Jesus seid ihr, die ihr
einst ‚fern' waret, ‚nahe' geworden durch das Blut Christi" (Eph 2, 13).

Es ist, als ob das zweimalige fragende „Warum" des
Menschen, das wir im ersten Wort des Propheten hörten, hier von Gott gleichsam gegen alle „Logik" beantwortet wird.

„*Darum* habe ich dir solange die Huld bewahrt." Gottes Darum gründet im Abgrund seiner ewigen Liebe.

V

Ich gebe ihnen ein Herz,
mich zu erkennen,
daß Ich es bin,
sie werden mir zum Volk
und ich werde ihnen zum Gott,
denn sie kehren zu mir um
mit all ihrem Herzen. (Jer 24, 7)

Kann der Mensch der ewigen Liebe Antwort geben? Ja,
kann er sie überhaupt erkennen?

Jeremia weiß wie kaum ein anderer Prophet, daß „das
Herz heillos ist" (17, 9). Er weiß, wie wenig der Mensch
sich zu wandeln vermag; daß er im tiefsten gefangen
bleibt in sich selbst, in der Unfreiheit seines Ich. „Wandelt ein Mohr seine Haut, ein Pardel seine Streifen?"
(13, 23). Der Prophet gibt sich keiner Täuschung mehr

über den Menschen hin: sein Herz ist verkehrt, „eingeübt im Bösen" (13,23).

Und nun ist dieses Wort da, ein Heilswort! Wenige
Kapitel weiter erhält es seine starke Ausprägung:

> Wohlan, Tage kommen,
> ist SEIN Erlauten,
> da schließe ich
> mit Haus Jissrael und mit Haus Jehuda
> einen neuen Bund,
> ich gebe meine Weisung in ihr Inneres,
> auf ihr Herz will ich sie schreiben,
> so werde ich ihnen zum Gott,
> und sie werden mir zum Volk.
> Und nicht brauchen sie mehr zu belehren
> jedermann seinen Genossen,
> jedermann seinen Bruder,
> sprechend: Erkennet IHN!
> Denn sie alle werden mich kennen,
> von ihren Kleinen bis zu ihren Großen,
> ist SEIN Erlauten.
> Denn ihren Fehl will ich ihnen verzeihen,
> ihrer Sünden nicht mehr gedenken! (Jer 31,31 f)

Erkenntnis Gottes, Gott *erkennen*, das ist im Sprachgebrauch der Bibel weit mehr, als wir heute darunter verstehen. Es ist liebende, personale Begegnung, Gemeinschaft, bis hin zur ehelichen Gemeinschaft; es ist
beglückender Austausch, tiefes Einssein des Erkennenden mit dem Erkannten. Und hier sagt Gott: „Ich gebe
ihnen ein Herz, mich zu erkennen, daß ICH es bin." Gott
hat seine eigene Liebe in uns hineingegeben.

In diesem Wort leuchtet das auf, was Gott an einer anderen Stelle beim Propheten Jeremia sagt: „Erfreuen will
ich mich, ihnen Gutes zu tun" (Jer 32,41).

In Christus erfüllt sich das Wort vom erkennenden
Herzen. Das 17. Kapitel des Johannesevangeliums ist

213

höchste Weiterführung und Vollendung der prophetischen Weissagung. „Das ist das ewige Leben, daß sie dich erkennen, den allein wahren Gott, und den du gesandt hast, Jesus Christus ... Ich habe ihnen die Herrlichkeit gegeben, die du mir gegeben hast, auf daß sie eins seien, wie wir eins sind, ich in ihnen und du in mir . .. Vater, ich will, daß da, wo ich bin, auch die mit mir seien, die du mir gegeben hast, damit sie meine Herrlichkeit schauen, die du mir gegeben hast ... Ich habe ihnen deinen Namen kundgemacht und werde ihn kundmachen, *damit die Liebe, mit der du mich geliebt hast, in ihnen sei und ich in ihnen.*"

Schon ist uns in der Tiefe des Herzens die Verwandlung geschenkt. Noch aber sind wir auf dem Wege. „Wir schauen noch durch einen Spiegel mit Rätsel, dann aber von Angesicht zu Angesicht. Noch erkenne ich unvollkommen, dann aber werde ich erkennen, wie ich selbst erkannt bin" (1 Kor 13, 12).

„Nimmer darfst du uns liegen lassen", so hieß es im ersten Wort. Über alles, was das Menschenherz erhoffen und denken kann, wächst Gottes Antwort.

4

Vom dankbaren Samariter

Eine Meditation über Lk 17, 11–19

Vorbemerkung. Ziel und Sinn dessen, was wir „Schrift-
betrachtung" oder Meditation eines Textes nennen, ist
mit wenigen Worten zu umreißen: Die Offenbarungs-
wahrheit soll *meine* Wahrheit werden. Die objektiv gül-
tige Wahrheit eines Textes soll ich in der Betrachtung als
einen lebendigen, an mich gerichteten Anspruch vernehmen und aufnehmen. Ich muß von ihr berührt werden.
Daraus ergibt sich, daß eine rechte Meditation in das innerliche Gebet einmündet. Wir können vor dem Wort
Gottes nicht im bloßen Nach-Denken verbleiben. Das
Geheimnis eines Textes wird weder mit diskursiver
Verstandestätigkeit noch auch mit unserer Phantasie, die
sich den biblischen Vorgang illustriert, bis in seine Tiefe
hinein erschlossen werden können. Es entzieht sich
auch dem, der nur sittliche Impulse oder Vorsätze aus
seinem Nachsinnen zu gewinnen trachtet. Diese eben
angedeuteten Möglichkeiten mögen Vorbereitungen
und Wege sein, keinesfalls aber sind sie letztes Ziel der
Betrachtung. Es gilt, selber dem Heilsgeschehen zu begegnen und durch diese Begegnung zu einem tieferen, geschenkten Einssein mit Gott zu kommen. Eine lebendige
Begegnung mit dem Wort der Offenbarung kann uns erwecken zu einem Leben mit Gott und zum wahrhaftigen
Zeugnis.

Es geschah auf dem Weg nach Jerusalem, Jesus zog durch das
Grenzgebiet von Samaria und Galiläa. Als er in ein Dorf hin-
eingehen wollte, kamen ihm zehn Aussätzige entgegen. Sie

blieben von ferne stehen und riefen: Jesus, Meister, erbarme
dich unser! Als er sie sah, sagte er zu ihnen: Geht, zeigt euch
den Priestern! Auf dem Weg geschah es, daß sie rein wurden.
Einer von ihnen aber kehrte um, als er sah, daß er geheilt war;
und er pries Gott mit lauter Stimme, fiel zu seinen Füßen auf
sein Antlitz und dankte ihm. Dieser Mann war ein Samariter.
Da sagte Jesus: Es sind doch alle zehn rein geworden. Wo sind
die übrigen neun? Hat sich keiner gefunden, der umkehrte, um
Gott die Ehre zu geben, außer diesem Fremden? Und er sagte
zu ihm: Steh auf und geh! Dein Glaube hat dich heil gemacht!

I

Was uns hier berichtet wird, trägt sich im Grenzgebiet
zwischen Galiläa und Samaria zu. Und so ist es verständlich, warum in einer Schar jüdischer Aussätziger auch
ein Samariter mitziehen kann. Es bestand zwischen Juden und Samaritern erbitterte Feindschaft, die anderswo
keine Gemeinschaft hätte aufkommen lassen. Vielleicht
verband auch das gemeinsame Schicksal diese Männer,
denn aussätzige Juden galten ihrer schrecklichen Krankheit wegen als levitisch Unreine; man schloß sie vom
Kult und von der Gemeinde aus.

„Sie blieben von ferne stehen", denn so war es vom
Gesetz vorgeschrieben. (Lev 13, 45–46: „Ein Aussätziger,
der dieses Übel an sich hat, soll in zerrissenen Kleidern
einhergehen und sein Haupthaar aufgelöst tragen. Er soll
seinen Bart verhüllen und ‚Unrein! Unrein!' ausrufen. Er
bleibt unrein, solange er das Leiden hat. Weil er unrein
ist, soll er abgesondert leben; außerhalb des Lagers soll er
sich aufhalten.")

„Als er sie sah, sagte er zu ihnen: ‚Geht und zeigt euch
den Priestern.' Auf dem Weg geschah es, daß sie rein
wurden." In Lk 5, 13 wird berichtet, wie ein Aussätziger

216

unter der Berührung Jesu heil wird („ und er streckte seine Hand aus, berührte ihn und sprach: ‚Ich will, sei rein.' Und *sogleich* wich der Aussatz von ihm"). Hier aber sollen die zehn erst auf dem Wege zu den Priestern ihre Heilung erfahren. Ihr Glaube soll wachsen und sich bewähren. Noch in ihrem Aussatz sollen sie dorthin gehen, wo ihnen ihr Heilsein bestätigt wird.

Ich vergegenwärtige mir das Geschehnis in seiner Anschaulichkeit: die kleine Elendschar der Aussätzigen, ihr lautes Rufen, Jesu Zuspruch, die Gestimmtheit der zehn auf dem Wege in der Erfahrung des Heilwerdens, die Umkehr des einen noch auf dem Wege, das Weitereilen der anderen neun – und wie sie sich dann verlieren in ihr Leben hinein.

Ich lenke den Blick auf die Mitte des Geschehens: die Erschütterung Jesu, daß der einzige, der zurückkehrt, der Fremde, der Samariter ist – und die Söhne seines eigenen Volkes den Dank vergessen. „Hat sich keiner gefunden?" Und: das Danksagen des Geheilten„Er pries Gott mit lauter Stimme, fiel zu seinen Füßen auf sein Antlitz und dankte ihm." Dies sehen: den Mann zu Boden hingebeugt vor den Füßen des Herrn; das Herz durchströmt von Dankbarkeit und Freude in dieser Gebärde der Huldigung; der Blick Jesu über ihm, und sein Wort: „Steh auf und geh! Dein Glaube hat dich heilgemacht!"

II

Was hier geschieht, ist Offenbarung. Das Wunder der Heilung ist ein Zeichen für das, was in Jesus Christus Ereignis wird: Anbruch der heilen Welt, Anfang des neuen Äon. Als Jesus den Abgesandten Johannes des Täufers seine Antwort mitgibt, da nennt er auch die Heilung der

Aussätzigen als Zeichen, daß die messianische Heilszeit da ist: „... Aussätzige werden rein" (Lk 7,22).

Aber hier ist doch noch ein besonderer Sinn verborgen. Ein anderes Ereignis mag uns dazu ein Schlüssel sein. Lukas berichtet es wenig später: die Segnung der Kinder (18,15–17). Die Jünger weisen die Kinder ab. Das Kind steht noch außerhalb des Gesetzesweges und damit nach jüdischer Ansicht auch außerhalb des Heilsweges. Ist doch das Gesetz einziger Zugang zum Heil. Und Jesus sagt: Solche, gerade solche, *nur* solche erlangen das Heil! „Wer das Reich Gottes nicht so annimmt, wie ein Kind, der wird nicht hineinkommen" (Mk 10,15). Unmittelbar vor dem Bericht von der Kindersegnung steht das Gleichnis vom Pharisäer und Zöllner (18,9–14): Nicht der getreue Gesetzessohn ist gerecht, sondern der Ausgestoßene, der „von ferne stand". Und unmittelbar nach der Kindersegnung hören wir von der Begegnung Jesu mit dem reichen Jüngling (18,18–23): Der Gesetzestreue erfaßt das Heil, das in Jesus vor ihm steht, nicht!

Zwischen allen Berichten besteht ein verborgener Zusammenhang. Hier sind es die jüdischen Aussätzigen, Söhne Abrahams, die zwar die Heilung annehmen, aber das Eigentliche, die Beziehung zum lebendigen Gott, fehlt ihnen. „Gott die Ehre zu geben", das erfassen sie nicht. Der Fremde aber, der Samariter, der außerhalb des wahren Heilsweges steht, er kehrt noch auf dem Wege um und preist mit lauter Stimme Gott. Das Gesetz ist für die Söhne des erwählten Volkes der festgelegte Weg. Hier aber haben die neun es auch zum Ziel ihres Weges gemacht. Ihr Weg endet nach der Heilung dort, wo sie sich dem Priester zeigen. Für sie ist alles damit abgeschlossen, wenn die Vorschrift des Gesetzes erfüllt ist. Sie gelangen nicht darüber hinaus vor den lebendigen

Gott. So sind sie auch des Dankes unfähig geworden, weil sie nur noch das Gesetz, aber nicht mehr den personalen Gott sehen. Danken kann man aber nur einer Person. Sie haben den Sinn dafür verloren, daß das Heil *Gnade* des lebendigen Gottes ist.

Der Samariter aber, dem die jüdischen Gefährten vielleicht schon oft bedeutet haben, daß er außerhalb des wahren Gesetzes und damit auch außerhalb des Heiles stehe, dieser nicht nur durch die Krankheit Ausgesetzte, ist überwältigt von dem unerwarteten Geschenk, daß er mit seinen neun jüdischen Leidensgefährten zugleich vom jüdischen Rabbi geheilt wurde. Da er nun auf dem Weg die Heilung erfährt, empfängt er sie als unverdiente, unbegreifliche Gabe. Er weiß: Nicht das Gesetz hat ihm das Heil eingebracht, sondern jener! Und so eilt er zurück zu jenem, dem er alles verdankt. Das Gesetz versinkt – der Heilige Gottes hat ihn gerettet.

Es ist wie in jenem Gleichnis: Dem Verlorenen, der heimkehrt, kann das Fest bereitet werden. Er ist der Freude fähig, weil er die unverdiente Güte des Vaters als das große Geschenk empfängt, das sein Herz zu Dankbarkeit und Liebe erweckt. Der andere aber, der im Haus des Vaters blieb, ist der Freude und des Dankes unfähig geworden, weil er die Liebe des Vaters als „Lohn" und verdientes Anrecht ansah.

Nicht das Wunder steht im Mittelpunkt des Berichts, sondern die Traurigkeit Jesu: „Hat sich keiner gefunden, der umkehrte, um Gott die Ehre zu geben, als nur dieser Fremde?"

So sehr sind die „Frommen" seines Volkes der Versachlichung ihres Gottesverhältnisses verfallen, daß die Fixierung ihres Blickes auf das Gesetz sie in dem Augenblick höchster Krisis blind macht für *den* Boten Gottes,

der als das Leben und das Heil mitten unter ihnen steht: „Wir haben ein Gesetz, und nach diesem Gesetz muß er sterben" (Joh 19,6). Das Gesetz hat sich von dem gelöst, der es gab. Wo der Geber nicht mehr erkannt wird, hat Dankbarkeit keinen Platz mehr. Wo keine Dankbarkeit mehr ist, ist keine Verbundenheit mehr. Wo keine Verbundenheit mehr ist, ist Trennung und schließlich Haß. Der eine Fremde aber „kehrte um und pries Gott mit lauter Stimme" – und „gibt Gott die Ehre". Während der Weg der Neun beim Gesetz endet und sich dann irgendwohin in ihren Alltag verliert – „sie blieben von ferne stehen", das gilt auch nach der Heilung immer noch für sie – , geht der Weg dieses einen zurück zum Du des lebendigen Gottes. Und der Reichtum Gottes überflutet ihn ganz. Über die Gabe hin sieht und preist er das Antlitz des Gebers.

Wohl haben auch die Neun das Geschenk der Heilung entgegengenommen. Aber es blieb an der Oberfläche: Ihre Haut wurde heil, das Herz wurde nicht verwandelt. Sie hatten genommen, aber nicht die Hand wahrgenommen, die ihnen gegeben hatte. So konnte die Gabe nicht wachsen, weil sie nicht von der Beziehung zu ihm genährt wurde. Das wahre Heil, die wahre Heilung blieb ihnen versagt, weil sie sich dem Geber versagten. Wer dankt, dessen Herz ist offen zum Geber hin, und so ist es bereit zu neuem Empfangen. Sie hatten keinen Blick dafür, daß Gott nicht eine Sache gibt, sondern in allen Gaben sich selbst. So fanden sie auch nicht die angemessene Antwort: im Danken sich selber Gott zu geben.

„Dein Glaube hat dich heil gemacht." Jesus erkennt dem Geheilten selber die Heilung zu. Vielleicht kam der Samariter zuerst noch in der Schwachheit des Anfangsglaubens, vielleicht darin noch ganz getragen von der

Hoffnung seiner jüdischen Leidensgefährten. Nun ist bei ihm allein der Glaube im Empfangen der Gabe reif geworden. „Zwischen dem ersten Aufstrahlen der Glaubensgnade im Menschen und seinem endgültigen Heil liegt also der Raum der Freiheit seiner Entscheidung für das Licht, die sich vollzieht im Bekenntnis, im Dank, im Zeugnis. Das Erbarmen Gottes ermöglicht es, aber nicht ohne daß der Mensch selbst es verwirklicht ... Hier liegt der Sinn der uns gewährten Zeitspanne zwischen Taufe und Vollendung. Sie ist die Zeit der Danksagung" (H. Spaemann).

Ich bin es, der da vor dem Herrn ist. Ich höre sein Wort: „Steh auf ...!" In diesem Wort sammeln sich alle die „Auferstehungen", die ich erfahren habe seit der Taufe bis in diese Stunde. Aus dem Herzen steigt die Antwort der Dankbarkeit.

Aber bin ich denn nur der Samariter? Bin ich nicht auch unter den Neun? Bin ich nicht oft von seinem heilenden Wort vergeßlich weggegangen in meinen Alltag, kaum innerlich die Verwandlung aufnehmend?

Herr, du hast mich geheilt. Von dir kommt, daß ich lebe. „Von ferne" habe ich oft gestanden. Aber du hast mein Rufen gehört, ja, du hast mich gefunden, noch bevor ich rief. Das Herz, das du verwandeln möchtest, ist in seiner Tiefe immer noch nicht aufgetan zum lebendigen Glauben. Herr, erwecke meinen Glauben, damit ich wahrhaft danken kann. –

Die Mitte aller Liturgie ist die Eucharistie, die lobpreisende Danksagung. In ihr wendet sich die Gemeinde der Glaubenden Gott zu und feiert in Preisung und Dank die „mirabilia Dei", die Wundertaten Gottes an seinem Volk, feiert das Erbarmen Gottes, das immer neu in Christus Jesus seinem Volke sich zuneigt. Unser Danken

steigt auf aus dem Gedenken: „Tut dies zu meinem Gedächtnis." Was in diesem Gedenken Gegenwart wird, das Heilswerk und die Hingabe Christi, *das* wird zum Dank, den wir zu Gott zurücktragen. Und so wird es wie bei jenem Geheilten für die Gemeinde zu einem immer neuen Auferstehen: „Steh auf und geh, dein Glaube hat dich heil gemacht."

5

Vom barmherzigen Samariter

Und zu den Jüngern gewandt, nur für sie sprach er: „Selig die Augen, die sehen, was ihr seht, denn ich sage euch: Viele Propheten und Könige begehrten zu schauen, was ihr seht und bekamen es nicht zu schauen. Und zu hören, was ihr hört und bekamen es nicht zu hören."

Und da stand ein Gesetzeskundiger auf. Um ihn auszuforschen, fragte er: „Meister, was muß ich tun, um ewiges Leben zu ererben?" Er sprach zu ihm: „Was steht im Gesetz geschrieben? Wie liest du da?" Er antwortete: „Liebe den Herrn, deinen Gott aus deinem ganzen Herzen und mit deiner ganzen Seele, mit deiner ganzen Kraft und mit deinem ganzen Denken, und deinen Nächsten wie dich selbst." Er sprach zu ihm: „Richtig hast du geantwortet, das tue, und du wirst leben." Der aber wollte sich rechtfertigen und sprach zu Jesus: „Ja, wer ist denn mein Nächster?"

Da ergriff Jesus das Wort und sprach: „Ein Mann wollte von Jerusalem nach Jericho hinunter und fiel unter die Räuber, die ihn auszogen, Wunden ihm schlugen und davongingen, ihn halbtot liegenlassend. Zufällig ging ein Priester auf jenem Weg hinunter. Er sah ihn, und ging, statt hin, vorüber. Ebenso auch ein Levit. Er kam an den Ort, sah und ging, statt hin, vorüber. Ein reisender Samariter aber kam dahin, und als er ihn sah, ward ihm weh. Er trat hinzu, verband seine Wunden und goß

Öl und Wein darauf. Dann setzte er ihn auf sein Lasttier, brachte ihn zur Herberge und versorgte ihn. Und am anderen Morgen zog er zwei Denare heraus, gab sie dem Herbergswirt und sagte: „Versorg ihn. Und was du dazuhin noch aufwendest, werde ich dir zahlen, wenn ich wieder herkomme." Welcher von diesen dreien, dünkt dir, ist der Nächste dessen geworden, der unter die Räuber gefallen war?" Er sagte: „Der das Werk des Erbarmens an ihm getan." Da sagte Jesus zu ihm: „Geh, und tu auch du desgleichen." (Lk 10,23–37; Übersetzung von Fridolin Stier.)

Der Gesetzeskundige fragt: Wer ist denn mein Nächster? Am Ende der Beispielerzählung fragt Jesus: Welcher von diesen dreien dünkt dir, ist der Nächste dessen geworden, der unter die Räuber gefallen war? Der Gesetzeskundige fragt: Wen muß ich noch als Nächsten ansehen? Jesus fragt: Wer ist dem Menschen im Elend Nächster geworden?

Wir sind vielleicht versucht, über diese Verschiebung der Fragestellung hinwegzuhören. Aber sie bedeutet zugleich eine Verwandlung der Blickrichtung. In der Frage des Gesetzeskundigen ist der Fragende, ist das Ich der Ausgangspunkt, von dem aus das Nächstenverhältnis gesucht wird. Wer ist mein Nächster? In der Frage Jesu ist der Bedürftige der Ausgangspunkt, von dem aus das Nächstenverhältnis bestimmt wird. Wer war ihm der Nächste? Wer ist an dem Geschlagenen zum Nächsten geworden?

So wie der Gesetzeskundige fragt, so sind wir alle geneigt, zu fragen, wer ist mein Nächster. Ich möchte ein System haben, mit dem ich mich in der schwierigen Frage der Nächstenliebe zurechtfinden kann. Ich möchte genau wissen, wie weit meine Verpflichtung reicht. Gib mir, so sagt der Gesetzeskundige, eine klare gesetzliche,

rechtliche Umgrenzung der Nächstenliebe, und ich weiß, was ich zu tun habe.

Jesus antwortet in der Beispielerzählung mit einem konkreten Fall. Und damit sagt er: Du kannst die Frage – Wie weit reicht meine Verpflichtung zur Nächstenliebe, wer gehört noch zum Kreis derer, denen ich helfen muß? – nicht im vorhinein theoretisch lösen. Jesus sagt: Ich kann dir eine Regel geben, sie heißt: Wie ihr wollt, daß euch die Leute tun, so sollt auch ihr ihnen tun. Wenn dein Weg hier und jetzt auf einen Notleidenden stößt, wenn ein Mensch in Not hier und jetzt in dein Blickfeld kommt, dann denke von diesem Notleidenden aus. Identifiziere dich mit ihm, denke: Wenn ich der wäre, was würde ich jetzt an Hilfe erwarten, erwarten dürfen? Der Mensch in Not, den du jetzt siehst, dessen Notruf jetzt an dein Ohr dringt, versetze dich in seine Lage, und dann versuche, zu helfen, so wie du selber Hilfe erwarten würdest, wenn du an seiner Stelle wärest. So wirst du ihm zum Nächsten. So erfüllst du das Gebot aller Gebote: Liebe deinen Nächsten wie dich selbst.

Der Priester und der Levit, die vorübergehen, kennen aus dem Gesetz des Mose sehr gut das Gebot der Nächstenliebe, so gut wie dieser Gesetzeskundige, den Jesus fragt: „Was steht im Gesetz geschrieben, was liest du da?" Sie haben es oft gelesen in den heiligen Büchern des Mose. Sie werden ihre Gründe haben, warum sie jetzt vorübergehen, ohne dem Menschen zu helfen, der zerschlagen, in seinen Wunden blutend und verdurstend in der Steinwüste liegt, den Tod vor Augen.

Vielleicht denken sie, wenn ich dem helfe und er stirbt mir unter der Hand, dann kann ich den Gottesdienst nicht mehr vollziehen. War es doch im Gesetz in strengen Worten gesagt, daß der Priester oder Levit, der

mit einem Toten in Berührung kam, unrein wurde und es erst umständlicher ritueller Reinigung bedurfte, ehe er wieder zu Kult und Liturgie zugelassen wurde. Und Kult und Liturgie sind doch Gottesdienst. Muß ich den Gottesdienst nicht diesem gefährlichen und nahezu aussichtslosen Unternehmen der Nächstenliebe vorziehen?

Oder: Es hat doch keinen Sinn mehr, der stirbt ja doch bald. Soll ich mich auch noch in Gefahr bringen? Die Räuber werden doch in der Nähe sein. Wem ist damit geholfen? Die Vertrautheit mit Gottesdienst und Heiliger Schrift, mit Ethik und Moral schützt nicht davor, daß der Mensch in dem Augenblick, da er hier und jetzt mit einer Not konfrontiert wird, gebannt bleibt in dem Kreis eines ichhaften oder nur vernünftigen Denkens und er den Überschritt in das Du des Notleidenden nicht vollziehen will. „Liebe deinen Nächsten, wie dich selbst." Alle Wachheit, Ehrlichkeit, Selbstvergessenheit können gefordert sein für diesen Überschritt.

Der Gesetzeskundige will mit Jesus eine theologische Disputation über die Nächstenliebe halten. Aber Jesus sagt vor dem Beginn der Beispielerzählung: „Das tue, und du wirst leben." Und am Ende der Erzählung sagt er: „Geh, und tu auch du desgleichen." Bleib nicht in richtigen und klugen Gedanken stecken, sondern tu das, was das Herz im Heute Gottes erkennt, und du wirst leben. Solange du in deinen Überlegungen steckenbleibst, bleibst du in der Distanz zum wahren Leben.

Wir sind gewohnt, über diesem Abschnitt des Evangeliums die Überschrift zu sehen: Vom barmherzigen Samariter. Barmherzigkeit aber ist die immer wieder beseligende Tat Gottes am Menschen. Wer barmherzig ist in der Tat helfender Liebe, weil er weiß, wie sehr er

selber der Barmherzigkeit Gottes bedarf, der tut etwas gemeinsam mit Gott. Er ist im barmherzigen Tun mit Gottes Barmherzigkeit verbunden. So ist er verbunden mit dem wahren Leben selbst. „Tu das, und du wirst leben." Tu es – nicht in der großartigen Geste des Helfens, in der du auch im Verborgenen noch dich vor dir selbst erhöhst, sondern tu es in der demütig dankbaren Erkenntnis, wie sehr du selbst allezeit der barmherzigen Tat Gottes bedarfst. Wohl nur in solchem Ergriffensein von der Barmherzigkeit Gottes kannst du die Gnade erhalten, in reiner Gesinnung die Tat der Bruderliebe tun zu können.

Charles de Foucauld sagt: „Man versteht das Evangelium nicht, wenn man es nur liest. Man versteht es nur, wenn man es tut." „Wie liest du da?", so fragt Jesus den Gesetzeskundigen am Anfang. Aber über dieses Lesen führt er ihn dann hinaus zu dem „Das tue, und du wirst leben." Und an einer anderen Stelle findet dies seine Ergänzung im Wort des Richter-Christus: „Was ihr dem Geringsten meiner Brüder getan habt, das habt ihr mir getan."

So sehr werden in der selbstvergessenen Tat der Bruderliebe unsere Augen erhellt sein von seiner Nähe, daß wir ihn in der Stunde des Gerichtes beseligt erkennen werden. Sind wir ihm doch schon zuvor immer geheimnisvoll begegnet im Bruder, der im Elend war. Er selber ist in das äußerste Elend der Passion gegangen. Geschlagene und gequälte erbarmungswürdige Kreatur, bettelnd um einen Trunk Wasser. Seit dieser Stunde von Golgota hört er auch als der Erhöhte nicht auf, geheimnisvoll auf der Seite derer zu sein, die im Elend sind. Dort werden wir seine Nähe immer am sichersten finden.

Aber auch ein anderes gilt: Die Väter haben immer wie-

226

der in dem barmherzigen Samariter Christus selbst gesehen. In einem alten syrischen Kodex aus dem 6. Jahrhundert findet sich dieses Bild: ein Mensch, nackt und zerschlagen zu Boden hingestreckt, unfähig, sich zu erheben. Über ihm in einem tiefen Sichneigen der barmherzige Samariter, und der ist Christus. Von Barmherzigkeit bewegt, streckt er seine Hände in ergreifender Gebärde dem zu Boden Gefällten entgegen. Gleich einer riesigen Sonne steht das vom Gold der Herrlichkeit umstrahlte Antlitz des Herrn über dem Elenden. Es ist das Bild dessen, was im Christusereignis an uns geschehen ist und immerfort geschieht. Viele Propheten und Könige begehrten, zu schauen, was ihr seht. Gottes Erbarmen neigt sich in Christus über dem geschlagenen Menschen, über dich und mich. Christus ist uns zum Nächsten geworden.

6

Gedanken zur Passion

Nach Léon Bloy

I

Als sich Jesus mit seinen Begleitern Jerusalem näherte und nach Betfage am Ölberg kam, schickte er zwei Jünger voraus und sagte zu ihnen: Geht in das Dorf, das vor euch liegt; dort werdet ihr eine Eselin angebunden finden und ein Fohlen bei ihr. Bindet sie los, und bringt sie zu mir! Und wenn euch jemand zur Rede stellt, dann sagt: Der Herr braucht sie! (Mt 21, 1–2).

Die Souveränität in diesem Wort! Der Herr geht in die Passion, aber in Freiheit, als der Herr! Jetzt ergeht das Gericht über diese Welt. Er zeigt sich als Herr des Gerichtes, das er auf sich zieht. Diese verborgene Hoheit bricht immer wieder durch: in dem Niederstürzen der Rotte am Ölberg, in dem Schweigen vor Herodes, in dem Königswort vor Pilatus, in dem Wort am Kreuz an den Schächer: „Heute noch ..."

Diese verborgene Souveränität in der Welt, in der Weltgeschichte!

II

Während sie aßen, sprach er: Amen, ich sage euch: Einer von euch wird mich verraten und ausliefern. Da waren sie sehr betroffen, und einer nach dem anderen fragte ihn: Bin ich es etwa, Herr? (Mt 26,21–22).

Jeder von ihnen scheint sich also den Verrat zuzutrauen. Fragen sie nicht mit Recht so? Steckt nicht in jedem von uns die Möglichkeit des Verrates? Augustinus schreibt: „Deiner Gnade schreibe ich es zu, was immer ich an Bösem nicht getan: denn was hätte ich nicht zu tun vermocht ..." (Conf. II 7).

„Bin ich es etwa, Herr?" – Jeder von uns könnte es sein. Die Jünger wissen um den Abgrund im Menschen. „Ich bin's, ich sollte büßen ...", so beginnt an dieser Stelle der Choral in der Matthäuspassion von Bach.

III

Sogleich ging er auf Jesus zu und sagte: Sei gegrüßt, Rabbi! Und er küßte ihn. Jesus erwiderte ihm: Freund, dazu bist du gekommen? (Mt 26,49–50).

Der Kuß ist Zeichen der Verbundenheit, der Vermählung. Jesu Gemeinschaft mit Judas, mit dem Sünder. Und so sagt Jesus zu ihm: Freund! Jetzt wird er Genosse des Sünders. Er, der „für uns zur Sünde geworden ist" (2 Kor 5, 21).

Was wäre mit uns geschehen, wenn er es nicht getan hätte?

IV

Sie ließen ihn fesseln und abführen (Mt 27, 2).

Gefesselte Hände! Fünfmal wird es in den Passionsberichten gesagt. Antlitz und Hand, tiefster leiblicher Ausdruck der Seele. Die freie Hand ist Zeichen der Freiheit.

Was hat die Hand Jesu bisher getan? „Jesus streckte seine Hand aus und rührte ihn an ..." – seine heilende Hand, wie oft steht solches im Evangelium. Seine Hand: Freiheit verschenkend!

Diese Hand ist gefesselt. Er, *der* Freie, dessen Leben war: Freiheit verschenken – seine Hände sind gefesselt. Er liefert sich aus in die Hand des Menschen, in die „Freiheit" des Menschen. Er gibt sich aus der Hand, in nichts mehr abgesichert. Die gefesselten Hände Jesu sagen, daß Gott sein Ja zum Menschen durchhält gegen alles Nein: denn diese gefesselten Hände befreien den Menschen. Die Torheit Gottes! Die wehrlose Liebe rettet. Hier vollendet sich die Macht Gottes.

V

Herodes und seine Soldaten zeigten ihm offen ihre Verachtung. Er trieb seinen Spott mit Jesus, ließ ihm ein weißes Gewand umhängen und schickte ihn so zu Pilatus zurück (Lk 23, 11).

Das Kleid ist Ausdruck der Würde des Menschen. Die geheime Offenbarung spricht von den weißen Kleidern der Heiligen: Zeichen höchster, geschenkter Würde.

Und hier: Verspottung, Verkehrung, Narrenkleid! Zum jüdischen Königsornat gehörte das weiße Gewand, wie auch zum Ornat des Hohenpriesters.

Jesus im Narrenkleid – so durchleidet er die Würdelosigkeit des Menschen, damit er wieder bekleidet werde mit *der* Menschenwürde.

VI

Da schrien sie alle miteinander: Weg mit ihm; laß Barabbas frei! (Lk 23, 18).

Barabbas war ein Räuber. Am Anfang der Menschengeschichte heißt es, daß der Mensch sich die Frucht vom Baum nahm. Wir sind Barabbas. Wir haben uns geraubt, was uns nicht gehörte. Immer wieder sind wir Barabbas; wir nehmen, wo wir aus der Gnade leben sollten. Eigenmächtig.

Muß es jetzt nicht so geschehen, wie das Volk es will? Dieser Jesus hat doch alle Schuld auf sich genommen, alle Barabbasschuld der Menschen. Er ist jetzt der Schuldige. Spricht das Volk hier nicht im Namen einer „höheren" Gerechtigkeit?

Wir alle sind Barabbas. Wir alle sind damals mit ihm losgekommen.

VII

Anderen hat er geholfen, sich selbst kann er nicht helfen (Mt 27, 42).

Es ist wirklich so: Der da am Kreuze kann sich selbst nicht helfen. Der Satz könnte auch heißen: Weil er allen anderen geholfen hat, kann er sich selbst nicht helfen. Oder: Dadurch, daß er sich selbst nicht hilft, hilft er allen anderen! Er ist ja *für uns* zur Sünde geworden!

VIII

Jesus von Nazaret, der König der Juden (Joh 19, 19).

Warum ließ Pilatus diese Inschrift anbringen? Angabe seiner Schuld? Spott des Römers? Kleine Rache des Pilatus an den Ältesten? – Ob Pilatus nicht in einem verborgenen Winkel seines Bewußtseins etwas davon geahnt hat, daß dieses Wort prophetisch war und daß er mit ihm auch seinen eigenen Schuldschein ans Kreuz heftete?

Wie oft wissen wir um die Wahrheit und schlagen sie dennoch ans Kreuz!

Der Auferstandene auf unserem Weg

Am gleichen Tag waren zwei von den Jüngern auf dem Weg in
ein Dorf namens Emmaus, das sechzig Stadien von Jerusalem
entfernt ist. Sie sprachen miteinander über all das, was sich ereignet hatte. Während sie redeten und ihre Gedanken aus-
tauschten, kam Jesus hinzu und ging mit ihnen. Doch sie
waren wie mit Blindheit geschlagen, so daß sie ihn nicht erkannten. Er fragte sie: Was sind das für Dinge, über die ihr auf
eurem Weg miteinander redet? Da blieben sie traurig stehen
(Lk 24, 13–17).

Sie gehen weg von dem Ort ihrer tiefen Enttäuschung.
„Wir aber hatten gehofft, daß er es sei, der Israel erlösen
werde" (Lk 24, 21). Weggehen, anderswo sein, nur nicht
da, wo sich das Herz vergebens verschwendet hat!
  Aber sie können nicht von ihm loskommen. Was gewesen ist, war so voller Verheißung. „Sie sprachen miteinander über all das, was sich ereignet hatte." Es ist
nicht Zorn, der das Herz zusammenpreßt, auch nicht abgründige Verzweiflung, denn es steht da: „Da blieben sie
traurig stehen." Und in dieser Traurigkeit ist etwas Ret-
tendes. Zeigt er sich nicht zuerst einer Trauernden? Die
erste, die am Ostermorgen den Auferstandenen sehen
durfte, war eine Trauernde, eine Weinende! „Nur durch
den Schleier der Tränen hindurch dringt man zur Schau
des Lammes" (H. Spaemann). Da, wo Trauer ist, ist auch
Tröstung möglich. Da, wo ein Mensch das Herz ver-
schließt in Zorn oder in Bitterkeit oder in stolzer Ab-
wendung, da sind die Türen der Tröstung zugeworfen,
und es ist sehr schwer, sie wieder zu öffnen.
  „Da blieben sie traurig stehen": In dieser Trauer ist
noch eine große Liebe. Und so kann er sich ihnen zuge-

sellen. Ihr Herz ist noch nicht verschlossen: „Sie sprachen miteinander!" Und so kann sich ihnen das WORT mitteilen. Wenn auch das Auge verschattet ist von ihrer Traurigkeit – das Ohr ist noch offen – und der Glaube kommt ja vom Hören!

Jesus sagt: „Was sind das für Dinge, über die ihr auf eurem Weg miteinander redet?" Fragt er auch uns so? Reden wir miteinander? Worüber reden wir miteinander? „Sie sprachen miteinander über all das, was sich ereignet hatte" – das mit Jesus von Nazaret. Oder diskutieren wir nur? Gibt es dies auch bei uns „Da blieben sie traurig stehen": das Innehalten in Betroffenheit. Oder hetzen wir in unserem Diskutieren weiter, damit wir nur nicht dessen inne werden, was wir verloren haben? Oder gehen wir im Grunde allein des Weges in Selbstgesprächen? Hören wir auf den anderen? Auf das auch, was er nicht mehr in Worte bringen kann? Hören wir auf den Fremden, der sich uns zugesellen will? Die beiden Jünger gehen da zu zweit, reden miteinander über Jesus. Und am Ende werden sie sagen: „Brannte nicht das Herz in uns", so als hätten sie nur ein einziges Herz!

Dieses österliche Evangelium spricht von dem Angebot, das unseren Weg begleitet. Während der Mensch seines Weges zieht, angefochten von Zweifel, Traurigkeit und Resignation, ist ein anderer schon auf unseren Weg gestoßen. Unsere Augen sind gehalten, so daß wir nur einen Fremden sehen, etwas uns Fremdes.

Und wir brauchen nur die Hand auszustrecken ... „Herr, bleibe bei uns!" Wenn wir im entscheidenden Augenblick die Zeichen seiner Nähe nicht wahrnehmen, muß er dann nicht weitergehen und uns zurücklassen? Anfangen zu bitten, auch in die Verborgenheit hinein,

233

zu dem Fremden hin, in die Dunkelheit hinein, wie mit einem Vorgriff von Glauben: „Herr, bleibe bei uns!"

Die Geschichte der Emmausjünger ist unsere Geschichte. Wie oft taucht die Frage auf: Zweitausend Jahre des Christentums sind vorübergegangen – was ist aus unserer Welt geworden? Das Christentum scheint an den Rand der Geschichte gedrängt zu sein. „Wir aber hatten gehofft ..." Wie kann man denn etwas davon sehen, daß alle Geschichte ihre Mitte in jener Nacht hat, deren Geheimnis im österlichen Exsultet besungen wird: „O vere beata nox – O wahrhaft selige Nacht, die den Himmel mit der Erde, Gott mit den Menschen verband ..."

Es gibt auf dieser Welt, deren „Gestalt der Vergänglichkeit unterworfen ist" (1 Kor 7,31), einen Ort, der schon jetzt immer wieder der geheimnisvolle Schnittpunkt von verhüllter Gegenwart und enthüllter Zukunft ist; ein Ort, wo sich Weltzeit und Ewigkeit begegnen: überall da, wo der Tisch bereit ist, den er gestiftet hat; überall, wo im Brudermahl der Liebe das Brot gebrochen wird; überall da, wo zwei oder drei auf seinen Namen versammelt sind. Da beginnen die Augen des Glaubens sich zu öffnen, da beginnt das Auge sich einzuüben auf ihn hin, bis er kommt in Herrlichkeit! Da ist an der Straße unserer Geschichte eine Herberge errichtet, wenn auch nur wie ein Zelt, das abgebrochen wird. Aber in dieser Bleibe weitet sich wie auf jenem Rembrandtbild der Emmausjünger der Raum zur immer größer wachsenden Apsis, da ist der Raum geöffnet auf ihn hin.

Die Straße, die wir wandern, geht sie in die Dunkelheit? Das Emmausevangelium sagt uns, daß er unerkannt neben uns geht. Und wenn er auch immer wieder unseren Augen entschwindet – die Dunkelheit hat sich zum Tag hin gewandt: „Brannte nicht das Herz in uns,

als er unterwegs mit uns redete und uns den Sinn der Schrift erschloß? Noch in derselben Stunde brachen sie auf und kehrten nach Jerusalem zurück." Der Aufbruch, der immer neue Aufbruch aus der Begegnung mit ihm – bis er kommt in Herrlichkeit!

8

Daß alle eins seien!
Meditation zu Joh 17, 20–23

Die Abschiedsreden Jesu im Johannesevangelium sind in einem höchsten und einzigartigen Sinne Meditation. Sie erreichen ihren Gipfel im 17. Kapitel, dem „Hohenpriesterlichen Gebet". Und dieses wiederum gelangt zur größten Dichte in seinem letzten Abschnitt, der mit V. 20 beginnt. Vielleicht dürfen wir sagen, daß wir hier im Herzen des Johannesevangeliums sind.

Alles, was man – jenseits des exegetischen Bemühens – zu diesen Worten des Herrn sagen kann, wird immer nur ein Meditieren „über" diese Worte sein können; und das bedeutet immer eine Distanz. Nur der einzelne selbst in der gläubigen Gemeinde der Jünger kann „in" ihnen meditieren, kann sie „in seinem Herzen erwägen" (Lk 2, 19), kann in ihnen betend verweilen – mehr: sich dahin bereiten und öffnen, daß der Herr selbst durch seinen Heiligen Geist in ihm bete in diesen Worten, die in höchstem Maße „Geist und Leben" (Joh 6, 63) sind.

Es ist das Gebet der „Stunde". „Da erhob er seine Augen zum Himmel und sprach: Vater, die Stunde ist gekommen" (17, 1). Erniedrigung und Erhöhung durch-

dringen sich auf geheimnisvolle Weise, die Stunde der Passion wird zur Stunde der Verherrlichung. Da, in dieser „Stunde", die diesen Namen in völlig einzigartiger und unüberbietbarer Weise trägt, erhält das Gebet Jesu eine ungewöhnliche Innigkeit und Eindringlichkeit: die große Bitte Jesu an den Vater!

Aber nicht für diese allein bitte ich dich, sondern auch für die, welche auf ihr Wort hin an mich glauben werden (17, 20).

Das Gebet Jesu wächst über die Zeiten hin: Er (der im Sinne des Johannesevangeliums auch schon der erhöhte Herr ist) sieht die ungezählte Schar, die zu ihm hin unterwegs ist. Aber es ist keine namenlose Schar: Sein Gebet umschließt in allen kommenden Zeiten den einzelnen, der in ihm seinen Namen bekommen wird, und bringt ihn vor das Antlitz des Vaters. Er betet für dich und mich, und was er einst zu Petrus sagte, gilt in dieser Stunde für jeden von uns: „Ich habe für dich gebetet ..." (Lk 22, 32). Wir sind durch das Wort der Apostel zum Glauben gekommen („welche auf ihr Wort hin an mich glauben werden"), aber die eigentliche Kraft, die uns im Wort der Zeugen angezogen hat, war dieses Gebet des Herrn!

Damit alle eins seien, wie du, Vater, in mir und ich in dir. Auf daß sie eins seien, wie wir eins sind (17, 21 f).

Etwas Unerhörtes wird in diesen Worten als Ziel des Gebetes ausgesagt: eine Einheit der Glaubenden, die so ist, wie die Einheit des Herrn mit dem Vater! Wir sind geneigt zu sagen: Hier wird der Einheit der Glaubenden ein höchstes Vorbild vor Augen gestellt, ewig unerreichbar, aber eben als ein Vergleich, ein Beispiel, was vollkommene Einheit in der Wahrheit und in der Liebe letztlich sein kann. Aber so ist es nicht. Hier wird wahrhaftig im

Gebet Jesu eine Einheit der Glaubenden erfleht und zugesprochen, die im wirklichen Sinne die Einheit von Vater und Sohn ist! Das zeigen die anderen Worte, die nicht
mehr von einem „wie" sprechen: „damit auch sie *in uns*
eins seien" (17, 21) und: „Ich in ihnen und du in mir, damit sie zur Einheit vollendet seien" (17, 23): Das Einssein
von Vater und Sohn ist Fundament, Begründung, Quell-
grund der geheimnisvollen Einheit der Glaubenden untereinander und durch Christus mit dem Vater! Es gibt
Worte Jesu, in denen er ausgesprochen hat, daß er vom
Vater ausgegangen ist, daß er vom Vater gesandt ist, daß
er gekommen ist, den Willen des Vaters zu tun. Dann
aber gibt es Worte, die darüber hinaus in eindeutiger
Weise sein Einssein mit dem Vater aussagen: „Ich und
der Vater sind eins" (10, 30). Dieses Einssein ist lebendige, personale Einheit, tiefster Austausch in Wahrheit
und Liebe: „Alles, was mein ist, ist dein, und was dein ist,
ist mein" (17, 10). „Philippus, wer mich gesehen hat, hat
den Vater gesehen" (14, 9).

Dieses Einssein von Vater und Sohn in Wahrheit und
Liebe ist Heiligkeit. Sünde ist Trennung, Spaltung, Ver-
einzelung. Hier aber ist lauterste Einheit und darum in
ihr absolute Heiligkeit.

Und nun betet Jesus, daß die Glaubenden einbeschlos-
sen seien in *dieser* Einheit! Ja: „Ich bin in ihnen und du
in mir, damit sie *vollendet* seien zur Einheit!" Jesus sieht
die Sünde, die Gespaltenheit, die Uneinigkeit der Menschen – er wendet sich in dieser Stunde des Abschieds
nicht an die Menschen mit einer Mahnung und einem
liebenden Werben um Einheit: Er wendet sich an den Vater und erbittet von ihm für die Menschen das Geschenk
des Einsseins, ja, er spendet als ein schon Erhörter nun
selber die Gabe dieser Einheit an die Menschen.

Ich aber habe ihnen die Herrlichkeit gegeben, die du mir gegeben hast, auf daß sie eins seien, wie wir eins sind (17, 22).

Dieses Geschenk heißt „Herrlichkeit". Was ist diese „Herrlichkeit", die der Vater ihm gegeben und die er nun ihnen weitergibt als Gabe, die die Einheit bewirkt? „Es ist die gesamte lebenspendende Offenbarung durch den Geist ..., das umfassende Heil, das er durch den Parakleten schenkt ... In ihr wird *der Glanz der Liebeseinheit* Jesu und des Vaters geoffenbart und ihre Kraft mitgeteilt, damit die Glaubenden in diese Einheit hineingezogen werden. Deswegen also dieses Wort ,Herrlichkeit' für die Heilsgabe Jesu: weil ganz klar und leuchtend werden soll, von welcher Art und wie groß die Kraft ist, die in den Glaubenden auf die Einheit hindrängt" (W. Thüsing). Diese umfassende Heilsgabe, die Jesus spendet, wird im abschließenden Vers des Hohenpriesterlichen Gebetes mit einem anderen Wort zusammengefaßt: „Ich habe ihnen *deinen Namen* kundgemacht und werde ihn kundmachen, damit die Liebe, mit der du mich geliebt hast, in ihnen sei und ich in Ihnen" (17, 26).

Wer im Glauben sich öffnet für diese Herrlichkeitsgabe Jesu hat Gemeinschaft, Einssein mit ihm, durch ihn aber mit dem Vater: „Ich in ihnen und du in mir" (17, 23). Zugleich aber hat er Gemeinschaft, Einssein mit allen Brüdern und Schwestern, die die gleiche, alle verbindende Gabe gläubig empfangen haben: „Auf daß die Liebe, mit der du mich geliebt hast, in ihnen sei" (17, 26).

Gott hat seinen Namen nicht der Welt vorenthalten, er hat sich nicht vor der Welt verschlossen, obwohl die Welt sich in sich selber verschlossen hatte. Er hat sein Leben der göttlichen Liebeseinheit nicht für sich behalten. Er hat seinen heiligen Namen, der da heißt: Glanz

der Liebeseinheit von Vater und Sohn, uns mitgeteilt in Jesus Christus.

So aber ist deutlich, daß wir die Einheit – solche Einheit! – der Glaubenden nicht von uns her, von unten her aufbauen können. Denn sie ist nicht einträchtige Brüderlichkeit, die etwa zustande kommt aus Vereinbarung, Verständigung allein, aus geduldigem Ertragen oder auch aus anderem menschlich liebenden Bemühen. Die Einheit, von der der Herr spricht, kommt von oben, ist Geschenk des Vaters durch Christus im Heiligen Geist, übersteigt alle menschliche Möglichkeit, denn sie ist ja wirkliche Teilnahme an der Einheit von Vater und Sohn! Diese Einheit *ist* schon in der Welt, aber als etwas vollkommen Neues und Verborgenes!

Und doch: Die äußerste Gabe wird äußerste Aufgabe. Diese Gabe des Herrn wird in die Freiheit des Menschen hineingegeben. Sie wird den Menschen dargereicht, aber sie wird auch von ihnen eingefordert. Wo bei den Menschen keine Offenheit, kein Ansatzpunkt zur Einheit hin ist, da kann das lebendige Geschenk von oben nicht Wurzel fassen. Nur wer Jesus liebt, kann mit ihm eins werden. Jesus lieben aber heißt: die Brüder lieben. „Wenn ihr mich liebt, so haltet meine Gebote ... Ein neues Gebot gebe ich euch: Ihr sollt einander lieben, wie ich euch geliebt habe, damit auch ihr einander liebt. Daran werden alle erkennen, daß ihr meine Jünger seid, wenn ihr Liebe zueinander habt ... Wer meine Gebote hat und sie hält, der ist es, der mich liebt. Wer aber mich liebt, der wird von meinem Vater geliebt werden, und auch ich werde ihn lieben und mich ihm offenbaren" (14,15; 13,34; 14,21). In diesen Worten erkennen wir die Verwebung und Durchdringung. Die Jünger müssen sich in dem redlichen und unentwegten Bemühen der

Bruderliebe *ausstrecken* nach jener Einheit, die nur als Geschenk gegeben werden kann. Und: Die Jünger müssen in dem Bemühen um brüderliches Einssein *bezeugen*, was sie schon empfangen haben: die gnadenhafte Gemeinschaft mit der göttlichen Lebens- und Liebeseinheit.

Nur wenn die Glaubenden mit aller Kraft des Herzens die Einheit mit dem Herrn suchen, indem sie die Einheit mit den Brüdern suchen, wird ihr menschliches Bemühen um Einheit transparent zur Herrlichkeit Gottes hin, und das Licht der Liebeseinheit Gottes fällt verwandelnd und vollendend auf die Glaubenden und nimmt das, was als schwacher Anfang zur Einheit hin da ist, auf in die neue Dimension der göttlichen Einheit: „Damit sie zur Einheit *vollendet* seien (17,23). Und: „Wenn wir einander lieben, dann bleibt Gott in uns, und seine Liebe ist in uns vollendet" (1 Joh 4,12).

Auf daß die Welt erkenne, daß du mich gesandt hast und sie geliebt hast, wie du mich geliebt hast (17,23).

Diese Einheit, sichtbar werdend in der vom Geiste des Herrn verwandelten und in das Einssein des dreifaltigen Gottes erhobenen Bruderliebe der Christen, soll zur Welt hin strahlen und sie überzeugen, soll sie zum Glauben an die unbegreifliche Liebe Gottes bekehren. Die ausstrahlende Kraft ist die Wirkkraft des Heiligen Geistes; *aber sie bedarf eines Mediums: eben der Einheit und Bruderliebe der Christen!*

Welche Verantwortung wird da deutlich – nicht nur im Blick auf die Christenheit im Großen, sondern auch im Blick auf jeden von uns.

Angesichts des Ärgernisses, das die Christen gegeben haben und geben – wiederum nicht nur im Blick auf die

Spaltung der Christenheit, sondern auch im Blick auf den Mangel an wahrer Bruderliebe, dessen sich jeder von uns schuldig weiß –, angesichts der Enge unserer Herzen vor der unbegreiflichen Hochherzigkeit des göttlichen Anerbietens möchten wir fast verzagt die Frage stellen: Wann wird es unter den Christen solche Einheit geben, daß die Welt aufmerkt wie auf ein Zeichen, das die Liebe Gottes verkündet? Das Gebet des Herrn „daß alle eins seien" muß in uns den Schmerz wachhalten über unsere schuldig gebliebene Bruderliebe. Es muß in uns das Verlangen wachhalten, der Hochherzigkeit Gottes mehr und mehr aus Gnade gewachsen zu sein, der Hochherzigkeit Gottes, die danach sich sehnt, uns immerfort die geheimnisvolle Herrlichkeitsgabe göttlichen Einsseins zu schenken.

Der Herr allein kann die Herzen in ihrer Tiefe verwandeln. Wir müssen bitten, daß der Herr nicht aufhört, als „der Fürsprecher beim Vater" (1 Joh 2, 1) *in uns* zu beten: „Daß alle eins seien, wie du, Vater, in mir und ich in dir." Und daß er uns in der göttlichen Einheit der Liebe immer wieder erneuere an dem geheimnisvollen Tisch, von dessen Macht es heißt: „Ist das Brot, das wir brechen, nicht Gemeinschaft des Leibes Christi? Denn *ein* Brot, *ein* Leib, sind wir viele, die wir alle an dem einen Brote Anteil haben (1 Kor 10, 17).

Fünfter Teil
Von Leitworten

1

Worte der Besinnung

1. Erkannt zu werden verlangt uns noch mehr als zu erkennen

In diesem Wort von Josef Bernhart († 1969) liegt eine fast unmerkliche und doch wesentliche Bedeutungsverschiebung. Bei dem aktiven „erkennen" denken wir zuerst wohl an ein mehr sachliches Wahrnehmen mit Sinnen und Verstand. Bei dem passiven „erkannt zu werden" schwingt ein ganz anderes mit: angeschaut zu werden, geliebt zu werden! In der Tat ist dies die tiefste Sehnsucht des Menschen: geliebt zu werden. Und es ist etwas Bewegendes, im Evangelium zu erfahren, daß auch Jesus einen Menschen nach seiner Liebe zu ihm fragt: „Simon, liebst du mich?" (Wenn auch diese Frage sich über das rein Menschliche der Freundschaftsliebe hinaus weit öffnet auf die Ebene der Glaubensjüngerschaft hin).

Augustinus sagt: „Glücklich ist, wer alles hat, was er will." Dieses „alles", das wahrhaft glücklich macht, kann nicht die Summe von Einzelheiten sein; dieses „alles" muß etwas sein, wo jedes Addieren aufhört. Was dieses „alles" ist, davon kommt eine Ahnung auf in der Erfah-

rung, von einem Menschen geliebt zu werden. Aber
selbst in dieser Erfahrung erwacht gerade die Sehnsucht
nach letzter Erfüllung, nach Ewigkeit: nach dem Erkanntwerden von Gott.

Wir wünschen am meisten, von einem Menschen geliebt zu werden, der uns selber liebenswürdig ist. Wer
aber ist für Gott besonders liebenswürdig? In der Genesis
wird von den beiden Töchtern Labans berichtet. Lea war
unansehnlich, ihre Augen waren trübe; „Rachel aber war
schön von Gestalt und hatte ein schönes Gesicht." Dann
heißt es: „Als der Herr sah, daß Lea zurückgesetzt wurde,
öffnete er ihren Mutterschoß", gab er ihr das Glück der
Mutterschaft.

Es scheint, daß Gott lieber den anschaut, der „zurückgesetzt" ist. Er schließt den nicht aus von seiner Liebe,
der nicht zurückgesetzt ist („Du bist immer bei mir, und
alles, was mein ist, ist auch dein" [Lk 15,31], aber er
schaut zuerst den an, der seines liebenden Blickes am
meisten bedarf („Als er noch fern war, sah ihn der Vater"
[Lk 15,20]).

„Erkannt zu werden verlangt uns noch mehr als zu
erkennen." Wir weiten dieses Wort über unser Einzel-
schicksal hinaus auf die Welt. Ach, wir erkennen so
viel, immer mehr, immer Neues. Aber sind wir erkannt? Dieses Weltall, unsere Erde – sind wir angeschaut?

Kann denn das Erkanntwerden von Gott, das Ange-
schautsein von ihm uns noch näher kommen als in der
Demut der Menschwerdung, in dem Kind von Bethle-
hem?

Vor einigen Jahren besuchte ich auf einer Ferienreise
in Tübingen den Hölderlinturm. Fast vierzig Jahre hatte
der Dichter in geistiger Nacht in diesem Turm gelebt. In

244

den Schaukästen, die dort aufgestellt sind, sah ich ein Blatt, von Hölderlins Hand beschrieben. Es war das Manuskript einer Predigt, die der junge Hölderlin in seiner Stiftszeit in Tübingen gehalten hatte, noch geborgen im Christusglauben seiner frühen Jugend. Bewegend der Anfang dieser Predigt eines Dichters, der ganz in einer idealen Welt der Götter Griechenlands lebte: „Meine Freunde! Seit Anbeginn ehrte nichts die Menschheit so wie die Menschwerdung Christi ..."

2. Wer sich des Guten nicht erinnert, hofft nicht

Im August 1814 machte Goethe mit einigen Freunden von Wiesbaden her eine Ausfahrt in den Rheingau. In Bingen erlebt er mit seiner kleinen Reisegesellschaft die Feier des Rochus-Festes, die nach langer Kriegszeit zum erstenmal wieder stattfand. Bis ins einzelne beschreibt er – man spürt seine lebhafteste Aufmerksamkeit – das Erlebnis dieses für ihn ungewohnten katholischen Volksfestes. Er reiht sich in den Strom der Wallfahrer ein: „Die Menge bewegte sich von der Haupttüre gegen den Hochaltar, wandte sich dann links, wo sie einer im Glassarge liegenden Reliquie große Verehrung bezeigte. Man betastete den Kasten, bestrich ihn, segnete sich und verweilte, so lange man konnte, aber einer verdrängte den andern, und so ward auch ich im Strome vorbei und zur Seitenpforte hinaus geschoben."

Dann dieser Satz: „Sollte ich aber die allgemeinsten Eindrücke kürzlich aussprechen, die alle Prozessionen bei mir zurückließen, so würde ich sagen: Die Kinder waren sämtlich froh, wohlgemut und behäglich, als bei einem neuen, wundersamen, heiteren Ereignis. Die jungen Leute dagegen traten gleichgültig anher. Denn sie, in bö-

ser Zeit geborene, konnte das Fest an nichts erinnern; *und wer sich des Guten nicht erinnert, hofft nicht ...*"

Dies Wort läßt uns innehalten. Ist es so? Erwächst die Hoffnung aus der Erfahrung des Guten? Ich werde an ein Wort des hl. Irenäus erinnert: „So wird auch das himmlische Reich wertvoller denen, die das Erden-Reich erfahren." Offenbar ist gemeint: Wer hier das Gute nicht erfährt, wer hier nicht auf den Geschmack des Guten gekommen ist – wie sollte er eine Vorstellung, geschweige denn eine Hoffnung auf das kommende Gute haben können?

Was aber ist das Gute, dessen man sich erinnern muß, um hoffen zu können? Ist es Wohlleben und Wohlstand allein?

Mir scheint: Das Gute, dessen man sich von der Kindheit und Jugend erinnern muß, um auf das kommende Gute hoffen zu können, muß – um es im allgemeinsten Sinn zu sagen – die Feier des Sinnes sein. Die Erfahrung von Vertrauensgrund, der als Wurzelgrund kommendes Leben trägt. Es muß etwas sein, das uns, bewußt oder unbewußt, erfahren läßt: Es ist gut, daß ich lebe! Dann aber, wenn dieses Gute, die Sinn-Erhellung des Lebens, in Kindheit und Jugend erfahren wird, gehört auch all das Sichtbare zu diesem Guten, all das, was Brentano in den unsterblichen Vers gefaßt hat:

„O Stern und Blume, Geist und Kleid,
Lieb, Leid und Zeit und Ewigkeit."

Wir stärken unsere Hoffnung, wenn wir uns des Guten erinnern – in Dankbarkeit. Zuletzt aber kommen wir vor das unsagbar Gute, dessen wir uns Tag für Tag erinnern: „Tut dies zu meinem Gedächtnis." Das Erinnern an das unendlich Gute im Mysterium des Lebens. Welch einzigartige Kraft unserer Hoffnung!

3. Der geistlich-kurfürstliche Weg

„Er ging weder den ganz breiten Weg zur Ewigkeit noch den ganz schmalen, sondern hatte bei häufigem Gebet und einer guten Tafel einen mittleren eingeschlagen, den man den geistlich-kurfürstlichen nennen könnte." Dieses Wort, das sich in den „Aphorismen", den „Sudelbüchern", von Georg Christoph Lichtenberg (1742–1799) findet, steckt den Spott in ein geistreiches Bild hinein. Zur Zeit Lichtenbergs gab es noch geistliche Kurfürsten, nur sind durchaus nicht sie allein gemeint. Wir müssen das Wort übersetzen – für uns selber; es kann eine harte Gewissenserforschung werden!

Als ich anfing, über dieses Weg-Wort nachzusinnen, kam mir ein Gedanke, der sehr weit weg von ihm ansetzte: der Abrahamsweg – „Geh du aus deinem Land in das Land, das ich dir zeigen werde." Laß alles los und geh meinen Weg, so sagt Gott zu ihm.

Aber sofort sagte ich mir: Setz nicht an so weit weg von dir, bei Abraham; setz ganz nah bei dir selbst an! Dann kann es sein – wenn ich wahrhaftig genug bin –, daß die „Übersetzung" dieses Wortes mich ins sehr Konkrete führt.

„Breit ist der Weg, der ins Verderben führt, und viele gehen auf ihm; eng ist der Weg, der zum Leben führt, und nur wenige finden ihn" (Mt 7, 13–14). Spricht Christus von einem mittleren Weg? „Du bist weder kalt noch heiß. Wärest du doch kalt oder heiß! Weil du aber lau bist, weder heiß noch kalt, will ich dich aus meinem Munde ausspeien" (Offb 3, 15–16).

Vor einiger Zeit hielt ich mit einigen Theologiestudenten Einzelexerzitien. Wir gingen aus von dem Wort Jesu am Anfang des Johannesevangeliums, das er zu den

beiden Jüngern sagt, die als erste hinter ihm hergehen:
„Was sucht ihr?" (Joh 1,38). Ich legte ihnen nahe, zuerst
einmal in aller Wahrhaftigkeit darüber nachzudenken,
welche Sehnsüchte, welches Verlangen besonders stark
in ihnen sei. In den Gesprächen der folgenden Tage kamen dann Antworten wie diese: Ich möchte geliebt werden. Oder: Ich sehne mich nach einem Leben, das
gelingt, das mithilft, die Welt zu verändern, das eine
Hilfe für andere Menschen ist. Einer sagte: Ich sehne
mich danach, ganz zu sein, glaubwürdig zu sein; ich
möchte radikal, konsequent sein. Er nannte einen Gefährten auf seinem Weg, der ihn beeindruckte durch die
Konsequenz seines Lebens – könnte er doch auch so
sein!

So spricht man mit einundzwanzig Jahren, und es ist
schön, so in diesem Alter zu sprechen. Aber unmerklich
verwandelt sich im Laufe der Jahre die „Vision" des en-
gen Weges, der zum Leben führt. Und eines Tages ist
man bei häufigem Gebet und einer guten Tafel auf dem
mittleren Weg, den man den geistlich-kurfürstlichen
nennen könnte. „Er war einer von denen auf der Kara-
velle des Kolumbus – und fragte sich, ob er rechtzeitig
zurück sein würde in seinem Dorf, um sich als Schuster
niederzulassen, ehe ein anderer den alten verdrängte"
(Dag Hammarskjöld).

Der junge Theologiestudent sagte: Ich möchte konsequent sein, ich möchte ganz sein. Wieder denke ich an
Abraham: „Geh einher vor meinem Antlitz, sei ganz!"
(Gen 17,1). Nur unter seinem Antlitz können wir ganz
werden.

4. Wer an das innere Licht glaubt, bedarf der Hast nicht

Vor vielen Jahren begegnete mir – seitdem unvergessen – das Wort von Georg Fox (1629–1691), dem Begründer der Quäker: „Freunde, seid nicht hastig, denn wer an das innere Licht glaubt, bedarf der Hast nicht." Das Wort vom „inneren Licht" gehört zum Kern der Spiritualität der Quäker. Sie deuten es als „Heiligen Geist" oder als den „inwendigen Christus". Wie auch immer bei den Quäkern, dieser eminent karitativ tätigen Gemeinschaft, dieses Wort seine Entfaltung gefunden hat – ich glaube, daß es zu einem guten Begleiter werden kann.

Christus sagt: „Ich bin das Licht der Welt ... Glaubt an das Licht, damit ihr Söhne des Lichtes werdet" (Joh 8, 12 und 12, 36). Dieses Licht ist in uns, den Getauften: „Jetzt seid ihr durch den Herrn Licht geworden. Lebt als Kinder des Lichtes" (Eph 5, 8).

„Freunde, seid nicht hastig ..." Diese „Hast", das ist: das Gehetztsein und Getriebensein, die innere Unrast, das bekümmerte Besorgtsein, das unruhige Hierhin und Dorthin, das ängstliche Sichabsichern und Festhalten ... „Wer an das innere Licht glaubt", dem kann es gegeben werden, daß von innen her, von diesem Licht her, von diesem Gelöstsein, von diesem Erlöstsein, die Hast sich auflöst.

Jesus selber ist ohne Hast. Er kennt die Traurigkeit und das Leid, er kennt die Leidenschaft für das Reich Gottes, er kennt den heiligen Zorn – aber er ist ohne Hast.

Das innere Licht ist gütiges Licht; „es bringt lauter Güte, Gerechtigkeit und Wahrheit hervor" (Eph 5, 9). Und indem ich zulasse, daß das innere Licht Güte ausstrahlen kann, bewahre ich es: „Wer seinen Bruder liebt, bleibt im Licht" (1 Joh 2, 10).

Da kommt am Abend, als ich nach getaner Arbeit gerade mit der Lektüre eines Buches beginnen will, auf das ich mich schon gefreut hatte, ein Mann zu mir, der mir schon manchmal ungelegen gekommen ist. Noch gelingt es mir gerade, nach außen den Unmut zu verbergen, aber innen ist alles voller Abweisung. Da kommt mir, ich weiß nicht wie, das Wort in den Sinn: „Freunde, seid nicht hastig, denn wer an das innere Licht glaubt, bedarf der Hast nicht". Und die Atmosphäre unseres Gesprächs beginnt sich zu wandeln. Als der Besucher geht, wissen beide sich beschenkt, können beide danken.

Das Wort vom gütigen inneren Licht weckt in mir die Erinnerung an ein Gebet von Newman. Er hat es 1833, als 32jähriger, geschrieben, als er auf einer Sizilienreise in einer schweren inneren Krise auf den Tod erkrankt war.

Lead, kindly Light

Führ, gütiges Licht, mich aus dem dunklen Graus,
    führ du mich recht!
Die Nacht ist schwarz, und ich bin weit von Haus,
    führ du mich recht!
Leucht meinen Fuß, nicht daß das Letzte sich
mir schon enthüll, ein Schritt genügt für mich.

Nicht immer betete ich so, daß du
    mich führtest recht;
ich liebte irrend eigne Pfade, nun
    führ du mich recht!
Dem grellen Tag und meinem stolzen Sinn
– gedenk es nicht! – gab blindlings ich mich hin.

Du hast gesegnet in der Finsternis
    mich lange schon,
führ mich durch Klippen, Moor und Heide, bis
    die Nacht entflohn,
bis mich am Morgen grüßt vom Paradies
der Engel Liebe, die ich lang verließ.

Übertragen von Franz Böller

5. Was nützt es uns, wenn wir nur in dem, was nicht wir sind, treu waren, nicht aber mit unserem Selbst dienen?

Paulinus von Nola (352–431), von dem dieses Wort stammt, erlebt wie sein großer Zeitgenosse Augustinus den Umbruch seiner Zeit, den Untergang des Weströmischen Reiches, das in innerer Aushöhlung und unter dem Ansturm der Germanen zusammenbricht. Immer wieder umkreist er in seinen Briefen die Frage: Was ist jetzt „das eine Notwendige"? Was müssen wir tun, um den Schatz der Wahrheit hinüberzuretten in die kommende Zeit? Er ist einer von denen, die ahnen: Jetzt, in dieser Stunde der Auflösung, der Lebensblindheit der vielen, muß es einige geben, die in letzter Entschiedenheit sich dem Anruf Gottes stellen. Er schreibt: „An wenigen zeigt der Herr, was allen zu nützen vermöchte, wenn sie nur wollten. Denn zur Unterweisung der Gesamtheit genügt das Beispiel weniger, und zwar zu beiden: den Glaubenden zum Vorbild, den Verhärteten zum Zeugnis." Er gibt seinen riesigen ererbten Besitz auf und gründet mit Gleichgesinnten – darunter viele seiner freigelassenen Sklaven – in Nola bei Neapel eine Art klösterlicher Lebensgemeinschaft.

„Was nützt es uns, wenn wir nur in dem, was nicht wir sind, treu waren, nicht aber mit unserem Selbst dienen?" so schreibt er an seinen Freund Sulpicius Severus. Er wird nicht müde, diesen Gedanken in immer neuen Bildern zu entfalten: „Geben wir anstelle des Gebotenen die Hingabe, anstelle der Pflicht die Liebe, anstelle des Geldes den Dank. Weh uns, wenn wir nicht lieben!" Und: „Du aber mache deine Rechnung mit Gott, und

wie bei einem gegenseitigen Geschenk gib deine Liebe dem höchsten Vater, der von all dem, was er dir an inneren und äußeren Gaben verliehen hat, doch nur dich selbst von dir haben will."

„... mit unserem Selbst dienen": Das ist das Herz, der ganze Mensch! Es ist das, was Gott von Abraham erwartet: „Geh einher vor meinem Antlitz: Sei ganz!" (Gen 17, 1). Es ist das „Du sollst Gott lieben aus deinem ganzen Herzen ...!" Es ist das, was Thomas von Kempen schreibt: „Gib das Ganze für das Ganze."

Es kann sein, daß da einer die 613 Gebote und Verbote der Thora alle hält – und er dient doch nicht mit seinem Selbst; er ist doch kein Liebender.

Und es kann sein, daß da ein anderes gilt, was ein Midrasch-Wort sagt: „Wer *ein* Gebot hält, ist wie einer, der die ganze Thora gehalten hat!" Weil er das eine, vielleicht ganz geringe, mit der Aufmerksamkeit des Herzens tut!

Theresia von Lisieux, gefragt, was sie tun würde, wenn sie wüßte, daß sie noch heute sterben würde, antwortete: ich würde das weitertun, was ich jetzt gerade tue! – Wer das sagen könnte!

„... mit unserem Selbst dienen": Ich sehe die Zerstückelung meines Lebens, all das Fragmentarische ... Ich sehe die Gebrochenheit und die Verfälschungen meiner Absichten ... Ich sehe die Halbherzigkeiten meiner Entschlüsse ...

Aber ich sehe auch im Glauben die Hände des Einen, der für uns alle wahrhaftig Gott mit seinem Selbst gedient hat. Und ich lege die Halbheiten und Verkehrtheiten meines Tuns in Seine Hände: in die einzige und wahre Verwandlung hinein, in die Verwandlung der Liebe.

6. Für wen gehst du?

Ein Priester im Gemeindedienst sagte mir: Ich stelle mir manchmal mitten in der Bewegtheit meines Alltags die Frage: Wozu tust du das? Für wen tust du das? Diese Frage, so sagt er, erneuert mich in meiner Motivation und auch in meiner Zuversicht.

Als er das sagte, kam mir eine chassidische Geschichte in den Sinn: „In Ropschitz, Rabbi Naftalis Stadt, pflegten die Reichen, deren Häuser einsam oder am Ende des Ortes lagen, Leute zu dingen, die nachts über ihren Besitz wachen sollten. Als Rabbi Naftali sich eines Abends spät am Rand des Waldes erging, der die Stadt säumte, begegnete er solch einem auf und nieder wandelnden Wächter. ,Für wen gehst du?' fragte er ihn: Der gab Bescheid, fügte aber die Gegenfrage dran: ,Und für wen geht Ihr, Rabbi?' Das Wort traf den Zaddik wie ein Pfeil. ,Noch gehe ich für niemand', brachte er mühsam hervor, dann schritt er lange schweigend neben dem Mann auf und nieder. ,Willst du mein Diener werden?' fragte er endlich. ,Das will ich gern', antwortete jener, ,aber was habe ich zu tun?' ,Mich zu erinnern', sagte Rabbi Naftali."

„Für wen gehst du?" – Für wen gehe ich mit meinem Leben? Gehe ich nicht oft für mich selbst? Gehe ich für eine Sache? Gehe ich für einen anderen? Für *den* anderen, der mich in seinen Dienst genommen hat?

Die Geschichte sagt, daß der Rabbi von dieser Frage bis ins Herz getroffen war. Vielleicht hatte er schon jahrelang mit der Thora Umgang gehabt, und doch gesteht er: „Noch gehe ich für niemand!"

„Mich zu erinnern": Er weiß, daß er jemanden braucht, der ihn erinnert, für wen und für was er mit sei-

nem Leben gehen soll. Wer erinnert mich? Was erinnert mich?

Manès Sperber erzählt in seinem Buch „Die vergebliche Warnung", wie er als junger Mann während eines Krankenhausaufenthaltes einen Mitpatienten kennenlernte: „Er war für mich eine jener Figuren, die im Leben eines jeden genau in dem Augenblick auftauchen, in dem ein Stichwort nötig ist, das sie allein bringen können. Sie mögen dann spurlos verschwinden, etwa wie ein Passant, mit dem man zusammen auf einen Autobus gewartet hat."

Vielleicht habe ich das schon oft erfahren, daß da einer war, der mir das Stichwort gab. Es sollte mich erinnern an das „Für wen gehst Du?" Vielleicht habe ich es vernommen und doch nicht wahrgenommen und bin weitergegangen in der Vergeßlichkeit des Herzens.

In der Selbstbiographie von Albert Schweitzer las ich: „Auf der Universität mußte ich in meinem Glücke, studieren zu dürfen und in Wissenschaft und Kunst etwas leisten zu können, immer an die denken, denen materielle Umstände oder die Gesundheit solches nicht erlaubten. An einem strahlenden Sommermorgen, als ich – es war im Jahre 1896 – in Pfingstferien zu Günsbach erwachte, überfiel mich der Gedanke, daß ich dieses Glück nicht als etwas Selbstverständliches hinnehmen dürfe, sondern etwas dafür geben müsse. Indem ich mich mit ihm auseinandersetzte, wurde ich, bevor ich aufstand, in ruhigem Überlegen, während draußen die Vögel sangen, mit mir selbst dahin eins, daß ich mich bis zu meinem dreißigsten Lebensjahre für berechtigt halten wollte, der Wissenschaft und der Kunst zu leben, um mich von da an einem unmittelbaren menschlichen Dienen zu wei-

hen. Gar viel hatte mich beschäftigt, welche Bedeutung dem Wort Jesu, ‚Wer sein Leben will behalten, der wird es verlieren, und wer sein Leben verliert um meinet- und des Evangeliums willen, der wird es behalten', für mich zukomme. Jetzt war sie gefunden."

Er war einer von denen, die von der Frage getroffen waren: Für wen gehst du?

7. Die Messe, die ich mit dem Brot meines eigenen Daseins begehe

Er ist vor etwa zehn Jahren zum Priester geweiht worden, hat tüchtig in der Gemeindearbeit zugepackt, mit Schwung, wie er sagt. Aber seit einem Jahr ist eine wachsende Unruhe über ihn gekommen. Sie geht einher mit Phasen von Niedergedrücktheit, Schlaflosigkeit, innerer Unzufriedenheit. Er fragt sich: Habe ich mir zuviel an Arbeit zugemutet? Habe ich mich an das Außen verloren? Habe ich den Sinn für mein Tun verloren? Eines ist ihm immer deutlicher geworden: die enttäuschende Erfahrung seiner Grenzen! Besonders die Erfahrung von Schwächen, die in ihm selbst liegen! Der Arzt, den er aufsucht, sagt ihm: Es ist nichts zu finden, Sie sind gesund, es ist wohl nur eine Ermüdung. Aber er selbst spürt: Die Störung liegt tiefer!

Eines Tages will es der „Zufall", daß er vor seinem Bücherschrank stehend, bei der Suche nach einem bestimmten Buch auf Claudels „Seidener Schuh" stößt. Als Primaner hatte er vor vielen Jahren dieses Buch gelesen, halbverstanden und doch davon fasziniert. Sein Blick fällt auf der zweiten Seite auf das Gebet des Jesuitenpaters, der auf dem von Piraten gekaperten Schiff, das

steuerlos auf dem Ozean dahintreibt, an dem Stumpf des Mastes gebunden ist, der einzige noch Lebende: „Herr, ich danke dir, daß du mich also gefesselt hast ... Heute kann ich enger nicht mehr an dich angebunden sein, als ich es bin ... Und so bin ich wirklich ans Kreuz geheftet, das Kreuz aber, an dem ich hänge, ist an nichts mehr geheftet. Es treibt auf dem Meere ..." Und dann der Satz: „Und nunmehr, siehe, hebt das letzte Gebet dieser Messe an, schon dem Tode vermischt, die ich mit dem Brot meines eigenen Daseins begehe!" – Wie ein Blitz trifft ihn dieses Wort: „Die Messe, die ich mit dem Brot meines eigenen Daseins begehe!" Und sofort weiß er mit Gewißheit: Das ist ein Zeichen. Mein Leben hat sich von seinem Ursprung verloren. Der Weg zu diesem Ursprung geht für mich nur so: Das „Brot" meines Daseins muß eins werden mit dem Brot auf dem Altar. Ich muß vor allem mit den Gebundenheiten meines Daseins eins werden mit dem an das Kreuz Gebundenen. Nur so kann ich wieder eins werden mit mir selbst.

Er hatte in den vergangenen Jahren versucht, seinem „Schatten" davonzulaufen. Der Fluchtweg war die unaufhörliche Arbeit. „Schatten", das ist: der dunkle Bruder meines Lebens; abgelehnte, ins Unbewußte verdrängte Lebens-Eigenschaften, die doch zu mir gehören. Meine dunkle, verdrängte Lebensseite – wenn ich sie nicht mehr wahrnehmen kann, beginnt sie aus dem Unbewußten ihre Störsignale zu geben. Am liebsten projizieren wir diesen Schatten ahnungslos auf andere; aber so kommen wir nicht von diesem unbekannten Schattenbruder los, der ein Stück unserer inneren Wirklichkeit ist. Wir müssen ihn kennenlernen, uns ihm stellen, ihn annehmen. „Man verwandelt nur das, was man annimmt."

Der Priester, von dem die Rede ist, begann zu lernen, seine dunkle Lebensseite wahrzunehmen und anzunehmen. Die Gnadenstunde, in der es begann, war dieser „Blitz": „Die Messe, die ich mit dem Brot meines eigenen Daseins begehe." Der Andere ist da, der Einzige, der alle Schuld- und Schicksalsschatten der Welt angenommen hat. Und so konnte der Priester das Wagnis eingehen: sich seinem Schatten zu stellen und ihn mitzunehmen in den Opfergang des Herrn. Es wurde ein mühsamer Weg der Reifung, mit Verzögerungen und Rückschlägen, aber es wurde *sein* Glaubensweg.

8. Das Ganze im Fragment

Zwei Anlässe, die in einer Woche zusammentrafen, ließen uns über dieses Wort – es ist ein Buchtitel von H. U. von Balthasar – nachdenken. Wir hatten im Priesterseminar eine geistliche Woche über Heilige. Da kam der Gedanke auf: Kann der Heilige nicht gekennzeichnet werden mit dem Wort „Das Ganze im Fragment"?

Der zweite Anlaß: Ein Kaplan klagt – wie oft ist dieser Seufzer zu hören – : Man wird nie fertig! Es gibt keinen Tag, an dem man abends sagen könnte: alles getan! Und wir entdeckten: Vielleicht gehört es wesentlich zu unserem Beruf wie zu keinem anderen, daß unser Werk immer Fragment bleibt. Und doch: Das Ganze im Fragment!

Man könnte bei diesem Wort darüber nachdenken, daß der Mensch von seinem Wesen her Fragment ist, das undeutbare Geheimnis, die ungestillte Sehnsucht, die bleibende Unruhe, der immer Suchende, die nie zu beantwortende Frage: „Quaestio mihi factus sum", Zur Frage bin ich mir geworden, sagt Augustinus. Kann er,

das Fragment, vollendbar sein? Die einzige und letzte Antwort ist: Ostern! *Das Ganze* im Fragment: Das ist der Weg der Liebe Gottes zum Menschen in seine letzte und tiefste Brüchigkeit hinein, in die Brüchigkeit des Todes hinein. Das Ganze im Fragment glauben und leben: Das ist der österliche Mensch!

Aber was heißt dies für mich?

Ich muß stehen zu dem Fragmentarischen meines Wesens, meines Werkes.

Ich darf es nicht vertuschen, weder durch Ablenkung noch durch eine Fixierung auf das Immer-mehr der Selbstverwirklichung, des Selbstaufbaus.

Ich darf ihm nicht erliegen durch Resignation noch es besiegen wollen durch das unruhige Immer-mehr der Aktivität.

Ich darf ihm nicht ausweichen durch tatenloses „Vertrauen", das zum Quietismus wird; denn dann nehme ich weder das Fragmentarische meiner Existenz ernst noch die Erwartung Gottes an mich.

Ich muß mich einlassen auf das eine Charisma (fünf Talente oder zwei oder eins); es ist von mir aus gesehen Fragment, aber wenn ich mich darauf einlasse, kann das Ganze darin zum Vorschein kommen. An den Heiligen kann man es erfahren! („Lebe das, was du vom Evangelium begriffen hast, und sei es noch so wenig" Frère Roger.) Er gibt jedem einen Denar, das heißt das Ganze; auch dem, der nur eine Stunde gearbeitet hat. Denn das Ganze entspricht nicht der faktischen Leistung, sondern der Bereitschaft – und es ist Geschenk!

Ich muß mich immer wieder neu einüben – mitten im bedrückenden Erfahren des Fragmentarischen – in das durchhaltende Vertrauen, das das Neue Testament *hypomonē* nennt, das Darunterbleiben, und welches seine

tiefste Ausdeutung im „Bleiben" des Johannesevangeliums findet: „Bleibet in mir!", „Bleibet in meiner Liebe!"

Was ist das Ganze? Am kürzesten ist es in dem Wort
des Erhöhten gesagt: „Meine Kraft in deiner Schwachheit." Kann man etwas von dieser österlichen Kraft, von
diesem Ganzen, erfahren? Ungezählte Zeugen sagen: Ja!
Aber ebenso überzeugend sagen sie uns: Es kann nur erfahren werden, wenn das Loslassen vollzogen wird!
Ostern, dieses wahrhaft Ganze, wird erfahren durch das
Kreuz, durch das Sterben hindurch. Darum heißt es bei
der Priesterweihe: „Stelle dein Leben unter das Geheimnis des Kreuzes."

Albert Camus, der das Fragmentarische der menschlichen Existenz tief erlebt hat, äußert einmal: „Ohne Gott
ein Heiliger zu sein, das ist das einzig wirkliche Problem,
das ich kenne." Ohne Gott? Ein Heiliger zu werden, ganz
zu werden, ein Vollendeter zu werden – das ist Geschenk!

Das Ganze im Fragment – welche Weisung gibt es, dahin zu kommen? Die kürzeste: „Bleibet in meiner Liebe!"

9. Was heißt geistlich leben?

In einem Besinnungstag von Pfarrern kam die Frage auf:
Was heißt geistlich leben? Viele Antworten wurden gegeben. Einer meinte: Für mich steht die Antwort in einer
Zeile der Pfingstsequenz: „in labore requies". Da wird
vom Heiligen Geist gesagt: Du bist die Ruhe in der Mühsal! Dies wäre für mich „geistlich leben": In dem Geplagtsein des Alltags, in dem Streß des Lebens von dieser
innersten Kraft der Ruhe, des Vertrauens, des Ge-
liebtseins gehalten sein; aufatmen können! Und dies
nicht in der Weise einer Entspannungsübung, sondern

im Glauben! In dem Glauben, daß in mir diese wunderbare lebendige, ausstrahlende Zelle da ist: der Geist Jesu Christi – „in labore requies".

Ich stelle mir vor: Da sind zwei Seelsorger, die in einer Gemeinde arbeiten, beide arbeiten gleich viel, aber ihre Arbeit wird von der Gemeinde ganz unterschiedlich erfahren. Bei einem Hausbesuch hinterläßt der eine den Eindruck, daß – unausgesprochen – das Wort „keine Zeit" in der Luft liegt. Der andere, dessen Besuch keine Minute länger dauert, hinterläßt den Eindruck: Der war ganz da! Man wird sagen: Das ist Veranlagung. Kann man aber nicht auch sagen: Das hat etwas zu tun mit dem Glauben an den Geist Gottes: „in labore requies"?

Vielleicht können wir dies noch in einer anderen Weise bedenken. Ein Priester, der auf die Fünfzig zugeht, tatkräftig und mit freudiger Zustimmung in seiner Gemeinde, sagt: Seit einigen Jahren ist eine merkwürdige Verwandlung mit mir im Gange. Früher habe ich immer gedacht: Du mußt Gott lieben, du mußt die Menschen lieben, du mußt etwas tun, etwas vorzeigen können usw. Und das ist ja auch richtig. Aber seit einigen Jahren heißt es in mir: Laß dich von Gott lieben! Seitdem ist alles anders geworden.

Sich von Gott lieben lassen! Ist das nicht eine gute Antwort auf die Frage: Was heißt geistlich leben? Natürlich kann das mißverstanden und mißbraucht werden. Aber es gibt Kriterien, die erkennen lassen, ob es der Geist Gottes, die Liebe Gottes ist, die da am Werk ist. Die Früchte des Geistes sind: Freude, Liebe, Friede, Einssein, Verbundenheit ...

In jeder Sünde liegt ein Mißtrauen gegen Gott. Ja, fast könnte man sagen: Sünde ist Mißtrauen gegen Gott. Jede Sünde enthält verborgen etwas von der mißtrauischen

Frage: Ob Gott wirklich ganz gut zu mir ist? Ob Gott mich wirklich liebt, so wie ich bin?

Dann aber ist die Überwindung der Sünde: der Liebe Gottes vertrauen! Sich von Gott lieben lassen! Das freilich wird dann auch dahin führen: sich Gott lassen, sich Gott überlassen!

In seinen „Buchstabier-Übungen" schreibt Josef Pieper: „Man sollte sich vielleicht an diesem Punkt die furchtbare Weltansicht vergegenwärtigen, die sich in dem Satz Spinozas verbirgt, wonach ‚Gott, strenggenommen, niemand liebt', um des unerhört Anderen gewahr zu werden, daß unser eigenes Existieren in solchem Geliebtwerden durch den Creator buchstäblich besteht. Ein inzwischen verschollener Autor hat es in einem bemerkenswerten, gleichfalls vergessenen Buche auf altmodisch feierliche Weise ausgesprochen, was dies für das Selbstverständnis des Menschen in concreto bedeuten kann: ‚So mich aber Gott liebt, weil ich es bin, so bin ich wahrhaftig unersetzbar in der Welt.' Auf keine Weise sonst, scheint mir, vermögen wir, auch im eigenen Bewußtsein, so endgültig Boden unter die Füße zu bekommen wie durch eine solche, freilich nicht auf Grund eines bloßen Entschlusses zu gewinnende Überzeugung."

10. Was bedeutet das Kreuz in Ihrem Zimmer?

Ein Student kommt zu mir; ich kenne ihn nicht, weiß nur, daß er Jura studiert, noch in den Anfangssemestern. Er schaut sich schweigend in meinem Zimmer um. Sein Blick fällt auf das Kreuz, das in meinem Zimmer hängt. „Was bedeutet das Kreuz in Ihrem Zimmer?" so beginnt er unvermittelt das Gespräch.

Die Frage überrascht mich. Ich schaue selber zum
Kreuz hin. Ich sage – und schon im Sprechen merke ich,
daß ich anfange, seiner Frage auszuweichen –: „Das
Kreuz ist aus Elfenbein geschnitzt, es ist aus dem Besitz
unserer Familie, eine Inschrift auf der Rückseite besagt,
daß es 1734 geschaffen worden ist; seit zweihundertfünf-
zig Jahren also haben die Vorfahren es in ihrem Zimmer
gehabt."

Dann geht das Gespräch in eine andere Richtung weiter. Als der Student mich verlassen hat, sage ich mir: Du
hast seine Frage nicht beantwortet.

Und ich fange an, seiner Frage nachzugehen. Ich habe
bisher nie direkt darüber nachgedacht. Wieder setze ich
von außen an: Was mag den Vorfahr vor zweihundert-
fünfzig Jahren dazu bewogen haben, dieses Kreuz machen zu lassen? Aber ich will mich der Frage des
Studenten ja ehrlich stellen. Nicht, was ich theologisch
und geistlich über das Kreuz weiß, sondern jetzt ganz
wahrhaftig: Was bedeutet mir das Kreuz in meinem Zimmer? Es fällt mir ein, daß mein Blick oft dahingeht, aber
es ist ein fast unmerkliches Hinschauen. Manchmal,
wenn ein Besucher an meiner Tür anschellt, und ich
weiß, daß es ein schwieriges und vielleicht folgenschwe-
res Gespräch werden kann, mache ich noch schnell ein
Kreuzzeichen vor dem Kreuz: „Unsere Hilfe ist im Namen des Herrn!"

Es kommt mir das Wort in den Sinn, das ich Jahr für
Jahr im Dom bei der Priesterweihe höre: „Stelle dein Leben unter das Geheimnis des Kreuzes." Tue ich es? Wie
tue ich es? Ich denke, die Frage des Studenten zielte genau darauf: Was hat das Kreuz hier in Ihrem Zimmer
mit Ihrem Leben zu tun?

Ich weiß, das Kreuz sucht man nicht, es wird aufer-

legt. Aber wenn so etwas da ist, was Kreuzesgestalt haben könnte – wie merkwürdig, daß uns gerade dann nicht in den Sinn kommt, es als Lebensanteil am „Geheimnis des Kreuzes" wahrzunehmen. Das Kreuz in meinem Zimmer ist einigermaßen kostbar, im Material, in der künstlerischen Kraft. Der Gekreuzigte ist nicht als Toter dargestellt; sein Haupt ist etwas erhoben und der Blick geht zum Himmel. Das ist deutlich die Aussage dieses Kreuzes: der Aufblick zum Vater. Erst jetzt nach der Frage des Studenten ist mir das richtig bewußt geworden. Die vielen Jahrzehnte, in denen der Blick wie ganz selbstverständlich auf das Kreuz fiel, haben auch die Aufmerksamkeit geschwächt; immer muß ein anderer uns daran erinnern, was das Ungewöhnliche im Gewohnten ist! Die Frage des Studenten hat mich buchstäblich in Frage gestellt! Wie sehr weit bin ich immer noch weg von dem Wort des Apostels Paulus: „Denn ich hatte mich entschlossen, bei euch nichts zu wissen außer Jesus Christus, und zwar als Gekreuzigten" (1 Kor 2,2). Oder gar: „Ich bin mit Christus gekreuzigt worden" (Gal 2,19).

Ich weiß, ich darf den Bogen nicht zu weit spannen: ganz nahe, *in meinem Zimmer* ist das Kreuz, in meiner Alltagswelt. Verändert das Kreuz meinen Lebensraum?

11. Nur das Mysterium tröstet

An einem Besinnungstag lasen wir im Priesterseminar mit dem Kurs der Diakone das Buch Tobit. In diesem Buch wird in der Form einer Erzählung gesagt, wie der Israelit in der Diaspora unter den Heiden seinen Glauben leben soll. Nun war die Frage da: Was ist das für uns heute?

Einer der Diakone zitierte einige Sätze des Naturwis-

senschaftlers C. F. von Weizsäcker: „Ich vermute, daß die gesamte neuzeitliche Naturwissenschaft ein Paradigma menschlichen Verhaltens ist, und zwar ein Paradigma, dessen adäquate gedankliche Form die abschließbare Theorie ist." „Die wertneutrale Wissenschaft hat durch ihre Selbststilisierung schon vorweg darüber verfügt, daß die Gottesfrage in ihr nicht auftauchen kann; denn die Gottesfrage ist zugleich eine Frage nach dem rechten Handeln und nach dem Sinn des Ganzen und erscheint so unter den Wertfragen." „Die naturwissenschaftliche Denkweise ist ... der harte Kern der Neuzeit und ein Symbol des Machterlebens des modernen Menschen" (in: Deutlichkeit, München ²1979).

Das Denken des Menschen, nicht nur auf der Ebene der Wissenschaft, sondern bis hin zu dem Mann auf der Straße, ist ein „abschließendes" Denken, in dem Gott nicht vorkommen kann. Das religiöse Bewußtsein läuft mehr oder weniger unverbunden nebenher, findet keine Einheit mit dem wertneutralen, abschließenden Denken.

Wie leben wir als Christen in dieser Welt der „abschließbaren Theorie" den Glauben? Was hat das Buch Tobit damals dem Israeliten als Lebensweisung für den Glauben gegeben – welche Zielweisung gilt für uns heute in der „säkularisierten Welt"? Das Gespräch darüber wurde zu einem intensiven Suchen.

Eine mit Entschiedenheit vorgelegte Antwort lautete: In der Welt des abschließenden Denkens kann es konsequenterweise letztlich kein Geheimnis geben. Der Christ in dieser Welt aber lebt unter dem Geheimnis. Es hat manche Namen. C. F. von Weizsäcker schreibt: „... jenseits des Bruches wartet ... die unaussagbare Erfahrung, die im Christentum Gnade heißt." Es ist das Ge-

heimnis des unsagbar Beschenktseins. Und darum: Anbetung und Preisung! Das, was Charles de Foucauld
stammelnd ausruft: „Wie werde ich daran froh, daß
Gott Gott ist!" Es ist das, was wir in der Mitte der Eu-
charistiefeier auf den Ruf antworten: „Geheimnis des
Glaubens!"

Anbetung aber nicht in einem verkürzten Sinn. Aus
der „Freude an Gott" (Neh 8,10) ein Leben, das dieses
von Gott Beschenktsein ausstrahlt: als zuversichtliche
Hoffnung, auch da wo wir nicht mehr (wie der erblin-
dete Tobit) sehen, wie es weitergeht; und: als ein nicht
mehr rechnendes („abschließbares") Weiterschenken der
erfahrenen Liebe Gottes!

Jeder Getaufte soll ein Zeichen *jener österlichen Welt*
sein, die in der abschließbaren Theorie des modernen
Denkens nicht vorkommt. Zeichen auf das Mysterium
hin: daß in der unbegreiflichen Liebe Gottes die Menschheit und der Kosmos durch das Opfer Jesu Christi heimgeholt sind und immer noch heimgeholt werden in das
Zuhause Gottes.

Es gab in den fünfziger Jahren den Buchtitel: „Nur das
Mysterium tröstet." Manchem mag solches Wort wie
aus einem versunkenen „Sprachspiel" vorkommen. Ist
das alles, so denken wir, nicht dem Bewußtsein unserer
Welt so fremd, daß nicht einmal mehr die Herausforderung, die darin liegt, noch gespürt wird? Und dennoch –
mitten in unserer Welt wartet das Wort Christi auf unseren Glauben: „Wenn ich über die Erde erhöht bin, werde
ich alle zu mir ziehen" (Joh 12,32).

Das Buch Tobit gibt dem Israeliten in der Fremde die
Lebensweisung: Die Preisung des Gottes, dessen Wege
barmherzig und gütig sind, und das Mitgehen dieser
Wege Gottes in Werken der Liebe. Das ist Lebenswei-

sung für den Christen in der säkularisierten Welt der „abschließbaren Theorie".

12. *Theologie und Christsein. Eine Notiz*

Einer unserer Theologiestudenten, der nicht weit von der Küste der Nordsee sein Zuhause hat, arbeitete in den Semesterferien als Hilfskraft auf einem Fischdampfer, der für viele Wochen in den nordischen Gewässern auf Fang unterwegs war. Er hatte sich einige theologische Bücher mitgenommen, und gelegentlich, viel seltener als geplant, versuchte er in einer freien Stunde an einem windgeschützten Platz auf Deck einige Seiten zu lesen. Eines Tages sprach ihn der Kapitän, der ihn wohl schon des öfteren so lesen gesehen hatte, mit einem Unterton von wohlwollendem Spott an: Es scheint, daß man viele Bücher studieren muß, um ein guter Christ zu sein! Ein Wort gab das andere, und bald waren Kapitän und Theologiestudent in einem tüchtigen Gespräch, das von seiten des Kapitäns über die Frage: Warum wollen gerade Sie Priester werden? unerbittlich auf die andere Frage hinsteuerte: Was ist das denn überhaupt: Christsein? Und da stellt es sich dann heraus, daß es für unser fünftes Semester gar nicht leicht war – wäre es uns leichter gewesen? –, dem Kapitän eines Fischdampfers, skeptisch und allem kirchlichen Christentum längst entfremdet, aber ehrlich und wohlwollend fragend, zu sagen, was denn eigentlich ein Christ sei.

In den Überlegungen, die der Student nachher für sich, das Gespräch überdenkend, anstellte, fiel ihm mancherlei ein: zunächst, daß er jetzt, nachher, schon bessere Antworten wüßte als die im Gespräch gegebenen; dann aber, daß der Kapitän jedenfalls mit seiner freund-

lich-herausfordernden Anfangsbemerkung auf ein Richtiges hinziele: daß es zum guten Christsein nicht auf die vielen Bücher ankommen könne; zugleich aber sofort auch auf eine beunruhigende Weise: daß er, der Theologe, von diesem Gespräch her nun erregender als je zuvor wisse: ich muß gründlich Theologie studieren! Und zwar so, daß ich durch das Viele an den Kern gelange; daß das Viele mir zur Gestalt wird!

Es war ihm etwas durch diese Herausforderung ins Bewußtsein gekommen, was ihm wohl schon vorbewußtlich da gewesen war, daß das Christsein keine „Lehre" ist, daß man nicht Christ wird, indem man die Lehrsätze des Christentums kennenlernt und so also durch immer intensiveres Studium schon in ein immer besseres Christentum eingeweiht wird. Es war ihm klar geworden, daß er in dieser Begegnung *seine* Antwort geben mußte, die Antwort eines Glaubenden. Daß er am allerwenigsten diese lebendige Antwort dadurch hätte ersetzen können, daß er dem anderen ein geeignetes Buch in die Hand gedrückt hätte, etwa einen Katechismus: da steht alles drin! Aber noch stärker war ihm aufgegangen, daß gerade die Beantwortung der einfachsten und wesentlichsten Fragen ein starkes Vertrautsein mit der Botschaft des Christentums voraussetzt.

Wie aber ist dieses Vertrautsein zu gewinnen?

Wenn Christentum nicht „Weisheitslehre" ist – „Ich preise dich, Vater, Herr des Himmels und der Erde, daß du dies vor Weisen und Klugen verborgen, aber Einfältigen geoffenbart hast!" (Mt 11, 25) –, sondern Heilswirklichkeit von Gott her in Jesus Christus; wenn ein Christ der ist, „der aus dem Glauben lebt (Röm 1, 17), das heißt seine ganze Existenz auf die eine Chance gestellt hat, die ihm Jesus Christus, der Sohn Gottes, für uns alle gehor-

sam bis zum Kreuz, eröffnet hat: am welterlösenden, gehorsamen Jawort zu Gott teilzunehmen" (H. U. von Balthasar, Wer ist ein Christ?); und wenn „zuletzt die Grundbewegung des Christentums nichts anderes ist als die einfache Grundbewegung der Liebe, in der wir teilnehmen an der schöpferischen Liebe Gottes selbst" (J. Ratzinger, Vom Sinn des Christseins), also jene Liebe, die uns möglich ist, „weil Er uns zuvor geliebt hat" (1 Joh 4, 19) –, dann kann dieses lebendige Vertrautwerden mit der christlichen Wirklichkeit nicht zustande kommen nur durch jene Art von Theologiestudium, das zwar vielleicht das Engagement „wissenschaftlicher Objektivität" aufzuweisen vermeint, aber nicht das Engagement des Glaubens und des Zeugnisses (H. Fries: „Die Theologie hat ihren Weg zu gehen zwischen zwei gegensätzlichen Fronten: der Verwerfung der Wissenschaft des Glaubens im Namen des Glaubens und der Aufhebung des Glaubens in der Wissenschaft vom Glauben zugunsten der Wissenschaft"). Das Evangelium bezeugt, daß der Jünger nur in der Bindung an Jesus, in der Lebensgemeinschaft mit ihm, in der Nachfolge den Heilsplan Gottes erfährt: „Den Vater erkennt niemand als nur der Sohn *und wem es der Sohn offenbaren will*"(Mt 11, 27). Die Offenbarung muß gelebt werden, um als lebendige Heilswahrheit und Heilswirklichkeit gefunden zu werden; die Offenbarung geschieht in Christus Jesus: „Wenn ihr in meinem Wort *bleibt* (d. h. lebt), seid ihr in Wahrheit meine Jünger und werdet die Wahrheit erkennen" (Joh 8, 31). Ja, es ist auf das äußerste gefährlich, ihn, in dem die Offenbarung Gottes geschieht, nur zu „kennen" mit jenem Bescheidwissen, das das Herz unbeteiligt läßt: „Wer sagt, er kenne ihn, und hält seine Gebote nicht, ist ein Lügner, und die Wahrheit ist nicht in ihm" (1 Joh 2, 4). Seine Gebote?

Zuletzt ist es nur das eine: zu lieben. Und daher: „Wer nicht liebt, erkennt Gott nicht, denn Gott ist die Liebe" (1 Joh 4, 8).

2

Die großen Bücher

Ein Wort von Karl Rahner hat mich zu dieser Überlegung angeregt. Es lautet, zusammengefaßt, so: „Es gibt fromme Literatur, die der Reflexion der Theologie vorausgeht, die ursprünglicher ist als diese, die weiser und erfahrener ist als die Schulweisheit, eine Literatur, in der der Glaube der Kirche, das Wort Gottes und die Tat des Heiligen Geistes sich ursprünglicher zu Wort melden als in den Abhandlungen der Theologen. Es gibt fromme Literatur, die eine schöpferische, ursprüngliche Aneignung der Offenbarung in Christo ist, in der exemplarisch im neuen Geschenk des alten Christentums an eine neue Zeit durch den Geist Gottes diese Aneignung geschichtsmäßig und in produktiver Vorbildlichkeit geschieht" (in: Ignatius von Loyola. Hrsg. von F. Wulf, Würzburg 1956, 345 f.). Als ein Beispiel dieser Literatur nennt Rahner das Exerzitienbuch von Ignatius.

Wenn man vor der Frage steht, *solche* Bücher zu nennen, und zwar mit einem so strengen Maßstab, daß nicht mehr als zwölf Bücher zu nennen erlaubt wäre – welche würde man wählen? Nicht große religiöse Weltliteratur im allgemeinen, nicht große theologische Literatur im strengen Sinne, sondern „fromme" Bücher im Sinn des obenstehenden Zitates, also geistliche Bücher, welche Quellen für das geistliche Leben in einem ursprüngli-

chen Sinn sind, Zusammenfassungen, Darstellungen in „produktiver Vorbildlichkeit". Und das nicht so, daß sie das nur für ihre Zeit gewesen wären, so daß sie heute für uns nur noch als große Dokumente der Frömmigkeitsgeschichte von Interesse wären (was, wenn es sich um wahrhaft geistliche Bücher im obigen Sinne handelt, ohnehin kaum denkbar wäre, wenigstens nicht in Ausschließlichkeit), sondern so, daß sie auch für uns, bei aller Eingebundenheit in die Geschichte ihrer Zeit, noch und immer wieder unmittelbare geistliche Bedeutung haben.

Hier sei folgender Vorschlag vorgelegt:

1. Ignatius von Antiochien, Briefe.
2. Augustinus, Bekenntnisse.
3. Apophthegmata (Die Weisungen der Väter. Eine Sammlung von Sprüchen, besonders aus der Überlieferung des ägyptischen Mönchtums).
4. Benedikt, Regel.
5. Tauler, Predigten.
6. Thomas von Kempen, Nachfolge Christi.
7. Ignatius von Loyola, Exerzitien.
8. Teresa von Ávila, Die innere Burg.
9. Johannes vom Kreuz, Der Aufstieg zum Berge Karmel; Die dunkle Nacht.
10. Pascal, Pensées.
11. Kleine Philokalie (Sammlung ostkirchlicher geistlicher Überlieferung).
12. Theresia von Lisieux, Selbstbiographische Schriften.

Diese Auswahl wird nicht unbestritten bleiben. Mancher wird etwa fragen: Warum statt Tauler nicht Meister Eckhart? Warum nicht Mechthild von Magdeburg, Das fließende Licht der Gottheit? Oder Hildegard von Bingen, Scivias? Oder Bonaventura, Itinerarium? Oder Ruysbroek, Geistliche Hochzeit? Oder Franz von Assisi,

Das Testament? Oder Franz von Sales, Philothea? Oder Sören Kierkegaard, Einübung im Christentum? Oder Newman, Predigten? ...

Die genannten Bücher sind von erstem Rang. Man kann sie nicht eines nach dem anderen lesen. Kaum eines von ihnen kann man wie in einem Zug lesen. Zwei von ihnen kann man überhaupt nicht „lesen": die Regel des hl. Benedikt und vor allem die Exerzitien des hl. Ignatius. Man hat gesagt, wer die Exerzitien nur liest, ohne die geistlichen Übungen zu vollziehen, gleicht dem Leser eines Dramas, der mehr oder weniger nur die Regieanweisungen des Autors liest. Alle diese Bücher müssen ihre „Stunde" finden im Leben dessen, der sie liest. Es kann sein, daß man sie ein erstes Mal liest – und man liest sie wie jedes andere Buch. Aber später einmal erinnert man sich zur rechten Zeit ... Oder aber man liest die „Nachfolge Christi"; man stößt sich an der zeitbedingten Begrenztheit dieses Zeugnisses. Wie aber ist es zu erklären, daß dieses Buch Männer wie Dietrich Bonhoeffer und Dag Hammarskjöld in seinen Bann genommen hat?

Ist alles in diesen Büchern groß und ohne Irrtum? Spricht aus jedem ein volles und gültiges Christentum? Es ist gut, wenn wir lernen, die Mängel und Einseitigkeiten eines solchen Buches zu sehen und zugleich seine Größe zu erkennen. Einer, der sein Leben lang mit den Meistern Umgang gehabt hat, schreibt: „Alles bei den Großen, sogar ihre Irrtümer kann zu dem Nutzen beitragen, den wir aus dem Verkehr mit ihnen erwarten. Wir müssen uns gegen sie verteidigen, denn manchmal gerät ihre Kraft vom Wege ab. Fast alle haben sie ihre Schatten, mag sie nun die Übertreibung in irgendeinem Punkte, mag sie eine andere Macht von der geraden Linie

abweichen lassen. Da ist indessen nicht einer, der den
kundigen Geist nicht trotz aller Verirrungen mit den Geheimnissen des Lebens in Berührung brächte. Ihre Irrtümer sind nicht gemeiner Natur; sie kommen aus dem
Übermaß; Tiefe und Schärfe der Schau fehlen ihnen
nicht. Wenn man ihnen vorsichtig folgt, ist man gewiß,
einen weiten Weg zurückzulegen ... Die Bücher sind
Wegweiser; die Straße ist älter, und niemand macht die
Reise nach der Wahrheit an unserer Stelle ... Wenn ich
lese, möchte ich im Buch einen glücklichen Ausgangspunkt finden, es dann aber allsogleich beiseite lassen
und mich mit dem Gefühl, sein Schuldner zu sein, von
ihm befreien. Ich habe die Pflicht, Ich zu sein. Wozu
sollte es dienen, einen anderen zu wiederholen? So wenig ich auch bin, ich weiß, daß Gott keinen seiner Gei-
ster umsonst schafft, viel weniger noch als irgendein
Ding der Natur. Ich gehorche meinem Meister, wenn ich
mich befreie" (A. G. Sertillanges, Das Leben des Geistes,
Mainz 1951).

Und die Imitatio Christi: „Sicher wird es am Jüngsten
Tage nicht heißen: Welche Bücher habt ihr gelesen? Sondern einzig: Was habt ihr getan?" (I 3, 5).

Worte der Dichter

1. „Sei dennoch unverzagt, gib dennoch unverloren!"
(Paul Fleming, † 1640)

Manchmal begegnet einem in einer Lebensstunde zur rechten Zeit das rechte Wort, das ein Stück weiterhilft auf dem Weg. So kam mir einmal in einer dunklen Stunde das Wort entgegen: „Sei dennoch unverzagt, gib dennoch unverloren." Es ist eine Zeile aus einem Gedicht von Paul Fleming, der im Dreißigjährigen Krieg die grauenvollen Schrecken dieser Zeit erlebt hat, der selber ein schweres Lebensschicksal gehabt hat; er ist nur einunddreißig Jahre alt geworden.

„Sei dennoch unverzagt, gib dennoch unverloren" – wann spricht man sich ein solches Wort zu? In einer Lebensstunde, in der man verzagen möchte, ja, in der man meint, daß alles verloren sei. Nur – es kommt wohl sehr darauf an, wie, mit welchem inneren Klang man sich ein solches Wort zuspricht. Man kann es ja sich zusprechen oberflächlich-burschikos oder in einem harten, blinden Trotz, bei dem man sozusagen die Zähne zusammenbeißt. Ob es dann befreien kann? Bei Paul Fleming hat es einen anderen Klang. In dem Gedicht, das mit diesem Wort beginnt, steht auch die Zeile: „Was du noch hoffen kannst, das wird noch stets geboren." Und das deutet hin auf eine Vertrauenshaltung, aus der dann dieses Wort kommt: „Sei dennoch unverzagt, gib dennoch unverloren." Denn wenn man andere Gedichte dieses jungen Barockdichters anschaut, erfährt man, wie tief sein Vertrauen gründet:

Ich traue seinen Gnaden,
die mich vor allem Schaden,
vor allem Übel schützt.
Leb ich nach seinen Sätzen,
so wird mich nichts verletzen,
nichts fehlen, was mir nützt.

Wir schauen in unsere Zeit hinein. Manche möchten da
wohl verzagen und alles verloren geben. Wir schauen in
unser eigenes Leben hinein. Gab es da nicht schon Stun-
den – leben wir vielleicht jetzt in einer solchen? –, wo
wir verzagen wollten, ja, wo wir alles verloren geben
wollten?

Und da ist dieses Wort: „Sei dennoch unverzagt, gib
dennoch unverloren." Aber noch einmal: Wenn dieses
Wort uns wirklich stützen und trösten soll, dann muß es
aus jenem tiefen Vertrauen kommen zu dem hin, der alles, unser ganzes Leben umfangen hält mit seinem ewigen Erbarmen. Zuletzt gibt nichts auf der Welt mir mehr
das Recht, dieses Wort zu sprechen als der Blick auf das
Kreuz, hinter dem die Ostersonne aufgeht: „Gib dennoch unverloren!"

Manchmal können Worte der Dichter die Tür zu den
Geheimnissen des Lebens auftun. Ein großer Dichter unseres Jahrhunderts, Paul Celan, schreibt einmal in einem
Brief: „Gedichte sind auch Geschenke – Geschenke an
die Aufmerksamen."

2. „O verlerne die Zeit ..."

Wir lernen unser Leben lang. Nicht nur die langen Jahre
der Schulzeit. Wer nicht mehr lernt, kommt nicht mehr
weiter.

Da berührt es uns seltsam, bei einem Dichter der Aufforderung zu begegnen, etwas zu verlernen! „O verlerne die Zeit!", sagt der Dichter Hans Carossa. Die Zeit verlernen? Zeit ist doch Geld, hat man gehört! Sogar die Bibel sagt uns doch: „Kaufet die Zeit aus! Nützt die Zeit!" (Eph 5, 16). Und nun sollen wir sie verlernen? Was meint der Dichter?

Die beiden nächsten Zeilen seines Gedichtes helfen uns, ihn zu verstehen:

O verlerne die Zeit,
Daß nicht dein Antlitz verkümmere
Und mit dem Antlitz das Herz!

Da gibt es also die Gefahr, daß unser Antlitz verkümmert und sogar das Herz, wenn wir die Zeit nicht verlernen! Ich denke, hier ist jene Zeit gemeint, die uns hetzt, die uns versklaven will. Die uns nicht zur Ruhe kommen läßt. Die immer nur zweck- und zielgerichtet ist auf einen Erfolg. Manche könnten hier statt „Zeit" ganz banal das Wort „Terminkalender" einsetzen.

Und das Antlitz verkümmert. Das Antlitz – das ist das Anschauen und das Angeschautwerden. Das Anschauen, das nicht etwas fixieren und haben will, sondern den anderen wahr-nimmt und sein Geheimnis.

Wir haben alle schon einmal gesehen, wie eine Mutter ihr kleines Kind anschaut, lächelnd sich über sein kleines Antlitz beugt und mit ihm spricht – ganz zeitvergessen. Und das Antlitz der Mutter und das Antlitz des Kindes, es verkümmert nicht; es lebt auf und leuchtet in der zeitvergessenen Zuwendung.

Und haben wir das andere nicht auch schon einmal erlebt: Da ist ein Ferientag, mit guten Gefährten sind wir auf der Wanderung. Wir sitzen auf einer Bank am Wald-

rand, und vor uns liegt die weitgespannte Landschaft, ein weites Tal. Und auf einmal ist es ganz still, keiner spricht mehr; nur das Schauen, zeitverloren. Und wie wir wieder aufbrechen, sagt einer: Ach, war das gut!

> O verlerne die Zeit,
> Daß nicht dein Antlitz verkümmere
> Und mit dem Antlitz das Herz!

Aber – da ist doch unser Alltag mit seinem „Betrieb", das Umgetriebensein von morgens bis abends. Und dennoch: Sollte es uns nicht möglich sein, mitten im Umgetriebensein unseres Werktags immer mal wieder einen Augenblick innezuhalten und die uns plagende Zeit zu verlernen? Und in diesem Augenblick ist *ein* Wort da, ein Wort der heiligen und heilenden Offenbarung, wie etwa dieses: Du hast mich umhüllt mit dem Schutz deiner Hand! Und ich berge mich darin wie ein Kind in die Arme seiner Mutter.

Ein guter Freund sagte mir kürzlich: Ich habe in der Bibel beim Propheten Jesaja ein Wort entdeckt, das geht mit mir: „Wer glaubt, der braucht nicht zu fliehen."

Man kann es auch so übersetzen wie Martin Buber es getan hat: „Wer vertraut, wird nichts beschleunigen wollen." Wer vertraut, braucht sich nicht hetzen zu lassen.

Ich denke, unser Dichterwort ist damit verwandt:

> O verlerne die Zeit,
> Daß nicht dein Antlitz verkümmere
> Und mit dem Antlitz das Herz!

3. „Als ich Abschied nahm ..."

In meiner Kindheit besuchte uns oft eine alte Tante, die aus einem kleinen Dorf stammte. Sie konnte wunderbar erzählen, und manchmal sang sie auch alte und – heute würde ich sagen: ein wenig gefühlvolle Lieder. Eines liegt mir noch heute unvergessen im Ohr, wie es halt so ist mit Melodien, die man in der Kindheit in sich aufgenommen hat, auch wenn man den Text damals nicht verstanden hat. Später habe ich festgestellt, daß der Text von dem Dichter Friedrich Rückert stammt. Es beginnt in seiner ersten Strophe: „Aus der Jugendzeit, aus der Jugendzeit / klingt ein Lied mir immerdar; / o wie liegt so weit, o wie liegt so weit, / was mein einst war!"

In dem langen Lied von neun Strophen steht eine, die lautet so:

Als ich Abschied nahm, als ich Abschied nahm,
war die Welt mir voll so sehr;
als ich wieder kam, als ich wieder kam,
war alles leer.

Warum rührt uns eine solche Strophe so an? Rührt sie an unsere Erinnerung – damals, als wir in jungen Jahren von zu Hause aufbrachen, voller Pläne, voll großer Zukunftshoffnung: „Als ich Abschied nahm, war die Welt mir voll so sehr ..."? Kennen wir das nicht, die Älteren,: wie wir nach Jahrzehnten einmal wieder in unsere Heimat zurückkamen und alles so verändert fanden, und fremde Menschen da sind? Ich denke an eine Strophe von Eichendorff:

Aus der Heimat hinter den Blitzen rot,
Da kommen die Wolken her,
Aber Vater und Mutter sind lange tot,
Es kennt mich dort keiner mehr.

Sind es die vielen Abschiede in unserem Leben, die es machen, daß diese Strophe uns so anrührt: „Als ich Abschied nahm …"?

„Als ich wieder kam, war alles leer" – soll's damit enden? Soll mein Leben damit enden? Gibt es nicht eine letzte Heimkehr – wird dann alles leer sein – Hände und Herz?

Es gibt eine Botschaft, die mich bis ins Innerste froh macht. Es ist die Botschaft Jesu Christi, daß ich bei der letzten Heimkehr mit leeren Händen kommen darf – ich muß es nur wissen, wie der verlorene Sohn, der mit leeren Händen und zerfetztem Gewand heimkehrt ins Vaterhaus. Und es muß nur in meinem Herzen, im tiefsten Winkel meines Herzens ein Stückchen Sehnsucht sein nach der Liebe, nach der wahren, bleibenden Liebe im Vaterhaus.

Es gibt ein Wort Christi, das mich tröstet: „Wer zu mir kommt, den weise ich nicht zurück" (Joh 6, 37). Wenn mein Leben auf ihn zugeht, wird er mich brüderlich ins Vaterhaus geleiten.

Nein, zuletzt wird es nicht heißen, wie es das wehmütige Lied sagt: „War alles leer, war alles leer", sondern: „Ich bin gekommen, daß sie das Leben haben, und es in Fülle haben"! (Joh 10, 10).

4. „Wo kam ich her – wo komm ich hin?"

Auf meinem Schreibtisch liegt ein Heft, in welches ich seit vielen Jahren Gedichte eingetragen habe, die mir im Laufe des Lebens besonders wertvoll geworden sind. Gedichte sagen verdichtet viel von unserem Leben aus. Eines unter den 56 Gedichten, die in diesem Heft stehen,

ist von Gertrud von le Fort. Sie war eine gläubige Dichterin. Aber sie kannte auch die dunklen Urfragen des Menschenherzens, auf die der Mensch selber keine Antwort finden kann. Ihr Gedicht trägt die Überschrift „Nacht". Und darin die Strophe:

Wo kam ich her – wo komm ich hin?
Weiß nichts von Ziel und Anbeginn
Ich treibe hin im Sternenlicht –
Wer bin ich, wenn die Zeit zerbricht?

Ja, das ist eine der Urfragen, die den Menschen umtreibt, solange er über sich selbst nachdenken kann: Woher komme ich? Wohin gehe ich? „Ich treibe hin im Sternenlicht" – wenn wir die unvorstellbaren Räume des Weltalls bedenken, die uns die Astronomie heute erschließt, dann kann uns ein Schauder ankommen: verloren in Raum und Zeit!

Wenn schon unsere kleine Erde wie ein kaum wahrnehmbares Stäubchen ist in den ungeheuren, maßlosen Tiefen des Weltalls – wieviel mehr dann ich, der kleine Mensch? „Ich treibe hin im Sternenlicht – wer bin ich, wenn die Zeit zerbricht?" Was bleibt von mir, wenn meine Lebenszeit zerbricht?

In dieser Strophe stehen die beiden tiefsten Fragen des Menschen, auf die er selber nie eine Antwort finden kann, die sein Herz zufriedenstellt: „Wo komm' ich hin?" und: „Wer bin ich?"

Gibt es keine Antwort? Der, der dieses Weltall mit seinen unvorstellbaren Dimensionen geschaffen hat, der auf dieser Erde den Menschen hat werden lassen, er läßt uns nicht wie blind im Sternenlicht treiben. Er hat gesprochen. Ich höre sein Wort, das durch die Jahrtausende hin auch mein Ohr erreicht: „Ich rufe dich bei

deinem Namen, du bist mein!" Nicht verloren in Raum und Zeit, sondern: „Ich rufe dich bei deinem Namen."

Die Dichterin sagt: „Ich treibe hin im Sternenlicht, wer bin ich, wenn die Zeit zerbricht?" In diese meine Angst hinein spricht Er sein Wort: „Fürchte dich nicht, ich bin bei dir!" Der Philosoph Kant hat einmal gesagt: „Alle Bücher, die ich gelesen habe, haben mir den Trost nicht gegeben, den mir das Wort der Bibel gab: Ob ich schon wandere im finsteren Tal, ich fürchte kein Unheil, denn du bist bei mir!"

Gertrud von le Fort stellt sich der dunklen Menschheitsfrage: „Wo kam ich her – wo komm' ich hin? Weiß nichts von Ziel und Anbeginn." Aber aus ihrem Glauben steigt in der nächsten Strophe der Zuspruch auf:

Sei still, bald wird die Nacht vollbracht,
Dann ist der hohe Dom erwacht,
Dann strömt sein ew'ges Licht hinaus –
Halt still, mein Herz, halt stand, halt aus!

5. „Sie haben dich fortgetragen ..."

Ich besuchte das Grab einer mir aus früheren Jahren bekannten Frau; sie war am Morgen dieses Tages begraben worden. Als ich am Grabe stand, das mit Blumen bedeckt war, sah ich einen jungen Mann einige Schritte weit dastehen. Ich sah seinem Gesicht tiefe Traurigkeit an. Als ich mich zum Gehen wandte und an ihm vorbeikam, sprach ich ihn an: Sie haben die Verstorbene auch gekannt? Ja, sagte er, sehr gut. Und dann, wie um die Last eines Bekenntnisses loszuwerden: Ich hätte ihr so gerne noch etwas gesagt; jetzt ist es zu spät ...

Nachher, als ich zu Hause war, kam mir ein Gedicht von Friedrich Theodor Vischer († 1887) in den Sinn. Es

ist überschrieben: „Zu spät" und beginnt mit den Zeilen:

> Sie haben dich fortgetragen,
> ich kann es dir nicht mehr sagen ...

Und es endet mit den Zeilen:

> über den Hügel der Wind nun weht:
> es ist zu spät.

Ich habe das traurige Gesicht des jungen Mannes nicht vergessen. Und ich habe nicht vergessen, daß ich ihm damals kein Wort des Trostes gesagt habe, sondern nur eine kurze Weile schweigend neben ihm gestanden habe, zum Grabe hinschauend.

Was hätte ich ihm sagen können, ohne daß ich seine Traurigkeit mit leichter Hand hätte wegwischen wollen? Wenn ich heute darüber nachdenke, dieses „zu spät": „Sie haben dich fortgetragen, ich kann es dir nicht mehr sagen", und wie es dann in dem Gedicht weiter heißt –

> Ich habe gezaudert, versäumet,
> hab' immer von Frist geträumet;
> über den Hügel der Wind nun weht:
> es ist zu spät

dann denke ich: Ja, das gibt es, dieses „zu spät". Nicht mehr einholbar.

Nie mehr? – Ich bin einmal auf ein paar Zeilen von Fénelon gestoßen. Er hat um 1700 gelebt, war Bischof von Cambrai. Er hat diese Zeilen nach dem Tode eines geliebten Menschen geschrieben. Ich finde, seine Worte sprechen einen großen Trost in dieses „zu spät" hinein. So schreibt er: „Der Mensch, den wir nicht mehr sehen können, ist mehr als je bei uns. Unaufhörlich finden wir ihn in unserem gemeinsamen Mittelpunkt, in Gott. Dort

sieht er uns; dort verschafft er uns die wahre Hilfe. Dort kennt er, besser als wir, unsere Gebrechen, er, der die seinen abgelegt, und erbittet für uns die Heilmittel, die zu unserer Genesung nötig sind. Was mich betrifft, so rede ich mit ihm und öffne ihm mein Herz; ich glaube, ihn vor Gott zu finden, und obgleich ich ihn schmerzlich beweine, kann ich dennoch nicht glauben, daß ich ihn verloren habe. – O welche Wirklichkeit liegt in dieser Verbundenheit!"

Es sind Worte österlichen Glaubens. Sie heben das „zu spät" in jenen Raum, wo alles „zu spät" eingeholt wird von der ewigen Liebe, die alle Zeit umfängt.

6. „Klein ist, mein Kind, dein erster Schritt . . ."

Da sehe ich einen alten Mann, sehr alt; an seiner Linken hält sich ein kleines Enkelkind fest. Es kann noch nicht allein laufen, unsicher tappst es an der Hand des Großvaters dahin. Aber auch dessen Schritte sind klein, sein Alter läßt auch ihn nur mit kleinen Schritten gehen.

Mir fällt eine Gedichtstrophe von Albrecht Goes ein:

Klein ist, mein Kind, dein erster Schritt,
klein wird dein letzter sein.
Den ersten gehn Vater und Mutter mit,
den letzten gehst du allein.

Ein Vater oder eine Mutter sprechen diese Worte. Die Schritte des Kindes werden von Jahr zu Jahr größer und sicherer werden:

Sei's um ein Jahr, dann gehst du, Kind,
viel Schritte unbewacht,
wer weiß, was das dann für Schritte sind
im Licht und in der Nacht?

Die Schritte des Alters aber werden wieder klein sein:
„Klein wird dein letzter sein." So läuft der Lebensbogen.
Manchmal denke ich: Was ist deine früheste Kindheits-
erinnerung? Seltsam ist dies: Je älter man wird, desto weiter wird die Erinnerung nach früher hin; aber die
Erinnerung, was eben gestern war, verengt sich und fällt
schnell der Vergessenheit anheim. So nähert sich das
hohe Alter also doch wieder der Kindheit.

> Klein ist, mein Kind, dein erster Schritt,
> klein wird dein letzter sein.
> Den ersten gehn Vater und Mutter mit,
> den letzten gehst du allein.

„Den letzten gehst du allein" – darauf läuft mein Leben
unerbittlich zu: Macht mir dieses Wort Angst? „Den
letzten gehst du allein" – ist das wahr? Geht nicht *einer*
mit mir, gerade dann, „wenn mir am allerbängsten wird
um das Herze sein"? „Fürchte dich nicht, ich bin bei dir!"
Das Ganze der Offenbarung Gottes ist in dieser Zusage
zusammengefaßt. Ganz am Ende des Evangeliums, im al-
lerletzten Satz sagt Christus: „Seid gewiß: Ich bin bei
euch alle Tage bis zum Ende der Welt" – dann doch auch
bis zum Ende meines Lebens!

In unserer Dorfkirche hängt die Nachbildung einer alten Ikone. Da geht Christus seines Weges und neben
ihm geht ein Jünger. Und Christus legt den rechten Arm
um die Schulter des Jüngers, und so gehen sie beide zusammen ihres Weges. –

Aber nun möchte ich auch noch die letzte Strophe des
Gedichtes von Albrecht Goes sagen, Worte, die der Vater
oder die Mutter dem kleinen Kind sagen:

283

Geh kühnen Schritt, tu tapferen Tritt,
groß ist die Welt und dein.
Wir werden, mein Kind, nach dem letzten Schritt
wieder beisammen sein.

4

Unsere Tage zu zählen, lehre uns

1. „Unsere Jahre gehen dahin wie ein Seufzer" (Ps 90, 9)

„Unsere Jahre gehen dahin wie ein Seufzer" – das heißt doch: so schnell und flüchtig wie ein „Ach!", und es heißt auch: so traurig-vergänglich wie ein „Ach!"

Wenn man jung ist, sagt man es noch nicht. Aber je älter man wird, desto mehr wird man zustimmen: „Unsere Jahre gehen dahin wie ein Seufzer." Es ist die Erfahrung der Vergänglichkeit, die immer wieder unser Herz berührt.

Martin Luther hat diesen Vers aus Psalm 90 anders übersetzt, er sagt: „Wir bringen unsere Jahre zu wie ein Geschwätz!" Wie ein leeres Geschwätz, das nichts bedeutet. Ist es so? Ein gewesenes Jahr, ohne Gewicht, federleicht auf der Waagschale der Ewigkeit?

Es gibt eine Motette von Johannes Bach, der hundert Jahre vor dem großen Johann Sebastian Bach gelebt hat: „Unser Leben ist ein Schatten auf Erden." Wenn man sie hört, ist es, als ob das Leben wie ein Schatten dahinhuschte … Und in der Motette der Vers: „Ach wie flüchtig, ach wie nichtig ist der Menschen Leben! Wie ein

Nebel bald entstehet und bald wiederum vergehet: So ist unser Leben, sehet!"

„Unsere Jahre gehen dahin wie ein Seufzer" – aber sie fallen nicht ins Leere! Der, der die Zeit und die Jahre geschaffen hat, hält wie ein guter Vater die Arme und die Hände ausgebreitet, um die Hin-fälligkeit unserer Jahre aufzufangen, damit sie nicht ins Bodenlose des Nichts versinken.

Der Dichter Rilke sagt es so:

Wir fallen. Diese Hand da fällt.
Und sieh dir andere an: es ist in allen.
Und doch ist Einer, welcher dieses Fallen
unendlich sanft in seinen Händen hält.

„Unsere Jahre gehen dahin wie ein Seufzer", oder: „Wir bringen unsere Jahre zu wie ein Geschwätz" – ja, so ist es! Aber das ist nicht alles! So braucht es nicht stehen zu bleiben. Es bleibt unsere Bitte – und sie kann alles verwandeln: „Der du die Zeit in Händen hast, Herr, nimm auch dieses Jahres Last und wandle sie in Segen."

2. Das Jahr geht um ...

An einem Silvesternachmittag auf einer Winterwanderung besuchte ich die westfälische Wasserburg Hülshoff, auf der die Dichterin Annette von Droste-Hülshoff 1797 geboren wurde. Der Besuch regte mich an, zu Hause „Das Geistliche Jahr" der Dichterin zur Hand zu nehmen und die beiden Gedichte zu lesen, die sie zum letzten Tag des Jahres und zum ersten Tag des neuen Jahres geschrieben hat. Das Gedicht zum Silvestertag beginnt:

Das Jahr geht um,
Der Faden rollt sich sausend ab.
Ein Stündchen noch, das letzte heut,
Und stäubend rieselt in sein Grab
Was einstens war lebend'ge Zeit.
Ich harre stumm.

In dieser Stunde Vergänglichkeit überschaut sie das Jahr:

Gesehen all,
was ich begangen und gedacht,
was mir aus Haupt und Herzen stieg ...

Und sie bangt um das Vergebens – „der tiefen Angst auf Stirn und Hand" –, das über diesem Jahr für sie geschrieben sein könnte.

Das Gedicht erinnert an ein anderes aus unseren Tagen: „Verlorene Zeit" von Marie Luise Kaschnitz, in dem die letzte Strophe lautet:

Schwarzer Kalender
Oh, wieviel Zeit vertan
Frühlinge übergangen
Knospen gering geschätzt
Wieviel kostbare Zeit vertan
an den Strohkönig Tod.

Es ist die Sorge des wachen Menschen, die „gestundete Zeit" (Ingeborg Bachmann) nicht wahrgenommen, nicht „ausgekauft" (Eph 5, 16) zu haben. Aus dieser Sorge steigt die Bitte aus Psalm 90 auf: „Unsere Tage zu zählen, lehre uns, damit wir ein weises Herz gewinnen."

Aber mir will scheinen, daß es noch eine andere, dunklere Sorge gibt, die das Herz des wachen Menschen in der Nacht der Jahreswende zusammenpressen kann, die Angst: in Raum und Zeit verloren zu sein! Werden wir gesehen? Leben wir in einer augenlosen Materie? „Das ewige Schweigen dieser unendlichen Räume macht

286

mir Angst", schreibt Pascal. Und Lionel Blue: „Das Universum um uns ist erschreckend in seiner Größe, seiner Verschwendung und seiner Gleichgültigkeit ... diese ungeheure, mit Felsen und Feuer übersäte Leere." – Und darin ich?

In dieser Angst kommt mir ein Wort entgegen, das alles verwandelt: „Ich kenne dich mit Namen!" Gott spricht es zu Mose (Ex 33, 17). In der namenlosen Verlorenheit von Raum und Zeit dieses: „Ich kenne dich mit Namen!" In der Melancholie des Vergehens: „Ich kenne dich mit Namen!" Es ist ein Achsenwort, große Wende!

Aus diesem Wort, aus dem immer neuen Hören dieses Wortes, das sich entfaltet im Gesamt der Offenbarung, steigt das *Vertrauen* auf, hellt sich der Blick in die Zukunft auf.

Wieder nehme ich das Wort der Dichter zu Hilfe. Seit Jahr und Tag liegt auf meinem Schreibtisch ein kleines Heft, auf dem ich damals geschrieben habe: Worte, die mich bewegten. Da steht eine Zeile aus Hölderlins Gedicht „Dichtermut": „Was geschiehet, es sei alles gesegnet dir, / Sei zur Freude gewandt!" – Hölderlin hat es um das Jahr 1800 geschrieben; wenige Jahre später kam die Umnachtung über ihn, die fast vier Jahrzehnte bis zu seinem Tode währte.

„Was geschiehet, es sei alles gesegnet dir" – was auch immer geschieht, alles soll wie ein Segen für dich sein, alles soll von dir gesegnet sein, alles soll auf Gott hin gesegnet sein. Ein Wort der alles umfassenden Bejahung der Welt, von einem Dichter gesagt, der ein Leidender war, der mit seinem so früh verschatteten Leben ein Diener der Wahrheit sein wollte. Der Glaube und das Vertrauen, daß die Schöpfung durchatmet ist vom Geist Gottes: „Sind denn dir nicht verwandt alle Lebendigen?",

so beginnt das Gedicht. Und dann fährt es fort: „Drum, so wandle nur wehrlos / Fort durchs Leben, und fürchte nichts!"

Es ist jenes Vertrauen der Bejahung, das aus den Worten der Offenbarung uns entgegenkommt: „Denen, die Gott lieben, gereicht alles zum Guten" (Röm 8, 28). „Weder Tod noch Leben ... kann uns scheiden von der Liebe Gottes" (Röm 8, 38). „Alles ist euer, ihr aber gehört Christus" (1 Kor 3, 22). „Mit ihm, Christus, ist das Ja in die Welt gekommen" (2 Kor 1, 19).

So findet auch die Dichterin Annette von Droste-Hülshoff im Gedicht auf den Neujahrstag zu diesem Vertrauen zurück:

Ich weiß es wohl, uns ist ein Tag bereitet,
Da wird es klar, wie alles wohl geleitet,
Und all die tausend Ziele dennoch eins.

Wir schauen unsere Geschichte mit Gott im vergangenen Jahr. Es wäre gut, wenn unsere Besinnung aufrichtig in das Gebet münden könnte: „Dem Vergangenen Dank – dem Kommenden Ja!" (Dag Hammarskjöld).

Gott sagt zu Mose: „Ich kenne dich mit Namen!" Und er gibt Mose den Auftrag: „Ihr sollt meinen Namen auf die Israeliten legen, und ich werde sie segnen" (Num 6, 27). So sollten sie sprechen: „Der Herr segne dich und behüte dich. Der Herr lasse sein Angesicht über dich leuchten und sei dir gnädig. Der Herr wende sein Angesicht zu dir und schenke dir Heil."

So sollten sie den Namen Gottes auf die Menschen legen – und uns sei es das Segenswort für den Weg durch das neue Jahr. „Und von neuem ein Jahr unserer Seele beginnt" (Hölderlin).

Johannes Bours

*Der Mensch wird des Weges geführt,
den er wählt*

W0234359